COLLECTION MICHEL LÉVY
— 1 franc le volume —
1 franc 25 centimes à l'étranger

ARSÈNE HOUSSAYE

L'AMOUR
COMME IL EST

PARIS
MICHEL LÉVY FRÈRES, LIBRAIRES-ÉDITEURS
RUE VIVIENNE, 2 BIS
—
1858

L'AMOUR

COMME IL EST

ARSÈNE HOUSSAYE

LE ROI VOLTAIRE

SA JEUNESSE — SES FEMMES — SES MINISTRES — SA COUR — SON ROYAUME
SON PEUPLE — SON DIEU — SA DYNASTIE

Un beau vol. in-8°, 5 fr.

LA GALERIE DU DIX-HUITIÈME SIÈCLE

Sixième édition. Cinq volumes à 1 fr.

HISTOIRE DU 41me FAUTEUIL

DE L'ACADÉMIE FRANÇAISE

Quatrième édition. Un volume, 3 fr. 50 c.

VOYAGES HUMORISTIQUES

AMSTERDAM — PARIS — VENISE

Nouvelle édition. Un volume, 3 fr. 50 c.

LES ŒUVRES POÉTIQUES

LES ROMANS DE LA VIE — LA POÉSIE DANS LES BOIS — POÈMES ANTIQUES

Nouvelle édition. Un vol., 3 fr. 50 c.

PHILOSOPHES ET COMÉDIENNES

Quatrième édition. Un vol. 3 fr. 50 c.

LE VIOLON DE FRANJOLE

Cinquième édition. Un vol., 3 fr. 50 c.

LES FEMMES COMME ELLES SONT

Deuxième édition. Un vol. 1 fr.

LES FILLES D'ÈVE

Troisième édition. Un volume, 1 fr.

PARIS. — IMP. SIMON RAÇON ET COMP., RUE D'ERFURTH, 1.

ARSÈNE HOUSSAYE

L'AMOUR
COMME IL EST

> Les grandes passions prennent leur source dans l'Amour et se jettent dans la Mort.

PARIS

MICHEL LÉVY FRÈRES, LIBRAIRES-ÉDITEURS

RUE VIVIENNE, 2 BIS.

1858

Traduction et reproduction ré ervées.

PRÉFACE

Quand on a vingt ans, on écrit, sans savoir écrire, des pages amoureuses destinées à ne vivre qu'un jour. Vingt ans après, si on recueille çà et là ces romans de la jeunesse, où l'on voulait cacher son cœur sous son esprit, on reconnaît que le masque ne vaut pas mieux que la figure.

Avant de fuir, pour des travaux plus sévères, le cher et verdoyant pays de l'imagination, on a pensé que ces pages, sans doute déjà oubliées, méritaient un souvenir, non pour le talent de l'écrivain, mais pour un air de jeunesse qui s'y trahit.

Quand avril a vu tomber sa couronne de primevères, quand le soleil plus radieux a flétri les panaches odorants du verger, quand le sainfoin s'incline sous les fleurs rouges, le faucheur s'attarde avec amour dans le bois qui chante encore les chansons des jours finis. Il est retenu par la fraîche odeur des ramées, par l'âme de la violette, de la bruyère et de l'églantine, vague parfum du rivage idéal : un sentiment ineffable le saisit au cœur; il égrène avec une émotion religieuse les souvenirs du printemps qui va finir.

Ce jour-là, le faucheur est un poëte sans le savoir, — poëte par les souvenirs, poëte par les aspirations. — Tout cela parle en hébreu pour lui, mais son âme a aimé en hébreu il y a quelque mille ans.

Le lecteur ne s'attardera pas longtemps sous les ramées de ce livre, mais il y retrouvera peut-être en passant ses aspirations et ses souvenirs.

Un livre, quelque mauvais qu'il soit, c'est le coup de l'étrier pour l'imagination.

DÉDICACE

O Femme, que tu sois plébéienne ou princesse,
En dévoilant l'amour, je te cherche où tu es.
Ton cœur est le roman que je relis sans cesse,
Je ne te connais pas, mais je t'aime ou te hais.

J'ai secoué pour toi l'arbre de la science
Lis ce livre, ou plutôt cherche ton cœur dedans.
Sur l'espalier d'Éros, si ta luxuriance
Est mûre, ouvre la bouche et mords à belles dents.

C'est la moralité. Mais pourtant, si l'angoisse
Des belles passions t'a pâlie un matin,
Abandonne Vénus et change de paroisse ;
Aime l'amour pour Dieu, c'est encor plus certain.

Si l'image de Dieu sur la terre est visible,
C'est sur le front rêveur des filles de vingt ans,
Qui ne savent encor lire que dans la Bible,
Et n'ont que de l'azur dans leurs yeux éclatants.

J'ai reposé mon front sur ton épaule nue
Faite du marbre pris à Vénus Astarté ;
Et, comme on voit le ciel au travers de la nue,
J'ai vu ton âme bleue éclairer ta beauté.

DÉDICACE

Bien mieux que l'aube rose annonçant la lumière,
Tu m'as ouvert le ciel en répandant sur moi
Le blond rayonnement de la beauté première ;
Je ne voyais pas Dieu ; mais je te voyais, toi !

La fraise qui rougit et tombe sur la mousse,
La pêche mûrissant sur l'espalier qui rit,
N'ont pas de tons plus vifs ni de senteur plus douce
Que la double colline où notre amour fleurit.

La neige que l'hiver sème dans la vallée
Est moins blanche et moins rose aux derniers feux du jour
Que ton flanc chaste et doux quand, tout échevelée,
Un rayon amoureux te baise avec amour.

La grenade qui s'ouvre aux soleils d'Italie
N'est pas si gaie encore à mes yeux enchantés
Que ta lèvre entr'ouverte, ô ma belle folie!
Où je bois à longs traits le vin des voluptés.

La biche qui s'enfuit à travers la ramée
Quand elle entend au bois la chasse et ses grands bruits
Ne court pas aussi vite, ô pâle bien-aimée !
Que mes désirs courant à ta branche de fruits.

Mais pourtant, quand tes yeux, encor baignés d'ivresse,
Se tournent vers le ciel d'où mon cœur est banni,
Je dépasse l'amour, ô belle charmeresse !
Et mon âme en chantant monte vers l'infini.

I

L'ARBRE DE LA SCIENCE

⁎
⁎ ⁎

Il était une fois une bonne vieille qui portait d'une main une cruche pleine d'eau et de l'autre un réchaud tout allumé.

— Où allez-vous, ma bonne vieille?

— Je vais brûler le paradis et éteindre l'enfer, afin que je ne puisse aimer Dieu que pour lui-même.

Je ne connais pas une femme capable d'apporter une cruche pleine d'eau et un réchaud tout allumé pour éteindre l'enfer et brûler le paradis de l'amour.

Ce n'est pas l'homme, c'est l'amour qui est aimé pour lui-même.

⁎
⁎ ⁎

Les anciens ont représenté Vénus toute nue, non pas seulement parce qu'elle était belle ainsi, mais parce que l'amour n'a rien de caché pour l'amour.

✶ ✶ ✶

Ce qui a couronné le chef-d'œuvre de l'abbé Prévost, c'est ce rayon de poésie tombé du soleil des déserts sur le sable qui recouvre à jamais ce qui fut Manon Lescaut. Sans l'Océan, sans la Louisiane, sans cette douleur suprême de Desgrieux, idéalisée par ce paysage qui touche à l'infini, Manon ne vaudrait guère plus que toutes ces filles de Saint-Lazare qui s'en vont tous les jours et tous les soirs dans la fosse commune du cimetière et du vaudeville.

✶ ✶ ✶

L'amour change de masque, d'esprit, de cœur et d'âme, en changeant de pays. Le bréviaire de l'amour à Paris ne serait pas à Hispahan le bréviaire de l'amour. Bien mieux, un Français ne serait pas amoureux à Hispahan d'un amour parisien. Une Persane qui viendrait habiter les Champs-Élysées y vivrait dix ans sans devenir plus expansive : elle se renfermerait dans sa salle de bains, les stores baissés; elle se renfermerait en elle-même, le voile sur les yeux. C'est surtout l'amoureux qui emporte sa patrie à la semelle de ses souliers. Si on veut aller plus loin dans le contraste, on relira la vingt-quatrième lettre persane écrite par Montesquieu, un jour qu'il recherchait les lois de l'esprit :

« Que vous êtes heureuse, Roxane, d'être dans le doux pays de Perse, et non pas dans ces climats empoisonnés, où l'on ne connaît ni la pudeur ni la vertu ! Que vous êtes heureuse! Vous vivez dans mon sérail comme dans le séjour de l'innocence; inaccessible aux attentats de tous les humains, vous vous trouvez avec joie dans une heureuse impuissance de faillir; jamais homme ne vous a souillée de ses regards lascifs; votre beau-père même, dans la liberté des festins, n'a jamais vu votre belle bouche; vous n'avez jamais manqué de vous attacher un bandeau sacré pour la couvrir. Heureuse Roxane! quand vous avez été à la campagne, vous avez toujours eu des eunuques, qui ont marché devant vous, pour donner la mort à tous les téméraires qui n'ont pas fui votre vue; moi-même à qui le ciel vous a donnée pour faire mon bonheur, quelle peine n'ai-je pas eue pour me rendre maître de ce trésor que vous défendiez avec tant de constance! Quel chagrin pour moi dans les premiers jours de notre mariage de ne pas vous voir! Et quelle impatience quand je vous eus vue! vous ne la satisfaisiez pourtant pas; vous l'irritiez au contraire par les refus obstinés d'une pudeur alarmée; vous me confondiez avec tous ces hommes à qui vous vous cachez sans cesse. Vous souvient-il de ce jour où je vous perdis parmi vos esclaves, qui vous trahirent et vous dérobèrent à mes recherches? Vous souvient-il de cet autre où, voyant vos larmes impuissantes, vous employâtes l'autorité de votre mère pour arrêter les fureurs de mon amour? Vous souvient-il, lorsque toutes les ressources vous manquèrent, de celle que vous trouvâtes dans votre courage? Vous mîtes le poignard à la main, et menaçâtes d'immoler un époux qui vous aimait, s'il continuait à exiger de vous ce que vous chérissiez plus que votre époux même! Deux mois se passèrent dans ce combat de l'amour et de la vertu ; vous poussâtes trop loin vos chastes scrupules ; vous ne vous rendîtes pas même après avoir été vaincue ; vous défendîtes jusqu'à la dernière extrémité une virginité mourante ; vous me regardâtes comme un ennemi qui vous avait fait un outrage, non pas comme un époux qui vous avait aimée ; vous fûtes plus de trois mois, que vous n'osiez me regarder sans rougir ; votre air confus semblait me reprocher l'avantage que j'avais pris ; je n'avais pas même une possession tranquille ; vous me dérobiez tout ce que vous pouviez de ces charmes et de ces grâces ; et j'étais enivré des plus grandes faveurs, sans en avoir obtenu les moindres.

« Si vous aviez été élevée dans ce pays-ci, vous n'auriez pas été si troublée, les femmes y ont perdu toute retenue, elles se présentent devant les hommes à visage découvert, comme si elles voulaient demander leur défaite ; elles les cherchent de leurs regards ; elles les voient dans les mosquées, les promenades, chez elles-mêmes ; l'usage de se faire servir par des eunuques leur est inconnu ; au lieu de cette noble simplicité et de cette aimable pudeur qui règne parmi vous, on voit une impudence brutale, à laquelle il est impossible de s'accoutumer.

« Oui, Roxane, si vous étiez ici, vous vous sentiriez outragée dans l'affreuse ignominie où votre sexe est descendu, vous fuiriez ces abominables lieux, et vous soupireriez pour cette douce retraite, où vous trouvez l'innocence, où vous êtes sûre de vous-même, où nul péril ne vous fait trembler, où enfin vous pouvez m'aimer sans craindre de perdre jamais l'amour que vous me devez.

« Quand vous relevez l'éclat de votre teint par les plus belles couleurs, quand vous vous parfumez tout le corps des essences les plus précieuses, quand vous vous parez de vos plus beaux habits, quand vous cherchez à vous distinguer de vos compagnes par les grâces de la danse et par la douceur de votre chant; que vous combattez gracieusement avec elles de charmes, de douceurs et d'enjouement, je ne puis pas m'imaginer que vous ayez d'autre objet que celui de me plaire; et, quand je vous vois rougir modestement, que vos regards cherchent les miens, que vous vous insinuez dans mon cœur par des paroles douces et flatteuses, je ne saurais, Roxane, douter de votre amour.

« Mais que puis-je penser des femmes d'Europe? L'art de composer leur teint, les ornements dont elles se parent, les soins qu'elles prennent de leur personne, le désir continuel de plaire qui les occupe, sont autant de taches faites à leur vertu, et d'outrages à leur époux.

« Ce n'est pas, Roxane, que je pense qu'elles poussent l'attentat aussi loin qu'une pareille conduite devrait le faire croire, et qu'elles portent la débauche à cet excès horrible, qui fait frémir, de violer absolument la foi conjugale; il y a bien peu de femmes assez abandonnées pour porter le crime si loin; elles portent toutes dans leur cœur un certain caractère de vertu, qui est gravé, que la naissance donne, et que l'éducation affaiblit, mais ne détruit pas; elles peuvent bien se relâcher des devoirs extérieurs que la pudeur exige : mais, quand il s'agit de faire les derniers pas, la nature se révolte. Aussi, quand nous vous enfermons si étroitement, que nous vous faisons garder par tant d'esclaves, que nous gênons si fort vos désirs lorsqu'ils volent trop loin, ce n'est pas que nous craignions la dernière infidélité, mais c'est que nous savons que la pureté ne saurait être trop grande, et que la moindre tache peut la corrompre. »

⁂

Comme nous avons mis des robes à nos phrases depuis M. le président Secondat de Montesquieu !

⁂

Si l'amour dénoue la ceinture de la vertu, c'est qu'il sait que l'envers de sa robe n'est pas de la même étoffe que l'endroit. L'amour s'habille toujours avec la doublure.

⁂

Quand on joue à l'amour avec une femme, il faut bien cacher ses cartes.

⁂

C'est avec la courtisane qu'on apprend à connaître la femme vertueuse ; c'est avec la femme vertueuse qu'on apprend à connaître la courtisane. Toutes les deux ont leur roman écrit par l'amour : l'amour divin et l'amour profane. Mais où s'arrête l'amour divin ? Où commence l'amour profane ? Tout est dans tout.

Pascal ne défendait-il pas à sa sœur de caresser ses enfants? Madeleine, toute souillée encore des orages de la volupté, ne donnait-elle pas un baiser virginal au pied de la croix?

* * *

Une femme d'esprit disait : « Est-ce bien vrai ce mensonge-là? » En effet, les femmes ont si bien brouillé le mensonge avec la vérité, qu'il y a toujours dans leurs mensonges un peu de vérité, et dans leurs vérités un peu de mensonge.

II

LA

MARGUÉRITE EFFEUILLÉE

Les crimes de l'amour sont-ils des crimes? C'est la folie qui les commet.

On m'a remis tout à l'heure, aux archives de la petite ville de Bruyères, les pièces d'un jugement horrible dont Walter Scott, avec sa merveilleuse poésie, eût fait un beau roman. Pour moi, je me contente de raconter cette cause, digne d'être célèbre, en simple historien qui écrit sur pièces authentiques.

N'est-il pas curieux d'assister scène par scène à un procès criminel du seizième siècle, jugé sans appel par le maire d'une petite ville qui avait droit de haute justice?

La première pièce est un procès-verbal d'enquête scellé aux armes de Bruyères, signé et paraphé par tous les ayants droit, pour me servir du terme consacré. Par cette enquête, nous voyons un paisible intérieur de paysan vivant sans peine de sa moisson et de sa vendange. Pas un seul meuble de luxe ; c'est la simplicité patriarcale ; mais au moins la sombre misère n'est jamais entrée là.

C'est le soir du 25 novembre 1676 ; le couvre-feu vient de sonner ; le vent d'automne bat les contre-vents ; dans une grande cheminée qui semble élevée par des géants se consument quelques racines de hêtre ; une lampe de fer, pendue à un clou dans la cheminée, éclaire faiblement la chambre, où se dessinent les ombres des maîtres du logis. L'homme tisonne le feu, la femme file à la quenouille ; ils devisent presque tout bas. Que disent-ils ? Ils n'ont qu'une fille ; sans doute ils parlent de leur fille. Elle est belle, elle a vingt-deux ans, elle aura une belle vigne en dot ; il est bientôt temps de la marier ; mais, hélas ! les vendanges sont faites.

Après quelques mots sans suite, le père Jehan Meurice et la mère Cyrille de Vesne se regardent en silence, un triste silence. A chaque coup de vent, à chaque bouffée de fumée, à chaque bruit du dehors, ils tressaillent et soupirent. La voix du pressentiment parle tristement à leur âme.

Cet homme a cinquante ans ; il a passé sa jeunesse à un travail sans merci. L'heure est venue pour lui de se reposer un peu, de respirer au haut de la montée, de voir le soleil couchant ; il a planté, il a bâti, il a agrandi le petit héritage de son père ; ses vignes sont les plus belles du coteau ; sa maison élève hardiment un beau pignon sur la grand'rue ; son jardin produit des

1.

pêches dignes de la table d'un grand seigneur, du chanvre pour le vêtir, lui et les siens, des roses pour parer sa fille les jours de fête. Mais, hélas ! toutes ces richesses, cette vigne dorée, cette maison égayée par ce jardin, cette belle fille qui se pare de roses, toutes ces richesses qui sont le poëme de cet homme, le livre qu'il feuillette chaque jour, la poésie qui va rayonner sur sa vieillesse, sont-elles à lui pour longtemps? les bénédictions du ciel le suivront-elles jusqu'à la tombe?

Cependant la femme file toujours, toujours l'homme tisonne le feu qui s'éteint. Un bruit de pas se fait entendre.

— Qui vient là? dit Jean Meurice.

— Je tremble, dit Cyrille de Vesne.

— C'est peut-être Marguerite, qui revient de la veillée avec notre cousin Pierre du Sonnoy.

— Hélas! murmure la mère en laissant tomber sa quenouille.

A cet instant la porte s'ouvrit bruyamment. Un homme entra d'un air triste et grave : c'était le maire et justicier de Bruyères, Jacques Buvry, vieillard encore vert, quoique un peu penché en avant, comme ces édifices anciens qui menacent ruine. Il fut suivi de Claude Lerminier, son lieutenant, notaire et garde-scel du roi, de Jehan Vieillard, avant-juré, de Charles Royez, procureur fiscal de la ville, d'Antoine Clément, greffier, enfin d'une sage-femme et d'un sergent.

Jehan Meurice se leva et s'inclina devant cette suite d'hommes noirs, comme on disait alors. Il joua la surprise le mieux qu'il put, les regardant l'un après l'autre avec de grands yeux étonnés. Les visiteurs nocturnes ne se hâtèrent pas de parler. Le sergent et la sage-femme placèrent des chaises de paille en demi-cercle au milieu de la chambre. Chacun s'assit en silence, observant les physionomies de Jehan Meurice et de sa femme.

— Que voulez-vous ? demanda le vigneron avec un peu d'impatience.

— Une table, dit le procureur.

La femme du vigneron se leva lentement, plus morte que vive, déposa sa quenouille sur un bahut, où brillaient aux reflets de la lampe une douzaine de plats d'étain, s'avança de l'autre côté de la cheminée et prit une petite table de noyer sous une horloge de bois.

— Voilà, messieurs, dit-elle en dressant la table.

— Faut-il vous servir à souper ? dit Jehan Meurice, voulant montrer sans doute qu'il n'avait pas de frayeur.

— Ouais ! dit le sergent à la sage-femme, nous allons lui servir, à lui, à sa femme et à sa fille, un plat de notre métier.

Dès que la table fut dressée, le greffier y déposa un encrier, une plume et six feuilles de papier timbré à un sol. Ce papier que j'interroge est orné d'une couronne de roi, d'un cœur enflammé et d'une fleur de lis ; de chaque côté de la fleur de lis s'échappe une gerbe ; le tout est supporté par une banderole où sont écrits ces mots : *Bailliage du Vermandois.*

Enfin le maire et justicier prit la parole.

— Le procureur de notre justice de Bruyères nous a requis de nous transporter ici à l'effet de connaître la vérité sur l'accouchement de Marguerite Meurice. Obtempérant à cette réquisition, nous sommes venus savoir ce qui s'est passé.

— Rien, dit la mère en pâlissant. Il a couru de mauvais bruits sur notre fille, mais vous savez ce qu'il faut croire de la méchanceté des commères. Ma fille est à la veillée, filant avec ses compagnes ; voilà tout ce que j'ai à vous dire.

— Faites comparoir votre fille, dit le procureur ; elle nous en apprendra sans doute davantage.

— Non, dit Jehan Meurice avec force ; je suis le maître dans ma maison ; je ne veux pas que ma fille comparaisse devant vous comme une criminelle. Jamais notre famille n'a subi une pareille humiliation.

— Ne faites pas tant de bruit, Jehan Meurice, dit le maire en frappant du pied sur la dalle. La justice est chez elle partout où elle va. Laissez faire la justice. Si vous vous refusez à nous amener votre fille, je vais ordonner au capitaine des gardes de la chercher et de nous la livrer en la salle de justice. Sachez bien que l'innocence ne se cache jamais.

— Eh ! mon Dieu, la pauvre enfant ne cherche pas à se cacher, murmura la mère. Je vous l'ai dit, elle est à la veillée avec les autres à chanter et à rire. C'est bien la peine, sur de mauvais bruits, de la troubler à cette heure-ci.

— Que notre sergent, reprit le maire, aille la prendre à la veillée.

Jehan Meurice mit son chapeau et marcha vers la porte

— Pour ne pas faire de scandale et ne pas effrayer ma fille, j'y vais moi-même.

— Allez, nous vous tiendrons compte de la bonne volonté.

Le père sortit sans ajouter un mot. En son absence, les justiciers devisèrent entre eux. Cyrille de Vesne, craignant sans doute d'être interrogée, se donna beaucoup de mouvement pour rallumer le feu, qui s'était éteint. Elle jeta sur les cendres un panier de racines, approcha de la lampe des écorces de bouleau et les porta tout enflammées dans l'âtre. Quoique le feu prît gaiement, elle saisit un soufflet de fer et y mit ses lèvres avec ardeur pour se dispenser de répondre.

Au bout de dix minutes le père revint; les justiciers virent entrer après lui une grande fille brune d'une beauté presque majestueuse. Quoique un peu pâlie, soit par le vent aigu de la soirée, soit par la vue des hommes noirs, soit pour une autre raison, elle avait un éclat frappant, ses grands yeux noirs jetaient du feu. Les portraits de Charlotte Corday peuvent vous donner une idée de sa coiffure. Son visage, d'un parfait ovale, respirait je ne sais quelle fierté sauvage tempérée par la douceur des lignes. Jamais fleur de jeunesse ne s'était montrée mieux épanouie. Sa bouche, d'habitude fraîche et jolie, mais un peu moins éclatante ce soir-là, laissait voir en souriant des dents blanches comme le lait; mais les justiciers ne virent pas les dents de Marguerite.

Cependant tous les regards se portèrent à son corsage. Elle avança fièrement vers la cheminée dans l'attitude d'une fille qui n'a rien à craindre, ou d'un criminel qui brave son crime et ses juges. Sa taille et sa gorge emprisonnée dans une brassière bleue à ramages n'indiquaient nullement qu'elle fût coupable du crime dont on l'accusait. Elle eût lutté avec une vierge de quinze ans pour la souplesse et la grâce. Pourtant, en y regardant d'un peu près, le procureur fiscal découvrit bien qu'il y avait en elle un peu de contrainte.

Après avoir regardé à la dérobée les sombres visiteurs, elle dit à son père :

— Vous avez bien de la patience d'écouter tous ces corbeaux-là et de répondre à leur croassement. Ils n'ont rien à faire ici.

— Silence, dit le maire d'un ton bref. Madeleine-Marguerite Meurice, vous êtes accusée par notre procureur, sur des bruits divers à lui venus, d'être accouchée avant-hier et d'avoir étouffé votre enfant.

— Quel conte ! dit Marguerite s'enhardissant de plus en plus. Voyez si j'ai la mine d'une femme qui vient d'accoucher. J'ai longtemps été souffrante depuis que je suis descendue dans le vieux lavoir pour y rouir du chanvre ; l'eau m'a glacée, et j'ai manqué en mourir.

— Dame Marie Avril, reprit le maire sans tenir compte des paroles de Marguerite, nous vous ordonnons, en votre qualité de sage-femme, de dégrafer la brassière de cette fille et de lui découvrir les seins.

La sage-femme se leva.

— Jamais ! s'écria Marguerite en croisant les bras et en pâlissant.

Et, comme la sage-femme voulait la toucher :

— Non, non! reprit-elle d'une voix émue ; écrivez, si vous voulez, que je suis coupable, comme vous le dites ; condamnez-moi et ne me touchez pas.

Jehan Meurice vint près de sa fille et se tourna vers les justiciers d'un air menaçant.

Ce que nous voulons, dit le maire sans s'émouvoir, nous le voulons bien, car nous sommes guidés par un devoir sacré. La justice des hommes avant la justice de Dieu. Ainsi ne perdons pas de temps en vaines simagrées.

— Eh bien, que la justice se fasse, dit le père ; je ne sais rien, mais je réponds de ma fille.

— Sainte Vierge! murmura la mère en faisant le signe de la croix.

Voyant bien qu'il fallait obéir, Marguerite dégrafa sa brassière et découvrit son sein en se détournant ; mais il lui fut enjoint de se retourner devant les justiciers (entre parenthèse, ne vous semble-t-il pas que la justice de Bruyères avait un peu de cette curiosité chatouilleuse dont parle Rabelais?). Je reproduis ici le passage de l'enquête :

— Avons enjoint à la sage-femme de visiter sur-le-champ et en notre présence les seins de ladite Marguerite. Laquelle sage-femme, pressant lesdits seins, nous a fait voir qu'il en sortait abondamment du lait, lequel ayant jailli jusque sur le papier tenu par notre greffier.

En effet, sur la marge de l'enquête, une ou deux gouttes de lait ont laissé un témoignage pour les races futures. O Marguerite! que n'avez-vous donné ce lait à votre enfant !

Le maire reprit la parole.

— Marguerite, à cette heure, il est hors de doute que vous êtes accouchée avant-hier. Il faut nous dire ce que vous avez fait de votre enfant.

Marguerite, qui était devenue immobile et silencieuse comme une statue, se laissa tomber sur une chaise en sanglotant.

— Si votre fille ne veut répondre, reprit le maire en s'adressant au père et à la mère, répondez donc pour elle.

— Nous ne savons rien, répondit Jehan Meurice ; elle a passé l'autre nuit à se plaindre, et, comme je ne suis pas médecin, je n'ai pu y rien faire, je me suis contenté de prier Dieu pour elle.

— Marguerite, encore une fois, qu'avez-vous fait de votre enfant ?

Après un silence de mort :

— Venez, dit-elle en se levant.

Elle alluma un falot, et ouvrit la porte du jardin, qui touchait à la maison. Le procureur, le sergent et la sage-femme la suivirent dans le jardin. Le maire, son lieutenant et l'avant-juré demeurèrent « pour observer les gestes desdits Jehan Meurice et Cyrille de Vesne. »

Arrivée dans un coin du jardin, Marguerite murmura d'une voix mourante, tout en s'appuyant contre le tronc d'un arbre.

— Voyez, là, sous cette pierre.

A la lueur du falot, le sergent souleva la pierre et

découvrit dans le sable un petit enfant tout nu ne portant aucun signe de mort violente. La sage-femme le prit dans son tablier.

— Vous l'avez donc tué? demanda le procureur à Marguerite.

— Tué! oh! non, car voilà comment il est venu au monde. Je souffrais comme une martyre, j'étais agenouillée devant mon lit, me croyant à ma dernière heure ; il est venu, je l'ai pris dans mes mains, ne sachant ce que j'avais là. Il était comme vous le voyez.

On rapporta l'enfant à la maison ; on procéda à un long interrogatoire.

« Pendant lequel ladite Marguerite se jetait de côté et d'autre avec désespoir, comme pareillement ledit père et ladite mère. Ensuite de quoi, sur la requête dudit procureur fiscal, nous avons ordonné que les trois accusés demeureraient arrêtés et gardés dans leur maison comme prisonniers jusqu'à ce que les prisons de notre justice fussent en état, pour les y conduire. Nous les avons commis à Nicolas Prud'hom, l'un de nos sergents, à lui enjoint d'en faire bonne et fidèle garde, et, à cette fin, se faire assister d'un autre sergent. »

Ici se clôt l'enquête.

— Ladite Marguerite a fait sa marque après avoir déclaré ne savoir écrire ni signer, dont interpellée.

Cette marque de la pauvre fille est une croix faite d'une main tremblante, croix de sinistre présage. Sous cette croix, il y a la trace d'une larme.

La seconde pièce est un rapport du sergent Nicolas Prud'hom sur ce qui s'est passé la nuit dans la maison des accusés commis à sa garde. Jusqu'à minuit la mère et la fille sanglotèrent et se désespérèrent, se parlant bas et à mots coupés ; le père fit assez bonne figure ; il se coucha le premier, disant aux deux femmes, pour les consoler, que les justiciers de Bruyères ne voulaient pas la mort du pécheur. La fille ayant voulu descendre dans le jardin pour respirer au grand air, le sergent ne la laissa pas aller seule, il la suivit après s'être assuré de la clef des portes de la rue. Marguerite fit deux fois le tour du jardin en murmurant : *Lomproz! Lomproz!*

Elle rentra par l'étable, demandant au sergent la grâce de faire une caresse à sa vache. Cette bête, l'ayant reconnue malgré la nuit, mugit joyeusement.

— Oh! mon Dieu! dit Marguerite, j'ai oublié de la traire ce soir.

— Preuve qu'elle est criminelle, dit le sergent dans son rapport ; car, sans cela, comment eût-elle oublié de traire sa vache ?

Elle alla chercher la lampe, l'accrocha à la crèche, prit un escabeau d'une main, un seau de fer-blanc de l'autre, et se mit à l'œuvre en parlant à la vache avec toute sorte de douceurs ; « ce qui prouve, dit le sergent, qu'elle n'a pas un mauvais naturel. »

Le tableau de Marguerite et de sa vache s'est peint dans ma mémoire pour longtemps avec des couleurs fraîches et charmantes. Je crois entendre le lait qui résonne dans le seau en jaillissant des mains de la pauvre fille. Je crois voir les grands yeux mélancoliques de la vache tournés vers Marguerite d'un air qui semble dire : Pourquoi viens-tu si tard? O Paul Potter, que n'étiez-vous sergent de Bruyères ce soir-là! Une belle fille qui se souvient de sa vache à son dernier jour de liberté, une belle vache qui donne son lait avec l'héroïque patience d'une mère, une lampe qui vacille pendue à la crèche, du sainfoin qui passe à travers les solives, une botte d'herbe à demi fanée dans un coin de l'étable, une faux et une faucille accrochées au mur : quel tableau digne de vous, ô Paul Potter! Rien qu'à voir ce tableau, on eût respiré la saine odeur de l'étable.

Le croirez-vous? le sergent, qui n'était ni peintre ni poëte, a rapporté la scène d'adieu de Marguerite à sa vache. Elle la flatta vingt fois sur le col.

— Adieu, la Rousse; qui donc aura soin de toi si je vais en prison? qui donc prendra ma faucille pour te faire de l'herbe? Je sais si bien où l'herbe est haute et bonne? Qui donc prendra tes beaux pis dans ses mains sans t'impatienter? Pauvre Rousse! tu me regardais avec tant d'amitié quand je te chantais le *Vartingué*. Va, je ne chanterai plus jamais, jamais, jamais!

« Preuve qu'elle est criminelle, » observe encore l'impitoyable sergent, à qui sans doute on avait oublié d'offrir une de ces bonnes bouteilles de vin clairet que récoltait Jehan Meurice dans ses vignes du mont de Parmailles.

Les pièces 3, 4, 5 et 6 sont des rapports de médecins nommés pour éclairer la justice sur le crime de Marguerite. Selon ces rapports, l'enfant est venu au monde vivant.

— Soit par mauvaise volonté, soit par inexpérience, ladite Marguerite Meurice est coupable de la mort de son enfant.

Ces mots, mauvaise volonté, et surtout inexpérience, ne vous semblent-ils pas d'un effet bien étrange? Vous verrez que Marguerite sera condamnée pour inexpérience!

La septième pièce, écrite sur du papier timbré à six deniers le quart, est le voyage des accusés à la prison En partant, Marguerite tomba agenouillée sur le seuil, priant sans doute le ciel de l'y ramener bientôt. Deux haies de curieux s'étaient formées sur son passage. On remarqua qu'elle avait pris le temps de s'habiller avec quelque recherche; on augura de là qu'elle aimait la coquetterie. Quoique l'accusée fût belle, on la jugeait coupable par toutes ses actions.

La huitième est l'interrogatoire de Marguerite. Je reproduis mot à mot certain passage : « L'interrogatoire fait par nous, Jacques Buvry, maire de la haute, moyenne et basse justice de la ville et commune de Bruyères, à la requête du procureur fiscal de ladite justice, à Madeleine-Marguerite Meurice, que nous avons fait extraire des prisons de cette ville pour comparoir devant nous. Du vingt-sixième jour de novembre seize cent soixante-seize, onze heures du matin, interrogée, ladite Marguerite de ses noms, surnoms, âge, condition et qualité, après serment par elle fait de dire la vérité, a dit qu'elle se nomme Madeleine-Marguerite Meurice, fille de Jehan Meurice et de Cyrille de Vesne, âgée de vingt-deux ans depuis les vendanges, qu'elle travaille aux vignes ou file au rouet. Interrogée si elle sait pourquoi elle est prisonnière avec ses père et mère, a dit qu'elle croit que c'est au sujet d'un enfant dont elle est accouchée, et qui était mort en naissant. Enquise si ses père et mère ont eu soin de l'instruire à la crainte de Dieu durant sa jeunesse, de l'obliger à ses devoirs de chrétienne et à la garde de son honneur, a dit que oui. Enquise si elle ne s'est pas abandonnée au péché, a dit qu'elle avait gardé son honneur jusqu'au quartier d'hiver de l'année 1675; qu'elle a été sollicitée par le nommé Lomproz, cavalier dans la compagnie de M. de Puys-Robert, qui était logé pour lors en leur maison; qu'il la suivait partout, qu'il ne la laissait jamais revenir seule de la veillée, qu'elle l'avait aimé à son corps défendant; enfin que, sur sa promesse de mariage, elle avait écouté ses sornettes, et qu'au lieu de l'épouser il était parti; qu'elle espérait toujours le voir revenir, mais qu'il reviendrait trop tard. »

Le reste de l'interrogatoire prouve que les justiciers de Bruyères étaient passablement curieux. Puisque l'enfant était là et que Marguerite avouait en être la mère, la justice n'avait à s'inquiéter que du crime et non du roman; mais ici le roman affriolait dame justice; elle le voulait lire chapitre par chapitre, sans en passer une page. Marguerite, par sa beauté, par ses larmes, et surtout par son silence, irritait encore cette curiosité coupable.

L'interrogatoire du père n'offre rien d'intéressant.

Jehan Meurice se contenta de dire qu'il ne savait

rien et qu'il n'avait rien vu ; aussi la justice ne le tint pas longtemps sur la sellette.

En sa qualité de femme, Cyrille de Vesne fut moins brève ; elle raconta, entre autres anecdotes, qu'elle avait brisé deux quenouilles sur l'épaule de Lomproz, qui avait la fureur de tirer les verrous quand il était avec sa fille. Mais Lomproz se moquait d'elle et de ses quenouilles, il filait le parfait amour sans s'inquiéter des colères maternelles. Il avait si bien pris l'habitude de suivre sa fille, qu'il ne la laissait pas même seule à l'étable à l'heure de traire la vache.

— A ce propos, interrompit le procureur, selon les bruits du voisinage, vous auriez un jour trouvé ledit Lomproz et ladite Marguerite enfermés dans l'étable ; vous auriez crié et frappé à la porte sans obtenir de réponse. Enfin, après plus d'une demi-heure d'attente, vous les auriez vus sortir en silence, l'un par ci, l'autre par là ; vous étant approchée de votre fille, vous auriez vu de la paille à son dos.

La mère répondit au procureur qu'en effet elle avait un jour vu que l'étable était fermée en dedans, qu'elle avait attendu à la porte, croyant surprendre bientôt Lomproz et sa fille, mais qu'elle s'était lassée d'attendre, que sa fille était revenue à la maison disant qu'elle sortait de la messe ; que, pour de la paille au dos, il n'y en avait pas un brin.

Après ces trois interrogatoires viennent les *informations* des témoins : la justice ne les réunissait pas comme aujourd'hui ; elle les appelait à sa barre l'un après l'autre ; chaque témoin faisait serment de dire la vérité, et déclarait n'être ni parent, ni allié, ni domestique du procureur, non plus que des accusés. Le premier témoin entendu dans l'information s'appelle Jehanne Bloyart, laquelle se souvient qu'un jour de dimanche, étant à la messe de sa paroisse, elle entendit un bruit d'éperons résonner dans la nef, qu'ayant tourné la tête malgré sa dévotion elle vit le cavalier Lomproz, autrefois en garnison à Bruyères; que bientôt après, dans un banc voisin, elle vit Marguerite Meurice tomber faible; qu'on la releva fort blême et pâline, après quoi elle sortit de l'église avant l'élévation du saint sacrement, ce qui fut un grand scandale. Pour prix de cette déposition, Jehanne Bloyart reçut cinq sous, selon la taxe.

Le second témoin, la veuve Goyenvalle, déposa que, durant les vendanges, Marguerite Meurice, qui vendangeait auprès d'elle, ne voulut pas, à l'heure du goûter, venir danser la ronde avec les autres; sur quoi on lui dit que Lomproz l'avait bien changée; à quoi elle répondit avec émotion que, si Lomproz était là, elle n'irait pas danser davantage.

Le troisième témoin, c'est la sage-femme : passons vite.

Le quatrième, Marguerite Vignard, couturière de l'accusée, a déclaré que depuis huit mois elle a chez elle l'étoffe d'une brassière pour Marguerite; qu'à diverses reprises elle avait voulu la tailler et la coudre, mais que, sollicitée de prendre mesure, Marguerite avait toujours voulu attendre.

Le cinquième, la veuve Tabouret, a dit qu'ayant ouï

mal parler de Marguerite, touchant sa galanterie avec Lomproz, elle l'avait un jour arrêtée par le bras, au pied d'une vigne, pour lui tenir ce petit discours maternel :

— Ma pauvre fille, à tous péchés miséricorde. Il n'y a ici personne de trop ; nous sommes bien aise de vous avertir qu'on n'est pas pendue pour avoir fait un enfant, mais bien pour les défaire.

A cet avis, Marguerite avait tourné le dos avec sa fierté accoutumée.

Le sixième témoin, Élisabeth Vieillard, déposa qu'étant à broyer du chanvre près de la maison de l'accusée elle avait plus d'une fois entendu disputer la mère et la fille au sujet de Lomproz ; le témoin se souvient aussi que le jour du départ de la compagnie de M. de Puys-Robert, quand les trompettes donnèrent le signal, Marguerite, qui était sur le pas de sa porte, devint fort pâle, mit ses mains sur ses yeux pour cacher ses larmes, et tomba faible en rentrant dans la maison. Un autre jour, le témoin vit Lomproz et Marguerite à la fenêtre ; Lomproz cueillait du raisin à la treille pour faire jaillir les plus beaux grains sur le cou de Marguerite.

Enfin le septième témoin est un nommé Antoine Estave, voiturier. Voici le résumé de sa déposition, qui est fort longue :

Un jour de l'automne 1676, qu'il était retenu par le mauvais temps à la Fère, où il avait conduit du vin, il entra dans un cabaret, le cabaret de la *Pomme rouge*, où grand nombre de soldats buvaient et chantaient. Il reconnut l'un d'eux pour l'avoir vu six mois auparavant à Bruyères. Il présidait ce soir-là une table de cavaliers de bonne mine qui avaient l'air de s'amuser pour leur argent. Ils étaient tous ivres plus ou moins, ce qui ne les empêchait pas de boire, Lomproz plus encore que les autres. On parlait galanterie ; c'était à qui mettrait en avant la plus belle prouesse. Entre autres folles aventures, Lomproz raconta celle-ci :

— Depuis que je suis à la guerre, les plus belles brèches que j'aie faites à une place forte, ç'a été à Bruyères. La place forte, vigoureusement défendue, s'appelait Marguerite, bien nommée, sacrebleu ! une vraie fleur des champs. Quel minois enchanteur ! à voir ses yeux, vous eussiez dit deux pistolets armés par les amours, pétillants comme le petit vin blanc que nous avons bu ce matin. Et rose, et bien troussée ! Mon cheval gris n'a pas une plus belle encolure. Et comme elle chantait bien ! et quelle gaieté ! Un vrai soleil levant ! Elle a pourtant pleuré une fois, oui, sacrebleu ! au point que je ne riais pas moi-même. Une larme par-ci par-là ne gâte pas une femme, au contraire. Par malheur il y avait une mère dans la maison ; aussi que de temps de perdu et que de coups de quenouilles ! Je dis par malheur, je me trompe, car j'aime à enjamber des montagnes. L'amour a des bottes de sept lieues, il arrive toujours ; fermez-lui la porte au nez, il passera par la fenêtre.

Un des buveurs demanda à Lomproz s'il avait battu en retraite longtemps après le siége.

— Six semaines après, à mon grand chagrin ; si la compagnie était restée plus longtemps à Bruyères, je crois que j'aurais fini par planter la vigne avec Marguerite. Sacrebleu, la belle fille! Je suis allé pour la voir un jour de fête. Quand j'ai mis pied à terre, elle était à la messe; ne pouvant entrer au cabaret pour l'attendre, je suis entré dans l'église. J'ai fait là une belle équipée. Quand elle m'a vu passer dans la nef, elle est tombée sur son banc, et on l'a emportée évanouie comme une princesse. J'ai eu beau rôder autour du jardin et l'attendre le soir à la salle où l'on danse, elle n'est pas venue. J'ai appris qu'elle était retenue au lit par ordonnance de médecin. Ah! si j'avais été le médecin, moi! Je n'ai pas perdu l'idée de la voir; voilà les veillées qui reviennent, j'irai la surprendre un soir. On peut bien faire six lieues pour embrasser une aussi belle fille, et six lieues pour s'en souvenir.

Disant ces mots, le cavalier Lomproz releva sa moustache, se versa à boire et prit son verre; mais, tout préoccupé sans doute de Marguerite, il oublia de boire.

— Du reste, ajoute le témoin en se retirant, il avait bien assez bu comme cela.

Les autres témoins ne disent plus rien qui vaille la peine d'être reproduit. Il y a d'ailleurs des mémoires de médecin et des mémoires d'apothicaire que j'ai grande hâte de mettre de côté, non pas qu'ils n'offrent un côté piquant à la curiosité; mais aujourd'hui on les entendrait à huis clos.

A la suite des interrogatoires et des informations, le procureur ordonna que les accusés et les témoins fussent confrontés. Cette confrontation n'offre rien de très-curieux. Seulement, chaque fois qu'un témoin ose dire à Marguerite un mot insultant pour son honneur, elle se cabre dans sa fierté comme un beau cheval tourmenté par l'éperon.

Il n'avait fallu que dix jours à la justice de Bruyères pour amener le procès à ce point. Le 5 décembre, le procureur d'office déposa au greffe ses conclusions sur une feuille de papier cachetée et scellée aux armes de Bruyères. Je copie mot à mot la fin de cette pièce.

« Le procureur conclut à ce que, pour les cas résultant dudit procès, ladite Marguerite Meurice soit condamnée, nu-tête et à genoux, et la corde au cou, à faire amende honorable au devant de la grand'porte de l'église de Bruyères; elle sera conduite par l'exécuteur de la haute justice, où, ayant une torche ardente à la main, au pied un lien d'osier, elle demandera pardon à Dieu, à la commune de Bruyères et à sa justice, du fait énorme et exécrable par elle commis, pour ensuite être menée et conduite aux lieu et place publique dudit Bruyères, en une potence qui y sera plantée, pour y être pendue et étranglée par le même exécuteur tant que mort s'ensuive, et aux regards desdits Meurice, ses père et mère, lesquels seront bannis à perpétuité des terres de la commune, aux injonctions de garder leur ban sous la peine de la hart, et qu'en outre ils seront condamnés solidairement en l'amende de mille livres envers la commune dudit Bruyères, et leurs biens acquis et confisqués au profit de qui il appartiendra, sur iceux préalablement pris ladite amende. »

Certes, le procureur fiscal de la commune de Bruyères ne s'était pas laissé attendrir par les beaux yeux de

Marguerite ; celui-là était un vrai procureur de la tête au cœur, ayant étudié la loi à la lettre, sans s'inquiéter de l'esprit de la loi. Quelqu'un osera-t-il défendre Marguerite contre une sévérité pareille? Il n'y a pas d'avocat à Bruyères, ce qui prouve en faveur de la ville. Mais un homme se présenta, je dis un homme, car il sentait son cœur battre dans sa poitrine.

« Cejourd'hui, septième jour de décembre 1676, neuf heures du matin, par-devant nous Jacques Buvry, maire de la justice de la ville et commune de Bruyères, étant en l'auditoire dudit lieu, assisté de maître Claude Lerminier, notre lieutenant, M. Daniel Beffroy, Jehan Houssaye, Claude de Labre, Jehan d'Estrées, Bonaventure de la Campaigne, qui se sont rendus audit auditoire à notre prière pour être présents et conseillers au prononcé du jugement du procès extraordinaire pendant par-devant nous. Pour procéder à un dernier interrogatoire, nous avions fait extraire par nos huissiers des prisons de cette ville Madeleine-Marguerite Meurice. Comme nous étions sur le point de faire cet interrogatoire final, nous avons été avertis que M. Claude Cauroy, prêtre, doyen et curé de ladite ville de Bruyères, souhaitait d'entrer dans l'auditoire pour nous faire quelque requête et remontrance ; sur quoi, ayant pris avis des conseillers, nous avons enjoint à l'huissier d'introduire le sieur Cauroy dans l'auditoire, lequel, étant comparu, nous a dit qu'il avait connaissance desdits accusés ; qu'il les tenait pour gens de bonne foi et fiers de leur honneur ; que la seule crainte d'être déshonorée avait empêché Marguerite de révéler sa grossesse à la justice ; que, puisqu'elle disait être accouchée d'un enfant mort, il la fallait croire et ne point admettre le crime d'infanticide ; que Notre-Seigneur Jésus-Christ, qui jugeait dans l'esprit de Dieu, ayant pardonné à la pécheresse et à la femme adultère, pardonnerait à Marguerite, la laissant ici-bas pleurer son malheur et invoquer la miséricorde divine, ajoutant, ledit sieur Cauroy, que son ministère l'obligeait à nous faire cette remontrance à l'heure où nous allions procéder au jugement, afin qu'en jugeant nous y puissions avoir égard. De laquelle remontrance et de l'avis des conseillers nous avons donné acte audit sieur Cauroy et ordonné qu'il demeurera joint au procès. »

Sans doute, la plaidoirie de cet avocat improvisé était plus touchante que ne l'a rapportée le greffier de la justice de Bruyères. Il paraît, du reste, qu'elle ne fut pas d'un grand succès sur l'esprit du juge et des conseillers.

Au dernier interrogatoire, qui n'apprit rien de nouveau, on demanda à Marguerite si elle n'avait rien à alléguer contre le maire qui allait la juger sans appel. Elle répondit que non. On lui demanda encore si elle n'aimait mieux être jugée au siége présidial de Laon. Elle répondit que c'était bien assez de subir une fois les lenteurs et les angoisses de la justice ; que, quel que fût le jugement, elle s'y soumettrait. On fit venir sur la sellette son père et sa mère, qui répétèrent aussi ce qu'ils avaient déjà dit. D'après toutes leurs réponses, il n'est guère facile, à celui qui lit aujourd'hui les pièces du procès, de connaître la vérité sur la mort de l'enfant. Le maire était sans doute plus éclairé sur la cause, car il condamna Marguerite à être pendue; il suivit, pour son jugement, les terribles conclusions du procureur.

Sur le jugement on voit encore la marque de Marguerite. Cette fois, soit que l'espoir en Dieu, soit que la rigueur des juges l'ait exaltée, elle traça la croix d'une main ferme. Pauvre fille, n'était-ce point assez de la condamner? fallait-il encore la forcer de signer cet horrible jugement?

La tradition, plutôt que les pièces authentiques, nous apprend la mort de cette pauvre Marguerite. Elle montra un courage héroïque. Seulement, au portail de l'église, pendant qu'elle faisait amende honorable, ayant entendu le nom de Lomproz courir dans la foule, la torche ardente lui échappa des mains; elle la ressaisit, se releva sur-le-champ et se remit en route sur le chemin du supplice. Son père et sa mère jetaient les hauts cris : en vain ils suppliaient le bourreau et les sergents de les dispenser de ce déchirant spectacle, en vain ils prenaient le ciel à témoin de l'innocence de leur fille, en vain ils demandaient la grâce de l'embrasser encore; leurs cris, leurs prières, leurs supplications, se perdaient dans les rumeurs de la foule.

Marguerite gardait le silence, levant les yeux au ciel ou jetant un triste sourire d'adieu à quelques-unes de ses compagnes, même à celles qui avaient déposé contre elle. Quoique fort pâle, elle était belle encore, belle de cette beauté qui s'approche du ciel. Elle n'avait demandé qu'une grâce au bourreau, celle de garder ses cheveux; ce fut là sa dernière parure. Arrivée devant la potence, elle fit le signe de la croix. Le bourreau voulut la saisir pour la monter, elle leva la tête avec dédain et repoussa cet homme d'une main fière. Elle voulut monter toute seule, mais pourtant elle n'en eut point la force. Au moment fatal, elle dénoua sa longue chevelure et s'en fit un voile noir, ne voulant pas sans doute que les spectateurs « présents à cette tragédie » pussent surprendre une contorsion sur sa belle figure.

Le soir de ce jour néfaste, grâce à la sollicitude du prêtre Claude Cauroy, on daigna enterrer la criminelle dans un coin du cimetière. Le jugement fut exécuté dans toute sa rigueur contre Jehan Meurice et Cyrille de Vesne. Après avoir pendu la fille, le bourreau, assisté de quatre sergents, conduisit le père et la mère au delà du territoire. On voit encore aujourd'hui une grande pierre nommée la pierre bannissoire entre Bruyères et Laon. Là les bannis se reposaient, jetaient un dernier regard sur leur pays et priaient Dieu de les suivre dans le monde inconnu où ils allaient.

Lomproz oublia-t-il Marguerite dans d'autres aventures? Revint-il à Bruyères pour la voir? apprit-il son horrible supplice? Passa-t-il, le cœur palpitant, devant cette maison égayée de deux ceps de vigne se rejoignant sur le pignon et mêlant leur feuillage touffu audessus de la fenêtre de Marguerite, cette fenêtre où luimême avait cueilli du raisin noir pour faire jaillir les grains d'une main lutine sur les dents blanches de sa maîtresse, qui se débattait en vain? La tradition rapporte que la belle vache rousse pleura depuis le départ de Marguerite pour la prison jusqu'à l'heure de son supplice.

La maison de Jehan Meurice, longtemps inhabitée, a disparu tout à fait ; sur ses ruines, la maison du notaire s'élève aujourd'hui. Les armes d'*icelui*, c'est-à-dire le blason de cuivre doré, remplacent les deux ceps de vigne qui avaient formé une fraîche guirlande d'amour pour l'amoureuse fille, quand elle se penchait à sa fenêtre, à l'heure de la manœuvre, pour voir partir Lomproz ou pour l'attendre, pauvre Marguerite effeuillée qui avait dit : J'aime — un peu — beaucoup — passionnément !

— Mais la mort a dit : — Point du tout !

III

L'ARBRE DE LA SCIENCE

⁂

L'amour hait le mariage pour les hommes, mais il le conseille aux filles, car il a bien plus de prise sur elles quand elles ont franchi le Rubicon.

Vénus était mariée.

Que forgeait Vulcain ? les chaînes de Mars et de Vénus.

⁂

Il arrive souvent qu'un galant homme s'imagine avoir une femme parce qu'il est marié ; mais là où est la femme souvent la femme est absente. Son esprit et son cœur font ménage avec quelque fat de sa société.

Il n'y a pas séparation de corps ; c'est bien pis, car il y a séparation d'âmes.

⁂

Toute la politique anglaise, c'est l'Océan.

Toute la politique des femmes, c'est l'amour.

L'amour, c'est l'Océan autour de la femme. On se hasarde dans tous les dangers de la traversée pour aborder à la terre ferme.

Mais la femme n'est le plus souvent qu'un sable mouvant.

Combien qui échouent sur le sable, croyant saluer le rivage !

On respire toutes les sauvages tristesses de l'amour dans les paysages de Ruysdaël : ses chutes d'eau sont pleines de larmes, ses fontaines pleuvent des torrents de désespoir. Ruysdaël est le poëte des cœurs blessés.

Ses historiens affirment qu'une passion malheureuse l'éloigna du mariage. Quelle a été cette passion malheureuse? On interroge en vain tous les historiens de l'art hollandais, les poëtes de Leyde et de La Haye. Mais il n'y a de littérature nationale en Hollande que celle qui palpite dans les tableaux : les poëtes comiques sont Brauwer, Steen et Teniers ; les bucoliques sont Berghem et Paul Potter ; les élégiaques, Ruysdaël et Everdingen ; les philosophes, Lucas de Leyde et Rembrandt ; les romanciers, Ostade et Metzu, Gérard Dow et Terburg ; les poëtes légers, Seghers et Van Huysum. On trouverait toutes les nuances, on ferait le tour du cercle.

Les historiens de Ruysdaël ont mieux aimé expliquer ses tableaux (expliquer les tableaux de Ruysdaël !) qu'étudier son âme. Puisqu'ils n'ont pas raconté le roman de sa vie, le champ est plus vaste pour les rêveurs. Nous avons mille fois suivi Ruysdaël dans ses paysages : nous l'avons vu s'asseoir devant la cascade qui emportait ses larmes, nous l'avons accompagné dans la sombre forêt où se perdaient ses soupirs ; peu à peu nous avons surpris son secret : il aimait! C'était quelque fraîche et douce fille d'Amsterdam. Elle s'est promenée avec lui dans les prés, il l'a conduite devant la cascade, il lui a parlé de ses espérances sur la lisière du bois. Dieu seul a vu toute la joie de Ruysdaël. Mais un jour elle s'est embarquée avec son père et n'est jamais revenue. Il l'a attendue pendant des heures, pendant des années, pendant des siècles! Pour se consoler, il peignait : il exprimait sur la toile toute la poétique douleur de son âme. Les bois qu'ils avaient vus ensemble, la branche qui leur touchait le front, l'herbe qui arrosait leurs pieds, la cascade qui leur chantait les délices du cœur avec la voix douce et mystérieuse de Dieu lui-même, le soleil couchant qu'ils avaient contemplé, l'orage qui les avait surpris, l'arbre cassé par la tempête un jour qu'ils passaient en bateau sur le canal : tous ces vivants souvenirs d'une belle saison, il les fixait avec son âme sur ses paysages. Qui sait? cette âme ardente était peut-être tourmentée par cette poétique passion des poëtes pour l'infini et l'inconnu. Ruysdaël ne fuyait-il pas le monde pour se réfugier, craintif et rêveur, dans le silence des prairies, dans la solitude des bois? Peut-être avait-il compris ce que lui disaient la cascade, les forêts et les brins d'herbe.

Par la fenêtre de son atelier, Ruysdaël voyait les

vertes prairies qui bordent l'Amstel, les bois de l'Ye, les hauts moulins égayant le paysage, les clochers aigus dominant les grands chênes ; il assistait, depuis le mois de mai jusqu'au mois de septembre, au spectacle, toujours solennel et doux, du soleil couchant dans les arbres et sur les eaux. Il ne se contentait pas de vivre ainsi familièrement avec la nature : il avait des fleurs et des herbes dans son atelier. Ce qu'il étudiait surtout avec passion, c'était le contraste des lumières. Nul paysagiste n'a mieux entendu le clair-obscur. Il a eu trois manières bien distinctes : il a d'abord imité, mais toujours avec un accent original dont il ne pouvait se dépouiller, Berghem et Everdingen. On reconnaît les tableaux de sa première époque par la vivacité du ton. Quoiqu'il fût alors moins près de la nature, quelques amateurs recherchent ces tableaux plutôt que les autres, séduits qu'ils sont par je ne sais quel attrait qui frappe plus vivement le regard. Dans la seconde époque, Ruysdaël a passé à cette belle manière dont l'étude et le fini font une merveille ; alors il a répandu dans ses tableaux un charme qui vous prend au cœur, car on y retrouve toute la pensée et tout le sentiment du peintre. Il ne copiait plus seulement la nature : il lui donnait une âme. Enfin, dans sa troisième époque ou sa troisième manière, il a peint des marines, des vues de Harlem, de Skeweling et autres villes ou bourgades hollandaises avec un ton plus grisâtre et un pinceau plus facile. Ces derniers tableaux sont les moins estimés. Ruysdaël, le rêveur et poétique Ruysdaël, celui qui peignait avec amour et avec passion tout ce que la nature lui montrait de charmant, de triste et de pittoresque, avait fini par ne plus peindre que pour s'enrichir. L'âge d'or des rêveries était passé; il survivait à ses illusions et à son beau talent. Appelé par son père mourant, il retourna à Harlem. Il mourut avant lui.

Comme il vécut souvent en solitaire, dans le silence des bois et de l'atelier, ses historiens n'ont conservé de lui aucun trait capable de peindre son caractère. Nous ne pouvons étudier sa vie que sur des notes éparses çà et là. Nous savons à peine qu'il fut triste, rêveur, timide, poëte surtout : toutes ses œuvres nous l'ont dit. Il n'a pas vécu dans le monde, parce qu'il a trouvé un autre monde dans la nature, où son âme candide était moins effarouchée; il a vécu familièrement avec les eaux qui coulent, les feuilles qui s'agitent, les buissons du sentier, les herbes de la prairie, les bois où sifflent les merles, la petite barque qui s'endort sur la rivière, les lointains bleuâtres où passent pour le rêveur les images de la jeunesse, le rayon qui joue sur la branche et sur le canal, la cascade qui parle toujours cette langue mystérieuse que d'abord on n'entend pas, qui bientôt vous dit, à vous qui rêvez, des hymnes éloquents, et, à vous qui souffrez, mille paroles sympathiques.

Ruysdaël fut un paysagiste *automnal* : il aima les coups de vent, les orages, les tristesses de novembre; la nature avait pour lui plus de larmes que de sourires; quand il la voit sourire, ce n'est pas encore le sourire de la gaieté ni de l'espérance, mais plutôt celui du souvenir qui console ; s'il peint le soleil, c'est le soleil couchant, celui qui s'en va et non celui qui vient. Il aima surtout les chutes d'eau : nous ne dirons pas, comme un de ses historiens, parce que son nom de Ruysdaël peut se traduire par *chute bruyante*, mais parce que ces chutes d'eau servaient son goût pour les oppositions de couleur, parce qu'il aimait à rêver auprès d'elles, elles qui calmaient son cœur agité ! Ce qui surtout séduisait Ruysdaël, c'était la mélancolie du soir. Il attendait que le soleil fût couché. Quand la vapeur se répandait chaude encore des derniers rayons, quand le feuillage assombri des arbres se détachait plus vivement du ciel adouci, quand la lumière plus vague fuyait lentement sur les prairies, il prenait son pinceau et saisissait l'inspiration au passage. Nul mieux que lui n'a rendu l'agreste poésie d'un beau soir, la fraîcheur déjà pénétrante de la brise qui répand la rosée, les tons mystérieux des petits coins de bois. On aime Ruysdaël parce que, seul peut-être entre tous les paysagistes, il a mis son âme dans son œuvre. Il a fait des paysages d'*impression;* il a su fixer un sentiment dans un rayon qui passait, dans un coup de vent, dans une ombre fuyante. Pas une de ses pages où ne se retrouve cette âme mélancolique, sauvage même, qui n'a confié qu'aux arbres émus et aux chutes d'eau toutes ses sombres rêveries. On aime Ruysdaël ; on peut être séduit par Berghem, émerveillé par Paul Potter ; mais on revient à Ruysdaël avec une passion sérieuse et profonde : les autres vous prennent par les yeux, lui vous prend par le cœur.

Les amours mélancoliques voudraient placer leur Décaméron dans les paysages de Ruysdaël.

⁂

L'amour! disait une comédienne célèbre avec le beau dédain d'Armande; l'amour! je n'ai que de l'amour-propre.

En effet, sans s'arrêter au jeu de mots, l'amour sans amour-propre n'est que la volupté, car l'amour-propre dans l'amour c'est la conquête, c'est le triomphe, c'est l'orgueil, c'est la tête et le cœur.

⁂

Il y a beaucoup d'amours qui naissent par la haine.

Le bien et le mal ont toujours été en lutte, et ont toujours aimé à vivre ensemble.

C'est une grande joie que d'étreindre dans ses bras avec la fureur de la passion la femme qu'on détestait la veille, ce qui explique les querelles de ménage, qui sont souvent des querelles d'amour déguisées.

⁂

L'amour et la haine brouillés ensemble s'appellent quelquefois la volupté pour les cœurs pervertis.

⁂

L'amour n'a qu'un ennemi sérieux, c'est le ridicule. Quand l'amour survit au ridicule, c'est qu'il est sublime, comme la poésie qui survit à la tragédie.

⁂

Que d'amoureux qui croient encore vivre de leur amour quand ils n'ont plus en eux qu'un mort enseveli !

⁂

L'amour n'aime pas ce que tout le monde aime : l'homme le plus recherché n'est pas celui qui inspire le plus de passions.

⁂

Les anciens ont donné à l'amour des armes parce qu'il est brave, et des ailes parce qu'il est lâche. Il frappe au cœur et s'enfuit. L'amour est donc le plus brave et le plus lâche des dieux. Hercule a accompli douze travaux héroïques, mais l'amour l'a vaincu aux pieds d'Omphale. Il n'y a pas de femme qui, avant ou après sa défaite, ne traîne l'amour à ses pieds, désarmé, éperdu, suppliant. L'amour n'aime rien tant que son héroïsme et sa lâcheté.

IV

LA FILLE A MARIER

I

Que votre esprit me suive dans les Ardennes, à Ravenay, une petite ville ni trop ennuyeuse ni trop babillarde, dans un paysage couvert de bois. Arrêtons-nous à cette jolie maison d'un notaire où il y a une fille à marier. Vous le voyez, je ne suis pas de ceux qui prennent des titres de fantaisie.

L'histoire commence à nouer son écheveau avant juillet 1830. Vous devinez les personnages : le notaire, sa femme, sa fille, son clerc et accessoires. Le notaire s'appelle M. Desmont ; c'est un brave homme de cinquante ans, un peu ventru, un peu patriote, un peu voltairien. Il a de l'esprit par-ci par-là, il sait tourner un couplet agréable à la façon de Désaugiers. Il a servi quinze jours durant en 1814, ce qui lui a donné pour toute sa vie un certain air martial qui n'effraye personne. Il lit tous les matins le *Constitutionnel*. Naguère il plaçait son ambition dans son étude, il mettait sa gloire à débrouiller les affaires de son terroir; mais ce petit horizon commence à lui paraître obscur; la politique lui tourne la tête : il a osé déjà une ou deux fois rêver le bruit enivrant de la tribune, mais il n'a confié ce rêve téméraire à personne; car, en effet, comment un esprit modeste comme lui peut-il tenter une gloire si périlleuse? Il n'a pas de nom, il n'a pas d'éloquence, il aime son pays; mais à la tribune cet amour est compté pour rien. Et, d'ailleurs, comment arriver à la tribune? par quel chemin semé de pierres et bordé d'épines aller affronter ce Capitole, qui est presque la roche Tarpéienne? Il est déjà du conseil d'arrondissement; il espère devenir au premier jour conseiller de préfecture : c'est un homme célèbre à dix lieues à la ronde; il a écrit sur l'économie et sur les routes départementales dans le journal du pays; il a adressé une épître à M. de Voltaire et à M. de Béranger en strophes triomphantes qui ont été chantées à un banquet national. M. de Voltaire ne lui a pas répondu sans doute à cause des Jésuites, mais M. de Béranger a rimé un quatrain sous son nom. Dans un voyage à Paris, il a dîné avec le général Foy. Aussi se plaignait-on, dans les communes soumises à son *pardevant*, de son insouciance pour les petites affaires. C'était d'ailleurs le modèle des maris. Les jours de gala, il improvisait des couplets sur les tours qu'il jouait à sa femme avec les veuves à consoler; mais nul n'ajoutait foi à ses couplets, surtout madame sa femme.

Pour madame Desmont, c'est une grande femme sèche et glaciale qui n'a jamais séduit personne, pas même son mari. Elle passe gravement ses jours dans l'ennui de la province, ne songeant pas qu'on puisse s'amuser autrement. Elle suit les modes à deux ans de distance régulièrement; d'après cela, ne la croyez pas coquette, son seul but est de faire honneur à sa maison. Elle est toujours occupée à ranger et à déranger son linge; le moindre accroc fait sa douleur; les jours de lessive sont ses jours de joie. Toutefois elle n'est pas entichée de son ménage au point de négliger les devoirs du monde; elle fait des visites et elle reçoit. Durant l'hiver, elle ouvre ses salons aux cinq joueurs et joueuses de whist de Ravenay. Cependant, si elle reçoit tant de monde, c'est un peu eu égard à sa fille, qui aura bientôt vingt et un ans. En bonne mère, madame Desmont a compris que son vrai rôle ici-bas était de marier sa fille, opération grave, hérissée d'obstacles et de difficultés. Après tout, marier une fille qui n'a pas vingt et un ans, c'est la chose du monde la plus simple. Voyons donc cette fille à marier.

Par malheur, c'est un peu le portrait rajeuni de sa mère: grande, sèche, pâle, maussade, tirée à quatre épingles, provinciale jusqu'au bout des ongles. Une Parisienne ferait peut-être valoir cette figure assez bien éclairée par le front et les yeux; mais ce front ne sait pas rêver, ces yeux ne savent pas regarder, cette bouche ne sait pas sourire; pourtant il y a dans cette bouche des dents fines et blanches. Et ces cheveux brunissants, pourquoi ne sont-ils pas mieux bouclés? Et cette

robe, pourquoi cache-t-elle la souplesse de ce corsage?
Et ces pieds, pourquoi sont-ils si mal chaussés? Madame Desmont, faites-moi danser, courir, chanter votre fille, ou, si vous voulez, faites qu'elle ait, elle aussi, son grain de coquetterie. Oui, mais voilà ce que vous ne voulez pas, car vous dites que votre fille Artémise est une fille bien élevée. Il y paraît! Bien élevée, soit; mais, pour Dieu! faites qu'à vingt ans onze mois et quelques jours elle n'ait plus l'air d'une pensionnaire attendant, pour rire, danser, courir, crier, l'heure de la récréation.

Vous commencez à comprendre pourquoi mademoiselle Eudoxie-Artémise Desmont, quasi majeure, est encore une fille à marier.

Quelques galants sont venus; mais, par un grand hasard, ces quelques galants voulaient épouser une femme tout autant qu'une dot. Madame Desmont ne perdait pas patience; elle répétait tous les jours directement ou indirectement cette sentence à sa fille : Tout vient à point à qui sait attendre. Mademoiselle Artémise trouvait que c'était attendre un peu longtemps; elle cachait à peine son dépit; elle accusait le ciel et la terre.

Ses plaintes n'étaient pas même entendues par le clerc de M. Desmont. Cet autre personnage était par extraordinaire un garçon d'esprit, d'une figure à la fois douce et fière. Il devait le jour à un vigneron de la Champagne, qui n'avait pu faire grand'chose de plus pour lui. Eugène Aubert était entré, très-jeune encore, dans une étude voisine de Ravenay; le peu qu'il savait, il l'avait appris là, par échappées, entre une liquidation et un contrat de mariage. Comme les enfants du peuple qui doivent tout ce qu'ils ont à eux-mêmes, il n'avait eu garde de perdre une heure dans l'oisiveté. S'il n'étudiait plus, il rêvait; le rêve est plus haut placé que l'étude : par ses rêves, il s'élevait donc au-dessus des savants de collége. Il voulait devenir digne d'une créature de Dieu; mais en même temps il voulait vivre dans le monde, vivre par l'esprit et le cœur, mais vivre avec le travail. Il était affable et bon, un peu démocrate par instinct, parlant au pauvre client en haillons avec autant de bonne grâce qu'au richard qui passait à cheval. Tout le monde l'aimait. C'était presque le juge de paix du canton. Depuis les rêves politiques de M. Desmont, une affaire n'était jamais conclue sans que le clerc y eût passé. Il avait une éloquence naturelle qui entraînait toutes les parties quand il y avait débat.

— C'est bien dommage, dit, le 25 juillet 1830, M. Desmont à sa femme, c'est bien dommage que ce garçon-là n'ait pas un sou vaillant.

— Allons donc, répondait madame Desmont, cela n'a pas de naissance. Je le vois toujours arriver ici avec son bâton de cornouiller, ses chemises de toile écrue et son habit râpé.

— Ce raisonnement-là n'a pas le sens commun : des chemises de toile écrue valent bien des chemises de toile d'araignée. Et puis ne dirait-on pas que tu es la fille d'un prince? L'habit ne fait pas le moine : les hommes sont égaux sous le soleil.

— Allons, allons, reprit madame Desmont avec dépit, te voilà encore professant tes maximes républicaines, à l'heure où la noblesse reprend racine mieux que jamais.

— Nous verrons, nous verrons, madame Desmont; la fin fera le compte de tout le monde. Votre M. de Polignac, que vous défendez sans raison, ne tiendra pas toujours les rênes de l'État.

— Ne parlons pas politique, monsieur Desmont, vous n'y entendez rien du tout; mais songez que votre pauvre Artémise aura vingt et un ans dans huit jours; songez que, depuis un mois, il ne s'est présenté, j'en rougis encore, que ce petit huissier de Sédan. Voulez-vous que je vous dise, monsieur Desmont : vous faites bien les affaires des autres, mais les vôtres...

— Que diable! on ne marie pas une fille comme cela; c'est un acte difficile quand les contractants ne sont pas d'accord. C'est un peu ta faute, d'ailleurs; ta fille n'est pas tout à fait à la mode.

— Ma fille n'est pas tout à fait à la mode! Elle ne porte jamais ses robes plus d'une saison, et encore elle en a deux à la fois. Pour ses chapeaux, c'est autre chose; la marchande de modes ne va qu'une fois tous les deux ans à Paris. Je ne puis pas faire venir des chapeaux par la poste. Revenons au point de départ : il faut marier Artémise; elle a une dot de cinquante mille francs, un trousseau de douze douzaines de chemises, et tout à l'avenant; rien n'y manque.

— Non, rien du tout, dit le notaire en s'endormant, il n'y manque rien — si ce n'est le mari.

II

Les choses en étaient là quand éclata la Révolution de juillet. Tout le bourg de Ravenay fut sens dessus dessous; M. Desmont, qui était le maire de la commune, assembla gravement ses conseillers; il se prépara dignement aux luttes politiques, il pérora une heure durant sur les bienfaits et les malheurs des révolutions.

— Tout cela est bel et bon, dit un rustre ennuyé du discours; vous écrivez comme un notaire et vous parlez comme un procureur, c'est connu; mais nous aurons beau dire, ce ne seront que des paroles en l'air. Voyez donc quel bon soleil! voilà notre politique. Allons faucher nos blés qui dépérissent depuis hier, voilà mon opinion. Que Pierre ou Jacques se débattent à Paris, je n'empêche pas cela, mais je m'en lave les mains.

— Songez-y bien, messieurs, vous qui êtes les représentants de votre pays; si jamais le char de l'État venait à verser, vous auriez plus d'un écheveau à débrouiller avec les étrangers; le Russe et l'Anglais se donneraient la main pour nous enchaîner. Prenez garde à la sainte alliance! que deviendraient alors vos froments, vos luzernes et vos betteraves? Les lois de la guerre sont terribles.

M. Desmont suait à grosses gouttes.

— Le Russe et l'Anglais, dit un conseiller, qu'ils y

viennent un peu! En attendant, je suis de l'avis du préopinant; mon opinion est qu'il faut aller faucher nos blés, qui s'égrènent déjà.

En dépit du maire, la séance fut levée. Il rentra tout bouleversé à son étude.

— Il n'y a rien à faire avec ces gens-là! dit-il à sa femme.

— Prends garde de t'avancer trop loin.

— Un patriote doit toujours être à l'avant-garde. Que diable! on se doit à son pays et à son opinion; qui sait si la destinée ne m'appellera pas à jouer un rôle sur le vaisseau de l'État?

— Où l'ambition va-t-elle se nicher? c'est à faire pitié! Quand on habite Ravenay, on plante des choux.

A cet instant, un homme politique du pays apporta un fragment de journal :

— C'est fini, dit-il avec regret, nous n'aurons pas encore de république : le duc d'Orléans se sacrifie; il sera roi des Français.

Après de mûres réflexions, M. Desmont s'écria : Vive le roi des Français! Il rentra à son cabinet, tailla sa plume, et rédigea, pour le journal du cru, un *premier-Sédan* sous ce titre : *Ce que nous avons fait, ce que nous devons faire*. L'article parut; il eut du retentissement; un journal de Paris le reproduisit; il acheva de tourner la tête au notaire.

— Ma femme, dit-il un matin en s'éveillant, tu ne sais pas à quoi j'ai pensé cette nuit?

— Oh! mon Dieu, vous pouvez bien garder vos secrets. A quoi donc avez-vous pensé?

— Toujours pleine de bonne grâce! murmura le notaire.

— Eh bien, je vous écoute.

— J'ai pensé à me mettre sur les rangs...

— Toujours la même chanson! interrompit madame Desmont; vous feriez bien mieux de songer à marier votre fille.

— Aussi est-ce pour la marier que je veux tenter...

— Ah çà! qu'est-ce que vous voulez dire? vous voulez vous mettre sur les rangs : pourquoi donc, s'il vous plaît? Vous faut-il encore des honneurs? N'êtes-vous pas membre correspondant de l'Académie de Saint-Quentin? Est-ce que vous songeriez, par exemple, à vous mettre sur les rangs pour l'Académie française?

— Je songe, dit le notaire en rongeant son frein, je songe à être député. — Tant pis, voilà le grand mot parti! pensa-t-il en s'éloignant un peu de sa femme.

Elle se souleva avec indignation.

— Député! et c'est à moi que vous osez dire cela!

— Eh bien, oui, député, reprit le notaire tout tremblant, mais résolu à braver les tempêtes conjugales. Une fois député, je marierai ma fille; il y a bien assez longtemps que je suis notaire, je veux faire une fin; et dans ce but je donne dimanche un banquet à mes amis — qui sont électeurs. — C'est par dévouement paternel que je fais du bruit; en parlant de moi, on pensera à ma fille.

Après quatre jours de conciliabules, M. Desmont finit par s'entendre avec sa femme, mademoiselle Artémise aidant.

Le banquet eut lieu ; il fut brillant ; on y porta des toasts à tout le monde. Le notaire, aveuglé par les fumées du vin et les fumées de la gloire, se vit déjà porté en triomphe. Dès qu'il fut seul avec sa femme, il l'embrassa sur les deux joues avec une tendresse rajeunie.

— Le sort en est jeté ! le courant des choses m'entraîne malgré moi à la tribune ; j'ai eu un beau moment dans mon toast à la liberté.

Madame Desmont avait, sans y prendre garde, mordu un peu à la pomme de l'ambition ; elle ne contraria plus son mari que par habitude.

— Mais au bout du compte, dit-elle tout à coup, on ne peut pas être député et notaire.

— J'y ai bien pensé, dit M. Desmont en hochant la tête ; mais à qui vendre mon étude ? je ne veux pas la vendre au premier venu. Écoute, ma chère amie, voilà le fond de ma pensée : je voudrais céder mon étude au mari de ma fille, c'est-à-dire ma fille moyennant mon étude, ou mon étude moyennant ma fille.

— Ce que vous dites là n'a pas le sens commun. Comment ! votre fille, selon votre raisonnement, serait la quittance de votre étude ?

— Ni plus ni moins. Je connais quelqu'un qui ferait à merveille cette affaire-là.

— N'allez-vous pas encore me parler de votre M. Aubert ? Donner votre fille à un clerc !

— Mais, ma chère, en lui cédant l'étude, M. Aubert serait notaire.

— Voilà qui est raisonné en homme prévoyant. Et

si, une fois notaire, votre M. Aubert ne songe pas à Artémise?

— D'abord, je crois qu'il y songe déjà; ensuite, la force des choses le conduira tout droit à ce mariage. D'ailleurs, je ne vois pas dans notre horizon un seul homme plus digne d'Artémise.

— Vous avez beau dire, donner Artémise à un garçon sans fortune, cela fera jaser bien des gens de nos amis.

— D'un autre côté, dit le notaire, donner ma fille à un pauvre enfant du peuple, n'est-ce pas un acte de patriotisme dont on me tiendra compte, aujourd'hui que l'égalité est à l'ordre du jour? Tout bien considéré, voilà ce que nous avons de mieux à faire. Appelle ta fille dans le jardin, consulte un peu son jeune cœur, parle-lui vaguement d'Eugène Aubert; enfin, tu sais mieux que moi comment il faut la prendre pour avoir son avis.

III

Madame Desmont, fière de jouer un rôle, appela sans plus tarder sa fille dans le jardin. Artémise vint gravement avec une corbeille, croyant qu'il fallait cueillir des fraises pour dîner.

— Il s'agit bien de cela! dit madame Desmont en se déridant un peu. Écoute, Artémise, c'est ta destinée qui est en jeu. Réponds-moi sans détour. Te plairait-il d'être la femme d'un notaire?

— Oh! oui, maman, la femme d'un notaire, d'un avoué, d'un procureur du roi, d'un substitut, d'un conservateur des hypothèques...

— Oui, je comprends, pourvu que ce soit un mari. Mais enfin tu n'as pas de parti pris?

— Mon Dieu, maman, vous le savez mieux que moi. On prend un parti quand un parti se présente.

— Et s'il se présentait un jeune notaire pour acheter notre étude et pour t'épouser?

Artémise eut un sourire de béatitude.

— Ah! petite espiègle, tu te garderais bien de dire non.

— Je ne dis ni oui ni non, murmura Artémise.

— Eh bien, si le prétendant était à peu près comme M. Eugène Aubert?

Artémise avait rougi.

— A merveille; nous en reparlerons. Va cueillir des fraises.

Dès que le notaire fut au courant, il alla à l'étude, où Eugène Aubert était seul. En voyant venir la figure épanouie de M. Desmont, son clerc s'imagina qu'il était encore question des affaires du gouvernement.

— Est-ce que vous avez reçu le journal, monsieur Desmont? lui demanda-t-il par la fenêtre.

Le notaire ne répondit pas, il entra en silence dans l'étude; il passa dans son cabinet en faisant signe à Eugène Aubert de le suivre. Après quoi il lui dit de s'asseoir, traça quelques chiffres sur un dossier, regarda son calendrier et prit ainsi la parole :

— Eugène, j'ai à vous entretenir d'une affaire très-grave : je vais, vous le savez, me présenter à notre collége électoral ; mais, ce que vous ne savez pas, c'est que je vous vends mon étude.

— Vous ne parlez pas sérieusement? dit Eugène surpris.

— Très-sérieusement; je vous cède mon étude moyennant soixante mille francs ; vous voyez que je ne vous fais pas de grâce. Vous me donnerez dans six mois un à-compte de cinquante mille francs ; pour le surplus, je vous accorderai un délai indéfini. Je sais bien que votre père ne peut répondre de rien, mais une hypothèque sur vous est une bonne et valable hypothèque.

— Mais, monsieur, dit Eugène, je ne possède pas un sou vaillant ; je n'ai rien que ma parole, et je ne veux pas risquer le peu que j'ai.

— Vous ne savez ce que vous dites. Moi, qui vous parle, j'ai acheté mon étude sans autre argent comptant que ma bonne volonté. Dieu ne laisse jamais en chemin les hommes de bonne volonté. Donnez-moi votre main, et que tout soit dit.

Eugène ne résista pas plus longtemps. L'offre du notaire était un coup du sort. C'était la fortune qui venait s'asseoir à sa porte. D'ailleurs, Eugène était un peu fataliste, il trouvait un charme nonchalant et mélancolique à s'abandonner au cours des choses.

— Dormez sans inquiétude, reprit le notaire ; avant

six mois vous aurez trouvé, sans chercher bien loin, les cinquante mille francs en question.

A cet instant, Eugène détourna le rideau de la fenêtre comme par pressentiment. Cette fenêtre donnait sur une petite avenue de platanes, où les trois ou quatre oisifs du bourg avaient coutume de se promener. C'était une charmante promenade en belle vue, d'où on découvrait un paysage des plus variés. Il s'y trouvait des bancs de gazon bien ombragés; deux haies touffues secouaient leurs parfums rustiques de chaque côté, le bouvreuil y jetait çà et là sa note perlée, l'hirondelle son cri aigu, le coq son chant orgueilleux.

— Ainsi donc, poursuivit le notaire, dès demain faites venir votre père... Mais vous n'écoutez pas ce que je vous dis. Pourquoi diable regardez-vous par la fenêtre?

— Je vous écoute, dit Eugène tout ému en se retournant vers M. Desmont; mais, tout bien considéré, je ne veux pas être notaire.

IV

Eugène Aubert avait regardé par la fenêtre, parce qu'il avait entendu la voix d'Éléonore. Qu'est-ce qu'Éléonore? C'est une belle fille; on regarderait à moins par la fenêtre.

— Ah! vous ne voulez pas être notaire? s'écria

M. Desmont en regardant Eugène en face; pour quelles raisons, s'il vous plaît?

— Pour d'assez mauvaises raisons, répondit Eugène avec un sourire inquiet; mais vous savez qu'ici-bas on est toujours conduit, la bride aux dents, par de mauvaises raisons, à commencer par notre première mère...

— Il ne s'agit pas d'histoire ancienne, murmura le notaire, qui voyait avec un peu de dépit le sourire de son clerc. Vous êtes un enfant, j'espère que vous vous raviserez; je vous donne jusqu'à demain.

— Eh bien, j'y penserai, dit Eugène; je vais de ce pas me conseiller en plein vent, si vous restez un peu à l'étude.

— Allez, allez, dit le notaire; pour les affaires sérieuses, la solitude est d'un bon conseil.

— Oui, oui, la solitude, dit Eugène en souriant.

Il alla sans détour vers l'avenue de platanes. Il atteignit bientôt Éléonore, qui s'avançait lentement comme une amante qui arrive trop tôt au rendez-vous.

— Ah! ma chère Éléonore! j'ai failli ne pas venir aujourd'hui; mais mon cœur avait entendu votre voix.

Éléonore accueillit Eugène par le plus doux et le plus tendre sourire du monde.

— Comme vous êtes ému!

— Figurez-vous que M. Desmont... Mais je vous dirai cela plus tard.

— Tout de suite, monsieur.

— M. Desmont veut me vendre son étude, à moi qui n'ai rien, rien que votre amour.

— Et que lui avez-vous répondu ? demanda Éléonore en pâlissant.

— Je ne dois lui répondre que demain, mais ma réponse est toute prête : je refuse.

Éléonore, qui avait pris le bras d'Eugène, l'appuya tendrement sur son cœur.

— C'est très-bien, dit-elle d'une voix émue; mais demain ne refusez pas, entendez-vous, Eugène? Je ne veux pas être une pierre d'achoppement dans votre vie: j'aurai de la résignation. Que voulez-vous? nous sommes pauvres tous les deux. Nous nous aimons... à ce que vous dites, car moi je n'en crois rien...

Éléonore regardait Eugène avec deux beaux yeux bleus humides d'amour.

— Nous nous aimons, continua-t-elle; mais l'amour ne bat pas monnaie. Or la fortune vient à vous; prenez la fortune, et, croyez-moi, laissez l'amour de côté.

— Jamais, Éléonore! Je sais bien que par les écus on joue un grand rôle ici-bas, mais n'est-il pas un plus doux rôle à jouer auprès de vous? Mon parti est pris; avec du cœur et de la bonne volonté, on n'est jamais pauvre, car on a Dieu pour soi.

Éléonore, touchée jusqu'aux larmes, se suspendit avec une grâce adorable au cou d'Eugène. Ils se promenèrent en pleine campagne jusqu'à la tombée de la nuit, perdus dans les joies de l'amour, heureux de se voir et de s'entendre, heureux de toute chose, heureux de rien.

Le lendemain, quand M. Desmont entra dans l'étude, Eugène Aubert se leva d'un air résolu.

— Eh bien, lui demanda le notaire un peu inquiet, avez-vous réfléchi?

— Oui, monsieur; hier je me suis, deux heures durant, promené en pleine campagne, n'ayant d'autre pensée. Tout bien considéré...

Eugène ne put arrêter un soupir.

— Tout bien considéré, dites-vous?

— Tout bien considéré, reprit Eugène en appuyant sur chaque mot, je serai notaire, si c'est toujours votre avis.

Depuis la veille, Eugène avait encore changé de résolution.

— A la bonne heure! Oui, vous serez notaire, et bon notaire. Je suis enchanté, pour mon compte, de votre détermination, car mon étude va tomber en bonnes mains. Savez-vous, maître Eugène Aubert, que je n'eusse pas vendu mon étude au premier venu? C'est un royaume comme un autre. Un notaire doit s'assurer que ses pièces seront loyalement gardées jusqu'à la troisième génération. Venez de ce pas, venez, que je vous présente à ma femme et à ma fille comme mon digne successeur.

Eugène suivit nonchalamment M. Desmont à la petite salle où se tenaient presque toujours sa femme et sa fille.

— Ma fille, dit M. Desmont en entrant, votre père a

déposé ses armes, c'est-à-dire ses plumes, ès mains de maître Eugène Aubert, ici présent et acceptant.

Mademoiselle Artémise s'inclina, en signe d'assentiment.

— Je suis touché au fond du cœur, dit Eugène après un gracieux salut, je suis touché de la confiance que M. Desmont a placée sur ma pauvre personne; un père ne ferait pas plus pour son enfant.

— Mais n'êtes-vous pas notre enfant? dit madame Desmont, qui espérait que les choses allaient marcher grand train.

— C'est étonnant, pensa Eugène, la Révolution de juillet a bien changé les idées de madame Desmont; il n'y a pas six semaines qu'elle me parlait encore du bout des lèvres.

— Voyez-vous, Eugène, je puis tout vous dire, à vous. Je me suis réveillé un beau matin avec un petit grain d'ambition dans la tête; je me suis figuré, à tort ou à raison, que je devais être député. Que voulez-vous; chacun a sa marotte, ici-bas. Pour cela faire, je vous cède mon étude avec ma maison et... tout ce qui s'ensuit.

Voyant qu'Eugène n'avait pas trop l'air de mordre au *tout ce qui s'ensuit*, le notaire jugea à propos de revenir sur sa phrase.

— Si vous ne tenez pas à ma maison, je la garderai; aussi bien, il m'en faut une, car, député ou non, je veux toujours avoir un pied à terre à Ravenay. Cependant regardez-y à deux fois. D'ailleurs, ne pourrions-nous pas, dans les premiers temps, trouver dans la maison assez de place pour nous quatre?

— Je vous laisse le maître de répondre à cette question; à coup sûr, je me trouverai très-honoré d'avoir de pareils hôtes.

— Très-bien; je vois que nous nous entendrons à merveille. Prenez mon cheval, allez chercher votre père; il faut que cette affaire soit poussée à bout en moins de trois semaines.

Dès qu'il fut sorti, M. et madame Desmont se regardèrent victorieusement.

— Eh bien, ma femme, vous voyez qu'on s'y entend; vous pouvez acheter le bouquet de fleurs d'oranger.

— Mais, encore une fois, s'il allait oublier Artémise?

— Impossible; il me faut cinquante mille francs dans six mois; où les trouverait-il, si ce n'est ici? Et d'ailleurs, je ne risque rien dans cette affaire, après tout. Cette étude, que je lui vends soixante mille francs, je n'en trouverais guère que cinquante mille francs auprès de tout autre; s'il n'épouse pas Artémise, il augmentera sa dot; mais je suis sûr du mariage.

V

Eugène Aubert passa à cheval au bout de Ravenay, sous une petite fenêtre à jalousies vertes qui s'ouvrit à sa voix. Un vieux soldat à moustaches blanches le salua par une bouffée de fumée.

— Où diable allez-vous si matin, monsieur Aubert?

Eugène, un peu désappointé, lui répondit qu'il allait à Courthéry.

— C'est bien tombé, dit le capitaine Leroy; Éléonore est allée par là, vous la ramènerez en croupe. Bon voyage.

Eugène éperonna son cheval, tout en jetant un regard d'amour sur la jolie maisonnette, sur le jardin, sur la haie, partout où il avait vu Éléonore.

Trois semaines après, Eugène Aubert était notaire, M. Desmont avait écrit sa profession de foi, madame Desmont s'occupait du trousseau, et mademoiselle Artémise était toujours à marier.

Le grand jour des élections, M. Desmont distribua un beau millier de professions de foi, et prononça un discours des plus pathétiques, de quelque vingt syllabes, sur les grandeurs du patriotisme. Il avait à lutter contre un avocat qui parlait bien, quoique avocat. La journée fut très-orageuse; qui pour l'avocat, qui pour le notaire. L'un avait pour lui sa parole et son charlatanisme, l'autre son silence et sa bonne foi. Enfin, après un ballottage, le notaire sortit triomphant. Il partit bientôt pour Paris, fier du rôle qu'il n'allait pas jouer. Ses adieux furent déchirants.

— Je vous confie ma femme et ma fille, dit-il à Eugène; il y a trop de bruit à cette heure à Paris pour que je songe à les emmener.

— Je vous en prie, Eugène, dit madame Desmont

en pleurant, ne sortez plus le soir, selon votre coutume. De grâce, restez avec nous, ne nous laissez pas seules.

Mais Eugène montait à cheval tous les soirs, sous prétexte d'actes à faire. C'était pour se promener et rencontrer Éléonore.

— Eugène, lui dit un jour la jeune fille avec contrainte, maintenant que vous êtes notaire, il ne faut plus nous voir, autant pour vous que pour moi.

— Éléonore, vous savez bien que je n'ai consenti à devenir notaire que dans la ferme espérance de vous épouser. Plus je vais, et plus cette espérance rayonne à mes yeux. Je suis en train de jouer mon jeu avec la destinée, donnez-moi le temps de me battre les cartes.

— Hélas! je vois trop le dessous des cartes dans votre jeu.

— Éléonore, point de mauvais présages! Prenez patience, le temps est plein de ressources; or, à notre âge, le temps est pour nous.

— Le capitaine me fait des remontrances; depuis que vous êtes notaire, il ne vous aime plus, il ne croit plus à vos bons sentiments. Comme tous les vieux soldats, il n'a que l'honneur pour lui; voilà pourquoi il regarde d'un peu près à l'honneur.

— J'irai lui parler et fumer de son tabac; il me rendra son estime.

— Encore une fois, je suis une pauvre fille destinée au travail du peuple.

— Vous, Éléonore! Oh? non, il y a trop de noblesse sur ce beau front, trop de fierté native dans ces regards, trop de délicatesse dans ces mains adorées. Vous avez grandi dans la pauvreté, mais la pauvreté qui altère tout, n'a pas laissé d'empreintes sur vous. Vous êtes du peuple par votre cœur, par votre compassion, par vos élans de charité pour ceux qui souffrent ; mais, croyez-moi, vous êtes destinée à une meilleure place.

— Vous ne savez ce que vous dites, Eugène. Depuis quel temps la pauvre fille du peuple n'a-t-elle pas le privilége d'être belle, d'être fière par ses vertus, d'être noble par son amour ?

— N'en parlons plus. Ce que je vois de plus clair dans tout cela, c'est que nous descendons tous les deux du bon Dieu en ligne directe, c'est que nous sommes faits l'un pour l'autre... ne riez donc pas... c'est que nous nous aimerons jusqu'à la fin du monde.

— Ainsi soit-il ! dit le capitaine Leroy en abordant Eugène.

C'était un vieux soldat de cinquante à soixante ans, ayant subi tous les désastres des guerres de l'Empire. Depuis la bataille d'Eylau il ne comptait plus ses blessures. Il vivait pauvrement à Ravenay, son pays, avec un petit majorat de mille francs. C'était un brave soldat et un brave homme. Il supportait sa vieillesse assez gaiement, grâce à sa chère Éléonore. Il fumait, il se promenait, il cultivait un demi-arpent de jardin-potager-fleuriste, il se reposait dans l'amour de la jeune fille, ne se plaignant pas trop d'être maltraité du ciel.

— Monsieur le notaire, reprit-il gravement, la femme de chambre de madame Desmont vous cherche partout.

— Et de quel droit? dit Eugène avec dépit.

— Il paraît qu'on est venu du Charmoy pour un testament. Allez, allez, monsieur le notaire, poursuivit le major avec un peu de sécheresse, allez, vous n'avez que faire avec nous, car je n'aurai pas à faire un testament, moi, et elle... vous ne songez plus au contrat de mariage.

— Il ne faut désespérer de rien, dit Eugène en tendant la main au major, pas même du testament, pas même du contrat de mariage.

Eugène monta à cheval, et piqua des deux vers le Charmoy.

— Nous veillerons jusqu'à votre retour, lui cria madame Desmont. — Dis-lui donc quelque chose d'aimable! murmura-t-elle aux oreilles de sa fille.

— Vous savez, monsieur Eugène, dit Artémise, vous savez que j'ai peur des morts quand vous n'êtes pas là.

Le testament à faire au Charmoy est une des pages de cette histoire. Nous suivrons donc le jeune notaire jusqu'au lit de mort du testateur.

VI

Le Charmoy est un petit village de triste mine, habité par des bûcherons et des tisserands qui n'ont pas l'habitude de faire leur testament avant de mourir. Mais, en tête du village, à côté de l'église, une petite maison bourgeoise était alors habitée par un vieillard qui, sans être bien riche, avait cependant quelques bribes de fortune. Ce vieillard, très-aimé dans le pays, était un des braves invalides de l'armée d'Égypte, le commandant La Roche. Il avait vu périr ses trois fils autour de lui, sa femme l'avait abandonné pour suivre un aventurier ; il ne lui restait, de toute sa famille, que deux arrière-cousins très-connus à Mézières par leur fortune. Ils s'étaient enrichis par l'achat et la revente des bois de la couronne. En s'arrêtant à la porte, Eugène se demanda en faveur de qui le commandant La Roche allait faire son testament. Il trouva le commandant très-près de sa fin.

— Eh bien, commandant, ayons donc courage : n'êtes-vous pas toujours sur le champ de bataille?

— Que voulez-vous? dit le commandant d'une voix éteinte, je n'ai plus que la mort à combattre, je n'ai plus le cœur de lutter ; d'ailleurs, croyez-moi, la mort n'est pas mon ennemie, j'ai soixante-dix-sept ans sans compter les campagnes. Mais je crois que je n'ai pas trop de temps pour les paroles sérieuses.

Le commandant fit signe à sa garde et à son curé de le laisser seul avec le notaire.

— Écoutez-moi, reprit-il en se soulevant avec un peu de peine sur l'oreiller.

Eugène se rapprocha du lit avec cette triste et ardente curiosité qu'on a toujours pour les paroles d'un homme qui ne doit plus parler longtemps.

— M. Desmont m'a dit que son successeur était digne de la confiance de ses clients ; je vous confie donc ce qui me reste à confier ici-bas. La fortune m'a été mauvaise ; le peu de bon temps que j'ai passé, ça été sur les champs de bataille, au milieu de mes amis et de mes soldats. J'ai aimé une femme qui m'a trahi mille fois, la plus amère des femmes ; elle m'avait donné trois fils pour consolation, les joies du père amortissaient les douleurs du mari ; mes trois fils sont morts, vous le savez. J'aurais moins de regrets si le plus jeune... le pauvre enfant ! Ah ! je ne le dis qu'à vous pour vous faire bien comprendre toute ma douleur, il est mort comme un lâche, mort en fuyant ! Je l'ai vu tomber, il a levé vers moi un bras défaillant ; mais moi, je ne fuyais pas, je combattais toujours ; je n'ai pas pris le temps d'aller le relever, lui pardonner et lui dire adieu. Enfin, j'ai été puni jusque dans ma gloire ! Je ne sais plus pourquoi je vous dis tout cela ; depuis que je vois la mort de près, toutes les douleurs de ma vie me reviennent à chaque instant, comme si elles savaient que bientôt elles n'auront plus de prise sur mon pauvre cœur. Depuis 1815, j'ai achevé ma route à peu près seul au Charmoy. J'avais presque oublié ma femme ; mais, dans les premiers jours de novembre, je reçus d'elle une lettre d'adieu où elle me demande le pardon de ses fautes avec des larmes de vrai repentir. La malheureuse femme a réveillé mon cœur encore une fois, j'ai oublié ses égarements ; et voyez jusqu'où va la faiblesse humaine ! moi, soldat de Napoléon, bronzé au soleil d'Égypte, endurci par le feu des Autrichiens et des Anglais, j'ai pleuré comme un enfant, j'ai baisé cette lettre d'adieu qui me vient de je ne sais où, de la

4.

Vendée, où la pauvre femme est morte de misère. Dans cette lettre, elle me supplie de remettre à un enfant, qui lui vient d'un autre, une bague en diamant que Desaix lui avait donnée le jour de notre mariage, et, avec cette bague, *tout ce qui me reste d'elle.* Hélas! que me reste-t-il de cette femme, que j'ai adorée et maudite, que me reste-t-il, si ce n'est le déshonneur? Le beau legs à faire à un enfant!

En disant ces mots, le moribond s'était singulièrement agité ; un dernier élan de colère avait brillé dans ses yeux. L'amour trahi, la jalousie de l'époux, le délaissement où l'avait jeté son veuvage forcé, le souvenir de tous les chagrins subis pour sa femme, tout cela repassait dans sa mémoire comme autant de juges acharnés contre l'infidèle. A la fin, l'amour l'emporta, il essuya une larme, la dernière de ses larmes! Il prit ainsi la parole d'un air de compassion :

— J'ai fait ce matin un testament olographe par lequel je lègue quarante-quatre mille francs à cet enfant si tristement recommandé. Mais voilà ce que j'attends de vous : je veux que ma famille ignore et le legs et le testament ; les quarante-quatre mille francs, les voilà représentés par ces inscriptions au grand-livre. La vieillesse est prévoyante ; je possède cet argent, amassé à grand'peine, à l'insu de tout le monde.

Le moribond prit sous son oreiller sept inscriptions de rentes cinq pour cent; il les feuilleta, par habitude, et les remit au notaire.

— Ainsi donc, monsieur Aubert, je vous charge de ce legs difficile ; gardez le testament parmi vos secrets;

à ma mort, ne l'ouvrez pas et ne le faites pas enregistrer, je ne l'ai fait que pour vous mettre à couvert, pour...

— Mais, dit Eugène en hochant la tête, vous ne savez donc pas que je ne puis recevoir un testament avec une pareille destination?

— J'y avais pensé, dit le commandant; mais comment diable nous y prendrons-nous?

— D'abord, où est l'enfant en question? demanda le notaire.

— Voilà ce que je ne sais pas. J'attends de jour en jour, espérant la voir arriver. Ma pauvre femme me dit dans sa lettre que sa fille viendra en son nom se jeter à mes pieds. C'est son image, m'écrit-elle. Ah! monsieur, qu'elle était belle à vingt-cinq ans! J'espérais, en voyant la fille, avoir des nouvelles moins vagues de la pauvre mère; mais la fille n'est pas venue encore, demain peut-être il serait trop tard. Vous comprenez toute mon inquiétude et toute ma douleur. En post-scriptum elle me dit que, si je ne veux pas recevoir sa fille, je n'ai qu'à remettre la bague de Desaix et autres petites parures qu'elles m'a laissées, sans doute par oubli, chez le notaire de Ravenay, ou chez M. Rochat, à Mézières. Comme je vous connais mieux que M. Rochat, je vous choisis pour mon exécuteur testamentaire.

Le vieux commandant prit encore, sous l'oreiller, une petite boîte renfermant des bijoux; il l'ouvrit et baisa la bague, tout en s'accusant de faiblesse.

— Voilà, monsieur Aubert; ne condamnez pas un cœur trop tendre où l'amour n'a pu tout à fait se changer en vengeance. Je me venge à ma façon; plus d'un esprit fort en rirait de pitié, mais je me venge pour moi-même, et non pas pour les autres.

— Mais, encore une fois, mon cher monsieur La Roche, je ne puis recevoir un pareil testament avec la meilleure volonté du monde.

— Monsieur Aubert, reprit le vieillard en lui saisissant la main, vous êtes homme d'honneur, on me l'a dit, et d'ailleurs, cela se voit tout de suite; eh bien, soyez vous-même mon testament!

— Ah! commandant, quelle mission terrible vous me donnez là! Et si la jeune fille ne se présente pas?

— Au bout de vingt ans, vous remettrez cet argent à mes héritiers; vous leur ferez une histoire; du reste, quand il s'agit d'argent à remettre, on a toujours raison. Mes héritiers ne seront pas difficiles sur ce que vous leur direz. Mais je crois bien que la jeune fille se présentera. Voyons, c'est une affaire réglée, n'est-ce pas? Je puis dormir tranquille?

Et, disant ces derniers mots, le moribond déchira le testament. Eugène Aubert, ne voyant là qu'un service à rendre, ne songea pas à refuser plus longtemps; il emporta les billets et les bijoux. Dans le chemin, il ne put s'empêcher de songer que, si Éléonore avait cela en dot, il l'épouserait sans plus tarder. Mais Éléonore n'avait rien.

VII

L'hiver se passa assez tristement pour lui et pour elle ; il voyait avec effroi arriver le premier terme du payement de l'étude. M. Desmont n'oubliait pas dans ses lettres de le tenir en garde là-dessus. Pour madame et mademoiselle Desmont, elles avaient toutes les illusions du monde sur Eugène. Cette petite lettre au député en dira plus que je n'en pourrais dire moi-même :

« Mon cher ami,

« Nous avons été bien heureuses en lisant ta der-
« nière. Je vois bien que ta nouvelle dignité ne t'em-
« pêche pas de penser au bonheur des tiens. Rien de
« nouveau dans la maison. Le vent a emporté ces
« jours-ci la cheminée du salon ; je t'avais bien dit que
« cette cheminée était bâtie à la légère. Le couvreur
« y travaille. J'avais renvoyé Annette pour ses cancans
« sur M. Eugène ; mais j'ai fini par la reprendre en
« faveur de ses excuses. D'ailleurs, je n'en trouvais pas
« d'autres. Ta chère Mimi commence à chanter bien
« gentiment sur la guitare. Cette pauvre enfant ! son
« maître de musique ne vient plus ; figure-toi qu'il
« demandait deux francs par leçon, comme dans une
« grande ville. J'y ai mis bon ordre. J'ai dit cela à
« M. Eugène, qui m'approuve fort. Comme il a quelque
« teinture de musique, il promet de lui servir de

« maître. Voilà où j'en voulais venir. Hier, il a beau-
« coup regardé Artémise ; il nous a lu le récit du procès
« des ministres. Ces pauvres ministres ! Ah ! mon ami,
« ne sois jamais ministre, toi. A table, M. Eugène a
« beaucoup d'attentions pour ta fille ; ils assaisonnent
« la salade à eux deux. Tu vois que les choses vont bon
« train. Voilà l'époque du premier payement qui ar-
« rive ; demande un congé de trois semaines ; je suis
« bien sûre que tu ne retourneras pas sans avoir marié
« Artémise. On est très-content d'Eugène dans le pays,
« l'étude ne perd pas, on a fait huit procès dans le mois
« dernier. Il ne manque à Eugène qu'un peu d'argent
« pour mettre tout sur un bon pied. On jase un peu
« sur son compte, on parle de l'amour qu'il a pour
« cette petite Éléonore, une fille de rien. Il faut bien
« que jeunesse se passe. Il a fait avant-hier une fort belle
« vente par expropriation. Je voudrais bien attendre le
« mariage pour faire la lessive. Adieu, je laisse un peu
« de place pour Mimi, avec laquelle je suis

« Eudoxie. »

« Cher papa,

« Nous t'attendons avec impatience ; reviens bien
« vite, je te jouerai de jolis airs sur la guitare, avec
« M. Eugène. Maman t'a dit nos sentiments à cet
« égard. M. Eugène trouve que j'ai de la voix et qu'il
« faut la cultiver ; aussi je chante depuis le matin jus-
« qu'au soir en attendant... Je suis en train de faire

« deux paires de pantoufles pareilles, dont une pour
« toi et une pour quelqu'un que tu sais bien...

« Ta fille qui t'aime,

« Artémise. »

Le député ne put résister à ces deux lettres, il demanda un congé à la Chambre pour affaires de famille ; il revint par la malle-poste, ce qui fit dire par les envieux qu'il s'était vendu au pouvoir. Ce furent des larmes et des embrassements sans fin dans sa maison. Tout y fut sens dessus dessous ; on tua le plus beau coq de la basse-cour, on invita au festin tous les dignitaires de Ravenay.

Eugène avait vu revenir M. Desmont avec une grande inquiétude ; à coup sûr il revenait pour toucher les cinquante mille francs du premier payement ; or, comment lui faire ce payement ? Le soir, au dessert, comme Eugène cherchait un biais pour se tirer d'affaire, il vint à penser au legs du commandant La Roche.

— C'est bien étonnant, se dit-il sans répondre à mademoiselle Artémise, qui lui demandait s'il prendrait du café, c'est bien étonnant qu'on ne se soit pas encore présenté pour me débarrasser de ce dépôt. Après tout, si je voulais...

VIII

Le lendemain, de très-bonne heure, le député entra dans l'étude. Eugène Aubert chantait gaiement un air d'opéra.

— Eh bien, dit l'ancien notaire d'un ton engageant, où en sommes-nous? Il paraît que vos affaires sont en bon chemin, puisque vous chantez au matin comme l'alouette insouciante.

— Les affaires ne vont pas mal, répondit Eugène en cachant une lettre d'Éléonore sous une liasse de papiers.

L'ancien notaire voulait l'amener tout de suite au chapitre de l'échéance.

— Voyons, contez-moi cela. Combien faites-vous d'actes dans votre mois? Mais à propos, vous n'avez pas songé à vous marier?

— Pas le moins du monde.

— Cependant il me semble que c'est l'acte le plus beau dans la vie d'un notaire, un acte dont les honoraires sont presque toujours magnifiques. Vous êtes joli garçon, vous avez de l'entregens, vous n'avez qu'à tendre la main.

— Oui, mais par malheur il faut tendre la main et la refermer en aveugle.

— Je suis bien sûr, maître Aubert, que, sans aller bien loin...

Le jeune notaire interrompit à dessein le député.

— Je sais bien que, par le mariage, la dot aidant, je me trouverais fort à mon aise dans cette étude; mais ne serait-ce point quitter un peu de souci pour prendre beaucoup d'ennui?

— Mais enfin, dit le député avec une certaine inquiétude, il faudra bien que vous finissiez par en passer par là. Que diable! on ne se marie pas tout à fait pour s'amuser; comment aurais-je payé mon étude sans le mariage, moi?

— Je vous comprends, dit Eugène fièrement; et moi, monsieur, je n'ai pas grand cœur pour un pareil mariage.

— Allons, allons, voilà de la dignité mal placée; c'est de l'enfantillage. En vérité, Eugène, je vous croyais plus raisonnable; mais patience: avant huit jours vous ne chanterez peut-être plus sur la même gamme.

L'ancien notaire n'avait pu réprimer un sourire ironique, le sourire de l'homme d'argent pour l'homme qui n'a que du cœur.

— Dans huit jours, dit le jeune notaire avec beaucoup de calme apparent, il n'y aura rien de changé, si ce n'est que je vous aurai payé les cinquante mille francs de la première échéance.

— J'y compte, dit le député.

Il retourna vers sa femme tout abattu et tout désespéré.

— Je vous l'avais bien dit, monsieur.

— Et moi qui lui faisais des pantoufles, murmura Artémise en pleurant.

La scène fut des plus pathétiques. On s'épuisa en vaines recherches pour découvrir comment Eugène trouverait les cinquante mille francs. Était-ce par un mariage ? Il n'en était nullement question dans le pays. Avait-il hérité ? avait-il touché un usurier ? allait-il prendre tout simplement dans le sac de ses clients ?

— Nous verrons, nous verrons, dit M. Desmont; qu'il s'avise un peu de marcher hors de son chemin !

On se fit bonne figure, on se cacha, l'un son dépit, l'autre son inquiétude. Le jour de l'échéance, Eugène laissa venir le député. Comme au déjeuner Eugène n'avait encore parlé de rien, M. Desmont dit à madame Desmont :

— Je crois que ce diable d'homme se moque de nous ; mais je ne me paye pas de cette monnaie-là ; il me faut aujourd'hui même les cinquante mille francs.

— Et les intérêts ! dit madame Desmont avec aigreur.

Le député alla droit à l'étude, de l'allure d'un homme décidé à quelque grand coup d'état ou à quelque grand discours.

— Monsieur Desmont, lui dit Eugène en se levant, il me reste à vous remercier de toute votre bonne volonté pour moi. Voilà les cinquante mille francs ; mais je m'acquitterais mal si je n'y joignais toute ma reconnaissance.

Le député ouvrait les oreilles, les yeux et la bouche.

— D'abord, reprit Eugène en secouant des inscriptions de rentes sur l'État, voilà quarante mille sept cent soixante-dix-sept francs, y compris les intérêts courus, de rentes cinq pour cent et au porteur; voilà par addition quatre billets de banque de mille francs; pour le surplus, vous le trouverez dans certaines avances que j'ai faites en votre nom.

— Très-bien, très-bien, dit le député tout abasourdi. Ces rentes sont au porteur, très-bien, très-bien. Il y a longtemps que... Mais ce sont là vos affaires... Nous avons à régler un petit compte de détail, après quoi je vous donnerai quittance.

Le soir, Éléonore trouva Eugène plus rêveur et plus triste que de coutume.

— Vous avez de l'inquiétude jusque sur vos lèvres, dit-elle quand il l'eut embrassée en partant.

IX.

Trois jours après, comme Eugène commençait à reprendre sa sérénité, un étranger entra dans l'étude et demanda à parler au notaire.

— C'est moi, monsieur, dit Eugène en saluant.

L'étranger était un homme de cinquante ans à peu près, grave, pensif, le front dépouillé.

— Monsieur, reprit-il en regardant avec attention le notaire, je voudrais vous parler en secret.

Eugène, un peu troublé par ce regard, fit signe à son clerc de s'éloigner.

— Je suis M. Rochat, de Mézières, poursuivit le nouveau venu; une lettre de famille m'a donné une mission pénible, la mission de conduire aux pieds d'un époux trahi une pauvre fille qui doit supplier pour sa mère et pour elle. Vous connaissez le commandant La Roche? Vous êtes son notaire, m'a-t-on dit ; vous allez me donner de ses nouvelles.

— Il est mort, dit le notaire en pâlissant.

— Il est mort! Que n'ai-je pu venir plus tôt! J'ai fait un petit voyage en Hollande pour mes forges ; au retour, j'ai trouvé cette lettre qui m'attendait depuis quelques mois.

Après un silence inquiet, le notaire reprit ainsi la parole :

— De mon côté j'ai reçu aussi une mission. M. le commandant La Roche m'a confié un secret et un legs. Le secret, vous le savez sans doute. Pour le legs, c'est une somme de quarante-quatre mille francs et diverses parures de femme que je remettrai à la jeune fille à votre réquisition. Telle a été la volonté du commandant. Comme il desirait que les héritiers naturels ignorassent ce legs, il n'a point fait de testament. Il m'a remis le tout en main avec toute la confiance d'un honnête homme qui croit faire une bonne action. Quoi qu'il arrive, monsieur, en attendant la délivrance du legs, je vous supplie, pour la mémoire du commandant, de garder le secret comme je l'ai fait. Vous savez sans doute où est la jeune fille? Peut-être est-elle près de vous à Mézières? Les jeunes filles sont babillardes, faites que celle-là sache se taire.

— Vous pouvez compter sur elle et sur moi, dit M. Rochat touché au cœur de la bonne œuvre du commandant et de la probité du notaire. La pauvre fille va être bien joyeuse. Quarante-quatre mille francs, c'est une fortune pour une fille à marier.

— Ah! elle est à marier? demanda Eugène en soupirant et comme par distraction. Et, craignant que M. Rochat ne prît cette exclamation pour une demande en mariage, il s'empressa d'ajouter en souriant : Pour toute récompense je voudrais assister à son contrat de mariage.

— Je crois avoir son affaire, dit M Rochat en se mordant l'ongle de l'index ; je vous promets, monsieur, que vous ferez le contrat de mariage.

— Ma foi, dit Eugène, pour tous honoraires je ne demanderai qu'un baiser si la mariée est belle. Mais nous n'en sommes pas encore là. Quand voulez-vous revenir pour la délivrance du legs? Ces jours-ci, un grand procès prend tout mon temps ; d'ailleurs il faut, vous pensez bien, que cela se fasse en présence de la jeune fille.

— Eh bien ! monsieur, je vais retourner à Mézières d'où je pourrai revenir dans quinze jours, le lundi 25 mars, si vous voulez.

— C'est entendu, le lundi 25 mars. Vous feriez peut-être bien de ne pas tout dire à la jeune fille avant ce jour, j'aurais, du reste, bien du plaisir à lui apprendre ce petit coup de fortune.

— Je vous réponds de mon silence.

Resté seul, Eugène Aubert pencha la tête en homme qui vient de subir un croc-en-jambe de la destinée; mais bientôt il la releva avec une noble fierté en songeant que son honneur n'avait pas reçu d'atteinte.

— A coup sûr, dit-il en se promenant avec agitation, il y a là-haut un Dieu qui s'amuse souvent de sa pauvre créature, qui veut savoir ce que vaut ce cœur qu'il a pétri avec un peu de boue. Dieu a daigné éprouver mon cœur... Oh! mon Dieu, je vous remercie de n'avoir pas attendu à demain.

Eugène Aubert essuya deux larmes.

— Hélas! reprit-il, tout s'enchaîne ici-bas, excepté le bonheur. Demain c'en était fait, j'allais dire à Éléonore qu'elle serait bientôt la femme du notaire. Venait le mariage, avec le mariage le bonheur. A force de travail j'amassais de quoi remplir ce legs terrible. Mais voilà mon pot au lait répandu : adieu la noce, adieu l'amour, adieu le bonheur. Et réduit à épouser la première venue qui aura en dot quarante-quatre mille francs!

Comme il était descendu dans la cour, il rencontra l'ancien notaire qui lisait son journal.

— Eh bien! quelles nouvelles, monsieur Desmont?

— De mauvaises, tout va mal; je vois bien qu'il faut que je retourne au plus tôt. Je ne dis pas grand'chose, je n'en vote pas moins, et mon vote vaut bien certains discours gonflés de vent.

— Je suis de votre avis. A propos, j'ai deux mots à vous dire.

— Dites, je vous écoute.

— Vous m'avertissiez hier qu'il me fallait chercher une autre demeure, décidé que vous êtes à garder votre maison; depuis hier j'ai réfléchi, j'ai pensé avec effroi que j'allais me trouver seul; ce n'est peut-être pas ainsi que doit vivre un notaire. Après tout, le mariage a aussi ses bons côtés : or, de deux choses l'une, ou je me marie ou je cède l'étude. Comme vous êtes mon maître et mon conseil, dites-moi ce que je dois faire.

— C'est selon, dit le député devenu un peu diplomate.

Eugène comprit que le député voulait dire : — C'est selon la femme que vous avez en vue : si c'est ma fille, mariez-vous ; si ce n'est pas Artémise, cédez plutôt l'étude afin que ma fille ait encore une chance en face de celui qui vous succédera. — Après avoir refoulé son amour au fond de son cœur, après avoir demandé en lui-même pardon à Éléonore, Eugène reprit la parole :

— Il y a bien quelqu'un que je serais fier d'épouser, mais je n'ai jamais osé y songer sérieusement.

— Qui donc? demanda l'ancien notaire avec un demi-épanouissement ; voyons, dites-moi cela.

A cet instant, on entendit retentir dans la cour la voix mélodieuse de mademoiselle Artémise. La pauvre fille chantait dans ses jours d'ennui une romance qui semblait faite pour elle :

LA FILLE A MARIER

>Petites fleurs qui croissez sur la rive,
>Le vent jaloux passe pour vous cueillir.
>J'appelle en vain, nul amoureux n'arrive ;
>Loin de l'amour me faudra-t-il vieillir ?

Je ne suis pas une fille frivole.
Vit-on jamais mon sourire moqueur ?
Et n'ai-je pas un baiser qui s'envole
Vers l'inconnu qui m'ouvrira son cœur ?

Oiseaux chanteurs qui traversez l'espace,
Ramiers plaintifs tapis dans les sillons,
Priez le ciel qu'un jeune amoureux passe
Pour m'enlever dans les bleus tourbillons.

Elle prenait un singulier plaisir à chanter cette romance ; on peut même dire qu'en la chantant son cœur éveillé avait çà et là de certains élans poétiques ; dans ses flottantes rêveries, sa figure s'animait par le regard, par la couleur, par un certain sourire triste et doux, enfin elle était presque belle. Elle le savait, aussi elle n'avait garde de rester cachée ; elle ouvrait la fenêtre, espérant qu'Eugène la verrait de son étude. Eugène l'avait vue quelquefois ainsi, il n'avait pu s'empêcher de s'avouer qu'avec un peu de bonne volonté un garçon sans fortune eût épousé de bon cœur la fille du notaire ; mais, ajoutait Eugène, pour cela il ne faudrait pas avoir vu Éléonore.

Ce jour-là, quand Artémise eut fini de chanter, M. Desmont, hors de lui, entra bruyamment dans le salon.

— Ah ! ma femme ! ah ! ma fille ! ah ! mon Dieu !

— Qu'y a-t-il ? demanda madame Desmont tout effarée.

— Ma fille, dit le député qui sanglotait presque, embrassons-nous, embrasse ton père, embrasse ta mère. Tu vas te marier !

X

Le député ne perdit pas de temps, il ne donna pas à Eugène le loisir de changer d'avis, il se hâta de faire enregistrer les précieuses paroles du jeune notaire sur les affiches de la mairie et de l'église. Il est bien entendu qu'il demanda la dispense d'un ban. Eugène laissa tout faire à peu près en silence ; il s'abandonnait, sans se débattre, à son mauvais destin. Il avait revu Éléonore une seule fois ; la scène avait été touchante, il lui avait tout confié par ses larmes ou plutôt par sa sombre tristesse ; en noble fille, Éléonore, loin de se plaindre, avait accepté ce fatal aveu avec une douleur résignée.

— Je vous l'avais bien dit, Eugène, que le bonheur n'est que le commencement d'un beau rêve : peut-être finirons-nous notre rêve là-haut. Vous avez bien fait, de prendre ce parti ; hélas ! le monde est si mal fait, qu'il faut aujourd'hui, pour le bonheur, de l'amour et de l'argent, mais de l'argent surtout. Nous nous serions bien aimés, mais voilà tout ; on n'élève pas une famille avec des baisers ! Nous sommes loin de l'âge d'or, ou plutôt nous sommes dans l'âge de l'or. Cependant vous auriez dû attendre encore.

— Cruelle ! se dit Eugène avec un soupir, est-ce que je pouvais attendre ?

5.

Eugène ne pouvait s'habituer à l'idée d'épouser Artémise ; les cloches allaient l'appeler à l'autel, il doutait encore ; en vain il essayait de la parer d'ornements étrangers, il fermait les yeux sur les côtés faibles de la pauvre fille, il cherchait à s'enivrer dans la pensée de la fortune, du luxe, de l'ambition ; il en venait toujours à regretter Éléonore, à maudire sa faiblesse, à accuser son cœur.

M. et Mme Desmont, jusque-là si engageants avec lui, avaient repris peu à peu leur petit air protecteur ; il n'était déjà plus le maître de lui-même en aucune façon ; à chaque heure du jour on lui faisait, sinon sentir, du moins pressentir un dur esclavage ; on lui dictait son avenir mot à mot, on lui traçait son chemin pas à pas, on lui peignait impitoyablement son horizon sous des couleurs communes. A peine s'il était libre de penser ; aussi, à chaque heure du jour, Dieu sait quel foudroyant anathème il lançait contre l'argent.

Pour mademoiselle Artémise, se croyant maîtresse du cœur d'Eugène, elle cherchait déjà à étendre son empire sur l'esprit du jeune notaire ; elle veillait sur toutes ses actions, elle se trouvait partout à sa rencontre, le forçant ainsi de ne penser qu'à ses grâces ; s'il lui paraissait distrait, elle le rappelait à elle par un regard déjà impérieux. Le pauvre Eugène ne savait où donner de la tête ni du cœur.

Cependant, en dépit de toutes ces menues tracasseries, il était résigné, il savait qu'en dehors de la famille il pourrait retrouver des heures faciles ; il aimait la chasse, la promenade; il aimait toutes les petites comédies qui se nouaient et se dénouaient dans son étude; enfin il aimait les enfants; les siens animeraient gracieusement le coin du feu conjugal. L'imagination est une bonne fée qui crée de sa baguette d'or des images aimables jusque sur les ruines du bonheur.

Enfin le jour vint de rendre compte à la légataire du commandant la Roche; ce jour, c'était la veille des noces d'Eugène et d'Artémise. Déjà les violons s'accordaient, les convives préparaient leurs habits, leurs traits d'esprit, leurs chansons, — on chantait encore il y a douze ans. Toute la basse-cour de M. Desmont était à feu et à sang; déjà, à trois lieues à la ronde, on respirait un air de fête.

Donc, la veille au matin, Eugène demanda un quart d'heure d'entrevue au député.

— Eh bien! qu'y a-t-il de nouveau, mon jeune ami?

— Je vous ai dit qu'un brave capitaliste de Mézières avait pris confiance en moi jusqu'à me prêter, sans autres hypothèques que ma bonne ou mauvaise fortune, les cinquante mille livres que j'ai versées entre vos mains il y a quinze jours. Or ce brave homme vient me voir aujourd'hui; pour lui prouver toute votre confiance en moi, je voudrais pouvoir le rembourser.

— Comment donc! s'écria le député, les cinquante mille francs sont à vous comme Artémise.

— Très-bien, dit Eugène, je suis fier de ne rien devoir qu'à vous-même.

Il attendit de pied ferme M. Rochat; il allait accomplir fidèlement une grave mission ; il avait le cœur plus léger que de coutume. A onze heures, la petite porte de la cour s'ouvrit ; M. Rochat apparut à travers les massifs de dahlias, marchant de compagnie avec une jeune fille très-belle et vêtue très-simplement. Eugène ne vit pas d'abord la jeune fille ; il chercha, en se promenant dans son cabinet, des paroles attendrissantes ; mais tout d'un coup, s'avançant sur le seuil, il pâlit, il chancela.

— Éléonore ! murmura-t-il ; quoi ! c'était elle !

Mais, voyant bien qu'il était trop tard, il appuya la main sur son cœur et reprit sa raison de toutes ses forces.

— Asseyez-vous là, dit-il en refermant la porte ; je vais en peu de mots vous dire les dernières pensées du commandant La Roche : il m'a appelé à son lit de mort, il m'a confié toutes les peines de son cœur ; il a pardonné avec effusion à cette pauvre femme égarée qu'il faut plaindre, et, pour être agréable à sa mémoire, il a voulu joindre un bienfait au pardon. Il m'a remis pour cette jeune fille, qui était à sa femme et qui n'était pas à lui, quarante-quatre mille francs qu'il a pu distraire de sa succession sans fâcher personne.

— C'est impossible ! s'écria Éléonore, vous voulez me tromper.

— Ces quarante-quatre mille francs, les voici, reprit Eugène d'une voix affaiblie.

— Que voulez-vous que j'en fasse maintenant ? murmura Éléonore avec amertume.

XI

Cependant mademoiselle Artémise avait vu entrer Éléonore à l'étude. Elle était descendue toute rouge de colère à la chambre de sa mère.

— Le croiriez-vous? dit-elle avec feu, mademoiselle Éléonore est dans le cabinet de M. Eugène.

— En vérité! s'écria la mère, je voudrais bien savoir ce que mademoiselle Éléonore peut faire dans l'étude.

Madame Desmont appela M. Desmont, qui lisait paisiblement la séance de la Chambre au fond du jardin. Quand il arriva, mademoiselle Artémise pleurait déjà.

— Si nous allions écouter à la porte qui communique au salon? dit madame Desmont.

Et, tout en disant cela, elle traversait le salon à grands pas. Mademoiselle Artémise suivit sa mère, M. Desmont suivit sa fille. D'abord ils n'entendirent que des mots coupés; mais bientôt, M. Rochat s'étant mis à la fenêtre, les paroles d'Eugène et d'Éléonore leur vinrent aux oreilles plus distinctes et plus claires.

— Oui, ma pauvre Éléonore, disait Eugène, nous avions le bonheur entre les mains, mais nous l'avons découvert trop tard.

— Je vous disais bien, répondait Éléonore, que vous auriez peut-être dû attendre encore. Quand M. Rochat vint me voir, il me dit d'espérer : moi, j'espérais de bonne foi ; mais le lendemain vous vîntes à votre tour me dire que tout était fini.

— Tout n'est pas encore fini, s'écria Eugène en se frappant le front avec une généreuse colère.

Mademoiselle Artémise poussa un cri aigu, madame Desmont menaça de tomber évanouie ; le député aux abois ouvrit la porte sans trop savoir ce qu'il faisait. Une fois la porte ouverte, il fallait bien engager le débat. Vous comprenez que madame Desmont, remettant sa syncope à des temps meilleurs, entra la première, armée de son indignation, dans le cabinet du jeune notaire.

— A merveille, dit-elle d'une voix glapissante, on ne peut pas mieux tromper son monde.

M. Desmont voulut en vain contenir sa femme.

— Que faites-vous ici, mademoiselle Éléonore? reprit-elle en frappant du pied.

— Voyons, madame, dit Eugène, votre colère aveugle est hors de saison ; il me semble que mademoiselle Éléonore a bien le droit d'être ici tout comme une autre.

— Tout comme une autre! Est-ce que vous voulez m'insulter, par hasard? Quoi! vous prenez le parti de cette fille en face de moi et en face d'Artémise? Et je suis seule pour me défendre? Quoi! monsieur Desmont, voilà tout ce que vous dites? Est-ce que vous croyez que vous êtes à la Chambre des Députés?

En homme sensé, M. Desmont ne disait pas un mot. Il regardait tour à tour sa femme, sa fille, Eugène,

Éléonore et M. Rochat, qui demeurait assez paisiblement à la fenêtre, avec un peu d'inquiétude pourtant.

— Et vous croyez, reprit madame Desmont au plus beau diapason de la colère, vous croyez, vous autres, que cela va se passer ainsi? vous croyez que je vais laisser cette fille se pavaner ici tout à son aise? Si elle avait un peu de cœur, elle serait déjà bien loin. Voyons, monsieur Desmont, reconduisez madame à la porte, s'il vous plaît.

M. Rochat vint gravement offrir la main à Éléonore. La pauvre fille, toute pâle et tout effarée par la colère de madame Desmont, tendit la main en chancelant. Eugène saisit cette main avec une sainte ardeur.

— Madame, dit-il en se tournant vers la femme du député, mademoiselle Éléonore restera ici tant qu'il lui plaira, car elle sera ma femme, et je suis chez moi.

Cette fois, madame Desmont tomba évanouie, mademoiselle Artémise se jeta dans les bras de son père; le tableau fut des plus pathétiques.

Eugène, tout agité par cette scène violente, sentit une larme d'Éléonore qui tombait sur sa main; il appuya tendrement la jeune et belle fille sur son cœur; il lui baisa les cheveux et lui dit :

— Éléonore! n'est-ce pas que vous serez ma femme? Cette larme est une promesse de mariage.

— Vous savez que je n'ai rien à vous répondre, murmura Éléonore en levant ses yeux si doux.

Eugène sortit avec Éléonore et M. Rochat. Ils prirent naturellement le chemin de la petite maison. A peine arrivés dans le parterre, Éléonore rappela à Eugène que son devoir était d'épouser mademoiselle Artémise; qu'il ne pouvait violer une promesse sacrée, qu'il devait se résigner au mauvais jeu du destin. Il commença par se moquer de la grandeur d'âme d'Éléonore; mais peu à peu, s'étant calmé, il tomba d'accord avec les idées de la pauvre fille, malgré son cœur, qui lui donnait le conseil d'être heureux avant tout.

— Oui, dit-il, je veux être puni par où j'ai péché.

Il embrassa Éléonore comme sa sœur, comme une amante encore. Il retourna à l'étude de Ravenay résigné à son infortune, c'est-à-dire à son mariage avec mademoiselle Artémise, espérant, peut être à son insu, que M. Desmont, que madame Desmont, que mademoiselle Artémise elle-même, le dégageraient de sa promesse. Vaine espérance : on l'accueillit fort mal du premier abord; mais bientôt, soit pour éviter un scandale, soit pour la jeune fille, qui voulait d'autant plus se marier qu'Eugène le voulait moins, soit pour l'honneur de la basse cour, qui avait été mise à feu et à sang, on pardonna à Eugène en lui disant que c'était sa dernière folie de jeune homme.

Il se retrouva pris au trébuchet du mariage.

Que vous dirai-je d'Éléonore ? Pauvre Éléonore, elle s'enferma dans sa chambre, elle pleura, elle pleura encore, elle pleura tout le jour, elle pleura toute la nuit. Elle voulait mourir; elle écrivit à Eugène une lettre d'adieu pleine de passion réprimée.

Le lendemain matin, elle devait partir pour Mézières avec M. Rochat, qui était touché de son malheur et qui voulait la distraire un peu par un voyage. A l'heure du départ, elle pressentit qu'elle ne reviendrait plus dans le pays qui lui était si cher. Sa douleur éclata plus profonde que jamais; avant de s'éloigner, elle voulut parcourir encore seule et à pied le vallon où naguère elle avait tant de fois promené ses espérances d'amour. On touchait aux jours d'automne; la nature avait déjà reçu les premières atteintes de l'hiver; les feuilles jaunies murmuraient tristement sur les branches ou fuyaient par bouffées sur les chemins. Une mélancolie douce au cœur était répandue de toutes parts. La pauvre Éléonore, près de perdre de vue pour jamais ce cher pays où elle laissait son âme toute déchirée, tomba agenouillée sur la route, regarda une dernière fois, au-dessus des noyers de la ferme, le toit bleu de la maison du notaire, éleva ses yeux mouillés au ciel, et murmura, en appuyant sa main sur son cœur : Adieu! adieu!

Cependant, le jour des noces, tout n'alla point au gré du député, de sa femme et de sa fille. Eugène Aubert partit dès l'aube et ne revint pas, Où était-il allé? Sans doutes sur les traces d'Éléonore. M. Desmont prévit, en homme sagace, que, pour la célébration dudit mariage, il ne manquerait que le mari. Une lettre qui lui fut remise par un garde champêtre ne lui laissa plus de doute sur ce chapitre. Eugène partait sans retour; il donnait un pouvoir sous seing privé pour céder à un autre l'étude maudite. Après avoir lu cette lettre, M. Desmont courut à la chambre de sa fille, qui essayait devant une psyché le voile et le bouquet de la mariée.

— Ma pauvre Artémise, tu es malade; tu vas te coucher en attendant le médecin.

— Malade! le plus beau jour de ma vie!

— Oui, malade : Eugène est parti!

Le député sortit par la ville d'un air effaré.

— Ma fille est malade, disait-il à tous venants, je ne puis la marier aujourd'hui.

— Quand la marierez-vous donc? lui demanda malicieusement son adjoint, qui déjà avait revêtu l'écharpe tricolore.

XII

Maintenant, si vous voulez rejoindre Eugène Aubert, vous suivrez cette route où déjà vous avez vu s'éloigner la triste Éléonore. La route est ombragée; là-bas, au bord de l'étang, n'est-ce pas elle qui s'assied sur les feuilles sèches? Elle incline son front pensif, elle cherche encore l'image d'un bonheur évanoui. Qui donc vient interrompre sa rêverie? Vous avez reconnu Eugène Aubert, car quel autre que lui se jetterait ainsi à ses pieds les bras ouverts? quel autre que lui entraînerait avec ivresse Éléonore souriante et déjà consolée?

V

L'ARBRE DE LA SCIENCE

⁎⁎⁎

Voltaire a dit de l'amour : « C'est l'étoffe de la nature que l'imagination a brodée. » Peut-on se hasarder de dire après Voltaire, que l'amour c'est la passion endimanchée ou la volupté un jour de fête.

⁎⁎⁎

A sa dernière représentation de *Phèdre*, mademoiselle Rachel, selon son habitude, a tourné la tête à deux étrangers qui n'étaient pas venus en France pour cela. Ils ne pouvaient maîtriser leur enthousiasme pour le génie et la beauté de la tragédienne ; ils ne comprenaient pas qu'Hippolyte, comme un autre Joseph, laissât son manteau aux mains de cette Phèdre qui était tout le poëme de la passion. Ceux-là n'ont pas été sensibles au récit de Théramène. Le soir même, une femme du monde, qui serait désolée de passer pour une femme d'esprit, dit à mademoiselle Rachel : « Je vous ai amené deux hommes libres, mais je vous présente deux esclaves. »

* * *

On a défiguré, à l'Opéra-Comique, la poésie amoureuse du moyen âge ; mais, pour les bons esprits, une époque a toujours son caractère sérieux, même sous les caricatures. Ce qui frappe surtout dans ces mœurs étranges, c'est que la France galante et raffinée commence à sortir des forêts sauvages et à se montrer dans quelques châteaux. La féodalité, c'est le cœur de la dame ; le servage, c'est la foi du chevalier. Les tournois ont çà et là enchaîné dans les roses la barbarie primitive. Il n'y a plus qu'aux jours de guerre qu'on crie: sang et pillage. Il n'y a plus qu'aux jours de ripaille qu'on perpétue l'orgie romaine. Ce que le catholicisme n'a point encore fait, la femme, cet apôtre du cœur, va le faire avec un regard, avec un sourire, avec une larme. La femme, au moyen âge, a été comme l'ange visible de la divinité ; elle a entr'ouvert la porte du monde nouveau, elle a cueilli pour la main rude et brutale de l'homme la fleur sacrée du spiritualisme.

* * *

L'amour est un magique architecte qui bâtit son palais sur toutes les ruines : mais lui faut-il un palais pour être chez lui? Hemling l'a trouvé dans un hôpital.

En ces derniers temps, on a beaucoup écrit sur Hemling, on a longuement disserté sur son œuvre; mais on n'a pu rien dire de certain sur sa vie. J'aime à me représenter un enfant né pauvre, insouciant, vagabond. Comme Dieu l'a doué d'une étincelle de poésie, il ne peut se plier comme les autres aux habitudes de la vie matérielle. Il ne prend point racine dans son pays ; il court le monde, à la recherche d'une étoile qui rayonne pour lui. Dans son enfance, il a entendu vanter le talent des frères Van Eyck; le hasard l'a conduit à Cologne, et, à la pensée des frères Van Eyck, au spectacle des tableaux de Wilhelm, il a poussé le cri révélateur du Corrége. Sans doute, à Cologne, à la source même du génie allemand, il a trouvé un peu de place et un peu de pain dans un atelier. La guerre l'a surpris le pinceau à la main. Cœur ardent, esprit généreux, il a déposé son pinceau pour prendre le mousquet; il a offert sa vie à son pays. Dans le rude métier des armes, il a oublié peu à peu qu'il était né peintre; il a vécu comme ses camarades de camp, peut-être comme autrefois ses camarades d'atelier ; il a jeté son cœur à toutes les folles et dévorantes passions, jusqu'au jour où, fatigué de tout, même de la vie, il est allé demander à l'hôpital de Bruges un lit pour mourir. Mais, à peine à l'abri du passé dans ce refuge chrétien, il s'est senti renaître, comme dans une atmosphère douce, sereine et pieuse. Il a voulu vivre, vivre encore, mais désormais de la vie contemplative des âmes poétiques. A ces lèvres dévorées par les mauvaises passions, il manquait la goutte d'eau vive du sentiment divin. Dans l'hôpital, un christ en bois grossièrement sculpté veille sur les malades et les aguerrit dans leurs souffrances en leur ouvrant par son regard les perspectives d'azur. Hemling est touché par la sublime résignation de celui qui fut couronné d'épines ; un nuage épais se déchire à son horizon et lui laisse entrevoir les joies bénies du ciel. Ce n'est pas tout : parmi les sœurs de l'hospice que la charité chrétienne attire au lit des malades, il en est une plus tendrement dévouée que les autres ; quand Hemling souffre, elle ne dort pas et lève au ciel ses grands yeux, doux comme la pervenche. Le peintre est frappé de cette angélique figure, qui semble détachée comme par un miracle des fonds d'or du maître de Cologne. Hemling ne sait plus s'il doit adorer Dieu dans l'image du christ ou dans celle de la religieuse. Dès qu'il a repris un peu de force, il demande des crayons, une palette, des pinceaux ; et le secret qu'il a si longtemps cherché, le secret de rendre visible la majesté de Dieu et la beauté idéale de l'homme, il le découvre comme par une soudaine révélation de l'amour.

Les anciens, qui ont tout dit pour les modernes, ont très-poétiquement peint les souvenirs éternels de l'amour par ces ombres des Champs-Élysées qui, pendant des siècles, effeuillent des roses désormais sans parfum devant les pâles images autrefois adorées.

Tout le monde n'est pas de l'avis de l'évêque d'Hippone. Saint Augustin lui-même a varié plus d'une fois sur son idéal, ce qui prouve que le Beau, le Vrai et le Bien seront le sujet d'une éternelle controverse. Demandez à dix peintres ce que c'est que le Beau, vous n'en trouverez pas deux arrêtés à la même opinion. Demandez à dix philosophes leur pensée sur le Vrai, ils ne pourront pas s'entendre. Demandez à dix saints où est la Béatitude, ils répondront comme les peintres et comme les philosophes.

Je connais une femme charmante qui, un jour de pluie, s'est mise à aimer un philosophe bien connu de nos jours, croyant secouer avec lui l'arbre de la science; elle s'aperçut bien vite que le philosophe n'en savait pas plus long que son dernier amant. « Le Beau, lui disait-il, c'est l'amour ; le Vrai, c'est l'amour ; le Bien, c'est l'amour. — Alors, lui dit-elle, quand je pratiquais votre théorie, je faisais de la philosophie comme M. Jourdain faisait de la prose. »

VI

L'AMOUR QUI S'EN VA

ET L'AMOUR QUI VIENT

I

Au bain de mer, on m'a raconté cette histoire, dont vous vous chargerez, madame, de trouver la moralité. Les femmes sont les philosophes de l'amour. Pour moi, je conte tout simplement sans commentaires, tout en écrivant cet aphorisme : « Il ne faut pas qu'une femme permette à son amie de confesser son amant. »

Il y a quelques années, un jeune médecin allemand, un peu baron, Franck Nebelstein, vint débarquer à Paris pour y étudier ou pour y faire fortune. Quoique Allemand, c'était un beau garçon, ne manquant ni de grâce ni de laisser aller. En outre il avait de l'esprit, ni trop ni trop peu, ce qu'il en faut pour faire son chemin. Il était un peu volage et un peu insouciant. Vous devinez sans peine qu'un médecin de cette nature, n'ayant pas vingt-sept ans, devait faire quelque chose, mais non pas fortune.

C'était, d'ailleurs, un médecin d'un nouveau genre; il affichait la prétention de guérir le corps en consultant le cœur : il devait faire fureur à Paris parmi les femmes, — vous savez lesquelles? — pour cette méthode, qui ne vaut guère moins qu'une autre (j'en excepte celle du docteur Sangrado), il avait surtout recours au magnétisme. Au bout d'un an de séjour à Paris, il était surnommé le beau magnétiseur dans un certain monde, ou plutôt dans un monde incertain. Il avait débarqué au beau milieu de la rue Laffitte; et, comme, en sa qualité de baron allemand, il n'avait ni baronnie ni revenus, il fut bientôt au bout de ses ressources : comment se faire payer de ces femmes charmantes qui ne connaissent que la monnaie des sourires? Cependant il fallut qu'il se résignât à déloger un beau matin sans armes ni bagages. Il alla, tout désenchanté, se réfugier, avec ses dernières espérances, à l'hôtel Corneille, qui est presque encore la Chaussée-d'Antin dans le pays latin. Il trouva là bon nombre d'étudiants riches ou faisant des dettes, ce qui revient au même : tous devinrent ses amis et ses agents d'affaires; ils le prônèrent partout comme le phénix du magnétisme, et en même temps comme le vrai disciple de Gall et de Lavater. Ils firent si bien son compte, que, peu de mois après, il était plus florissant et plus baron que jamais. Son ami le plus dévoué était là un étudiant en droit, un peu poëte, qui voyait le beau monde, parce que sa mère était du beau monde : M. Léon Durand s'était pris d'une belle et bonne amitié pour notre Allemand, qu'il trouvait original. Il le conduisait partout, même chez ses maîtresses. Franck n'abusait pas de cette confiance, quoiqu'il fût un peu amoureux de toutes les femmes qu'il rencontrait sur son chemin.

Jusque-là, pourtant, il n'avait aimé qu'en passant; il lui vint enfin une passion plus durable.

C'est l'histoire de cet amour sérieux que je vais vous raconter ici. Bâtir sur l'amour, c'est bâtir sur le sable, dit le proverbe. Cette histoire vous dira comme le proverbe. Et vous, madame, vous direz comme le proverbe.

II

A la porte du Luxembourg, Franck, qui rêvait souvent par là, vit un matin un groupe de promeneurs autour d'un industriel fort curieux : c'était un homme de mauvaise mine, un vrai chenapan échappé de l'atelier de Callot. Il vendait aux passants, pour moins que rien, pour deux sous, la liberté de quelques oiseaux qu'il avait attrapés. Les tristes prisonniers redemandaient le ciel, leur patrie, par des cris; mais la foule insensible, qui avait un sou pour toutes choses, —

pour passer le pont des Saints-Pères, — pour acheter un bouquet, — pour donner au joueur de vielle, regardait avec insouciance les oiseaux encagés sans songer à leur délivrance. Une marchande de bouquets traversa la foule en secouant un enivrant parfum de violettes et de roses de mai. Il y avait là des femmes avec leurs amants et avec leurs maris. L'une d'elle dit à l'un d'eux, qui lui offrait des roses de mai :

— J'aimerais mieux voir s'envoler une hirondelle.

L'amant ou le mari s'empressa de donner deux sous à l'oiseleur, qui ouvrit la porte de la cage : une mésange, qui guettait l'instant propice, prit son vol et disparut dans le ciel. Franck regarda avec reconnaissance la plus humaine de toutes les femmes qui étaient là : un long voile noir empêchait de voir sa figure.

L'oiseleur, qui avait refermé la cage, répéta son refrain :

— Mesdames et messieurs, un peu d'humanité, s'il vous plaît. Voyez comme ces pauvres oiseaux souffrent dans cette prison, tandis qu'ils seraient si gais dehors ! Voyez-les battre piteusement des ailes en demandant la liberté que je ne vends que deux sous. Deux sous, messieurs, deux sous, mesdames, pour que les prisonniers s'envolent au ciel en chantant vos louanges. Les rochers verseraient des larmes en les voyant si malheureux dans cette cage; leurs plaintes me déchirent les entrailles. Que les riches sont heureux de secourir les affligés ! — Ah ! je voudrais être riche ! —

Hélas! si j'avais seulement du pain à donner à mes pauvres enfants et à ces pauvres oiseaux! — Admirez leur beau plumage et leurs pattes mignonnes! Plaignez-les et secourez-les.

— Cet oiseleur, pensait Franck, dont les yeux demeuraient attachés sur le voile de la jeune femme compatissante, cet oiseleur ressemble singulièrement aux philanthropes qui se sont d'abord emparés des biens des pauvres et qui finissent par prêcher en leur faveur.

La jeune femme supplia encore du regard pour les captifs celui qui l'accompagnait. Franck vit ce regard à travers le voile; il pensa que celle qui priait pour la liberté des oiseaux traînait alors les chaînes d'une esclave. Pour la consoler, il s'approcha de l'oiseleur et offrit de lui payer la liberté de tous les prisonniers. La marchande de bouquets qui l'écoutait voulut avoir sa part dans la gloire de cette délivrance : elle ouvrit la cage pour son argent, elle glissa sa main rouge vers l'un des coins, elle saisit un moineau ébouriffé qui gémissait là depuis deux jours et qui semblait résigné à la mort. Tout le monde la regardait avec intérêt; le marchand lui-même, qui tendait la main à ses deux sous, était touché de cette bonne œuvre. Elle baisa les plumes grisâtres du captif et le jeta au-dessus de la foule en lui criant : Bon voyage! Franck fut jaloux du regard qui tomba sur elle des yeux de la femme voilée. Il s'empressa de rouvrir la prison : ce fut un charmant tableau que la vue des prisonniers s'échappant en foule et se dispersant dans le ciel. Franck en était si charmé, qu'il ne vit pas disparaître le voile noir ; il prit toutes les roses de mai de la marchande de bouquets et lui demanda d'un air distrait où était passée celle qui les avait refusées.

— Celui qui était avec elle l'a emmenée rapidement par là, répondit la marchande de bouquets en se tournant en face de l'Odéon ; — il semblait jaloux de votre bonne œuvre et de votre bonne mine, poursuivit-elle avec complaisance.

Franck suivit la trace de la femme voilée jusque sous l'arcade, où il s'arrêta soudainement : — La suivre ! quelle folie ! murmura-t-il en s'en allant.

En levant le regard, il vit encore quelques oiseaux dans le chemin du ciel.

— Chantez pour elle, leur dit-il ; ce n'est pas moi qui vous ai délivrés, c'est son regard. — Au fond des bonnes œuvres il y a toujours quelque chose d'étranger aux bonnes œuvres. — O mes chers oiseaux ! je ne vous ai pas délivrés pour vous, mais pour elle.

III

Au déclin de l'automne, Franck traversait rapidement les Champs-Élysées, dans l'espérance d'échapper à une sombre tristesse qui le dévorait depuis quelques jours. Le soir répandait ses teintes brunes dans le lointain ; le vent secouait les grands arbres, dont les feuilles jaunies fuyaient bruyamment ; le ciel était gris partout; à peine y devinait-on le soleil sur la rive occidentale. Franck devint plus triste encore; il semblait que son âme se couvrît de nuages comme le ciel, et que son soleil se fût caché pour longtemps. Il contempla avec amertume sa vie passée : il n'y trouva pas à cet instant le moindre souvenir de joie qui lui servît de refuge contre sa tristesse; il plongea vainement dans les abîmes de son âme : au lieu d'un rayon qu'il cherchait, il vit des nuées lugubres flottant dans la nuit.

Il s'arrêta tout à coup devant une jeune femme vêtue d'une robe noire.

— C'est ma destinée qui passe, murmura-t-il.

La jeune femme était pâle et désolée; elle suivait des yeux les feuilles que le vent balayait, mais elle ne voyait sans doute qu'avec les yeux de l'âme. Un bruit de pas la réveilla soudain; elle frémit et marcha plus vite pour échapper à un homme qui la suivait; elle fuyait cet homme comme Franck fuyait sa tristesse.

Elle dépassa Franck, qui fit involontairement quelques pas vers elle, violemment ému par ce spectacle bizarre. L'homme qui suivait lui jeta un regard terrible et se drapa dans son manteau, sans doute pour avoir l'air plus superbe. Franck, qui ne s'effrayait pas de si peu, ne s'arrêta point; il parut oublier la présence de cet homme; il se rapprocha de la jeune femme, qui releva la tête pour mieux distinguer le bruissement des pieds dans les feuilles sèches. Tous les trois marchèrent ainsi pendant quelques minutes; mais, à son tour, l'homme en manteau dépassa Franck, en l'effleurant. Franck, froissé, fit siffler sa badine à diverses reprises, en l'agitant aux oreilles de l'homme au manteau. La nuit tombait, et avec la nuit quelques gouttes glaciales. La jeune femme leva son parapluie; elle le laissa bientôt tomber sans l'ouvrir, dans la crainte que le bruit de l'eau sur la soie ne l'empêchât d'entendre le bruit des pas de Franck et de l'homme au manteau; mais, malgré l'insouciance qu'elle essaya alors de déployer, cet homme devina son motif, et lui cria d'une voix colère : « Il pleut, madame. » Ces trois mots firent trembler la jeune femme et passèrent dans le cœur de Franck comme une note discordante. Égaré par la colère, il oublia que la jeune femme n'était pas une fille d'Opéra; il s'en fut droit à elle et l'arrêta tout à coup.

— Madame, lui dit-il d'une voix étouffée, permettez-moi de vous offrir mon parapluie.

Et, comme il n'avait pas de parapluie, il saisit vivement celui de la jeune femme, qui n'eut point la force de lui résister.

L'homme au manteau repoussa dédaigneusement Franck.

— Vous insultez ma femme, lui dit-il.

Franck répondit d'une voix amère :

— Je ne voulais insulter que vous, monsieur.

La jeune femme chancelait. Franck, qui vit la pâleur de ses lèvres et l'égarement de ses yeux, tendit un bras pour la soutenir; mais, toute suppliante, elle lui fit signe de s'éloigner.

Il s'éloigna. Il voulut au moins la suivre de vue,

mais à vingt pas de là elle s'était perdue parmi les promeneurs.

— Adieu donc! dit-il tristement.

Bientôt il se souvint confusément que cette femme en deuil était celle qu'il avait vue, à la grille du Luxembourg, implorant pour la liberté des oiseaux.

IV

Pendant ses promenades à travers Paris, il attachait son regard sur toutes les femmes vêtues de robes noires.

Pendant l'automne, pendant l'hiver, il courut partout et ne revit pas la belle. Quand revint le printemps, le désespoir le saisit avec autant de violence que l'amour; et, quand il se fut beaucoup désespéré, son amante anonyme disparut de l'autel d'or qu'il lui avait élevé. Il se prit à douter des saintes aspirations de son âme, il retourna à ses folles amours. Mais le cœur ne tarda guère à être vengé.

Franck se promenait solitairement un matin sous les grands marronniers des Tuileries; tout à coup il se sentit violemment ému à la vue d'une femme qui s'asseyait à quelques pas de lui. Devant cette femme, un homme lisait un journal avec une gravité bouffonne.

— Voilà l'homme et voilà la femme! dit Franck avec agitation.

Un rayon de soleil, glissant par un œil du feuillage,

tremblait sur l'épaule de la jeune femme, qui penchait tristement la tête. Ce fut en vain que Franck la regarda d'un œil ardent, il passa sans qu'elle relevât la tête. Il revint bientôt sur ses pas, et cette fois, en repassant devant la jeune femme, il devina qu'elle l'avait vu, car sa main fit mouvoir la chaise qui lui servait d'appui. L'homme secoua dédaigneusement la tête en jetant son journal à ses pieds.

Seulement alors Franck pensa aux sottes bravades de cet homme. Il s'arrêta et voulut aller à lui; mais un regard adorable cloua ses pieds sur le sol et le plongea dans un ineffable ravissement. L'homme, poursuivi d'une ambitieuse pensée, ne prit pas garde à Franck, qui demeurait en contemplation devant la jeune femme, dont le regard suivait les enfants joueurs. Elle leva ses paupières, et Franck vit briller deux larmes. Ce fut une pure et sainte rosée qui ranima son âme. Si jamais une joie du ciel l'a ravi, ce fut à cet instant suprême; mais, au travers de nos plus grandes joies, nous voyons toujours passer quelque chose de lugubre comme un fantôme durant nos songes d'or. Cette femme venait de le ravir par deux larmes venues du cœur; mais n'était-ce point quelque peine secrète qui mouillait ses yeux? ses pleurs n'étaient-ils pas des confidents d'une profonde douleur? Franck se sentit trop agité pour demeurer là plus longtemps; il pensa qu'au bout de l'allée il saisirait mieux les nuances de sa joie et de sa tristesse; d'ailleurs un regard tremblant de la jeune femme, un regard qui semblait le supplier de partir, vint soudainement détacher ses pieds du sable. Il marcha jusqu'au bout de l'allée sans pouvoir vaincre la crainte enfantine de retourner la tête. Il revint sur ses pas ; mais, à son retour, l'homme et la femme avaient déjà disparu. Il plongea son regard autour de lui, il courut au hasard sous les arbres ; ce fut en vain : il avait reperdu son amour.

La nuit, un songe singulier changea en conte de fée le roman de sa vie. Il vit apparaître la femme qu'il aimait dans le paradis de Mahomet, métamorphosée en reine des étoiles, donnant son pâle flambeau à une jeune fille qu'il n'avait jamais vue. Deux noms résonnèrent dans son cœur : *Caroline* et *Camille*. Le songe lui fut expliqué plus tard — trop tard !

Le lendemain, sur le soir, Franck reçut de bonnes nouvelles d'Allemagne. Il avait un cousin fort riche et fort entêté, qui mettait beaucoup de mauvaise volonté à mourir ; ce vieux cousin venait enfin de mourir, léguant à Franck un petit majorat. Cet héritage arrivait fort à propos. Franck quitta l'hôtel Corneille et recommença un train de vie digne d'un baronnet ; il prit un logis dans la rue de Tournon, et, résolu de vivre en homme sage, quoique amoureux, il arrangea sa vie d'après ses revenus.

A quelques jours de là, Franck trouva Léon Durand plus joyeux que de coutume.

— D'où vous vient aujourd'hui cette gaieté si folle? lui dit-il en l'abordant.

— C'est que, plus que jamais, me voilà perdu dans l'étude du droit et de l'amour : — je suis amoureux de la plus belle fille du monde, un ange qui a perdu ses ailes dans le ciel. Dans un an, j'épouserai ma princesse, j'irai vivre dans mes terres, et je n'aurai plus d'amis. Juge de mon bonheur!

— Une belle fille? murmurait Franck émerveillé de la métamorphose de Léon Durand.

— Oui, une belle fille qui vaut mieux que toutes les muses présentes et passées, ce qui est la même chose; une belle fille de mon pays que j'ai rencontrée par miracle chez un M. de Vanderèz, dont l'aïeul était cousin à je ne sais quel degré de ma grand'mère. J'ai dit hier adieu aux muses et aux folles amours; adieu, mesdemoiselles, adieu, mesdames; voilà bien assez d'élégies comme cela : les testaments et les contrats de mariage sont des choses bien plus amusantes. Veux-tu que je fasse ton testament? Mais il ne s'agit pas de testament aujourd'hui; tu as dans les yeux une fascination qui fait pâlir toutes les femmes atteintes de ton regard, j'ai dit partout que tu étais le plus puissant magnétiseur. La femme de mondit sieur de Vanderèz, qui est veuve pour quinze jours, et qui en est malade de joie, demande avec instance un médecin qui puisse la magnétiser; c'est une bonne fortune pour ta tristesse, car madame de Vanderèz est la plus belle femme du monde — après mademoiselle de Sancy. Mais ne va point t'aviser d'en devenir amoureux, car son mari est un Othello qui se venge plus soudainement que toi, mon cher médecin; ne t'avise pas non plus de t'éprendre de mon adorable fiancée ni de la fasciner sous ton regard.

— Quel est donc ce M. de Vanderèz?

— Un gentilhomme ayant peu de fortune et vivant à

Paris dans la plus austère solitude. Il adore sa femme, mais son amour jaloux est pour elle un martyre plutôt qu'une joie ; il l'emprisonne dans sa jalousie ; sa maison est un couvent d'où la pauvre femme ne sort presque jamais. Je suis le seul profane admis dans ce lieu, car l'Othello me fait l'injure d'avoir confiance en moi ; son œil jaloux a lu dans mon âme la première fois que j'ai vu madame de Vanderèz, et il a deviné qu'il serait superflu d'avoir des craintes à mon égard. Un autre profane admis en cette retraite, c'est mademoiselle de Sancy, que madame de Vanderèz a connue au couvent.

Franck suivit Léon chez M. de Vanderèz avec le plaisir d'une jeune fille qui va lire un roman. C'était au voisinage.

A peine eut-il franchi le seuil de la porte d'entrée, qu'il échappa tout d'un coup au voile flottant de ses songes ; un sentiment ineffable remplit son âme.

— Et cette femme est malade? dit-il à Léon.

— Son mari est parti hier pour Toulouse, où l'appelle sa famille ; or, depuis ce matin, elle est étrangement agitée par l'idée d'être seule : est-ce une idée noire, est-ce une idée rose? je ne sais. Si tu parviens à la magnétiser, essaye de découvrir les mystères de son cœur, qui doit être un abîme étrange, car cette femme n'a jamais rien confié. J'oubliais de te dire que tu viens ici le plus mystérieusement du monde ; une seule parole indiscrète la perdrait à jamais. Ne t'avise pas d'être galant avec elle ; car, outre qu'elle semble morte à l'amour, elle est surveillée par la mère de son mari, une chaîne mortelle qu'elle est condamnée à traîner partout. Ainsi souviens-toi de toutes ces choses-là : tu es médecin ; tu demeures à l'autre bout de Paris ; tu fus mon ami autrefois, quand j'avais des amis.

Franck et Léon arrivaient devant la porte de l'appartement de M. de Vanderèz.

— Et tu magnétiseras avec une candeur archangélique, reprit Léon après avoir sonné.

— Évangélique, répondit Franck, qui était retombé dans ses rêves.

Une femme de chambre ouvrit.

— Ah ! monsieur Léon ! dit-elle en souriant. Passez dans le salon ; madame a toujours des crises violentes, des éblouissements, des spasmes ; j'y perds mon latin.

A l'entrée de Franck dans le salon, il y régnait un profond silence ; un feu clair flambant dans l'âtre jetait ses vifs reflets sur trois femmes, mademoiselle de Sancy, la maîtresse du logis et la vieille madame de Vanderèz. La maîtresse du logis était à demi couchée sur un tête-à-tête rococo. Quand s'ouvrit la porte du salon, elle tourna lentement la tête ; à l'apparition de Franck elle s'évanouit.

— Encore ces maudites vapeurs ! s'écria la vieille dame.

La jeune fille s'élança vers son amie et la souleva dans ses bras. A cet instant, Franck pâlit et chancela : cette femme évanouie qu'il venait d'entrevoir était la femme qu'il aimait.

En rouvrant les yeux, elle sembla lui dire dans un regard amoureux : Dieu soit loué, je vous revois ! Il lui répondit par un pareil regard et lui tendit la main.

— J'ai une fièvre ardente; voyez, monsieur, dit-elle en regardant la vieille dame.

Franck se souvint qu'il n'était là que comme un médecin; il parvint à calmer l'émotion qui l'égarait, et dit en s'inclinant :

— Oui, madame, une fièvre violente.

Franck se tourna vers la vieille dame et lui fit un profond salut. Elle fut très-flattée de cet hommage; un sourire plus jeune que ses lèvres ranima sa bouche.

— Oh! monsieur, dit-elle à Franck, chassez bien vite ces horribles attaques qui tourmentent ma fille; vous allez la magnétiser, c'est moi qui l'ai voulu.

Et, s'approchant de l'oreille de Franck :

— Dans son sommeil factice, peut-être vous dira-t-elle le secret de la tristesse qui la tuera si nous n'y mettons bon ordre.

— Pour endormir madame, je voudrais qu'elle fût plus calme, dit Franck en se retournant vers la jeune emme.

— Eh bien, reprit la vieille dame, il faut en attendant endormir mademoiselle de Sancy.

La jeune fille, qui écoutait Léon, s'écria aussitôt :

— C'est vous, madame, qu'il faut magnétiser.

— A mon âge, hélas! on défie toutes les puissances humaines.

Franck s'empressa de dire que le magnétisme était de tous les âges. La vieille dame, qui croyait rire, lui dit qu'elle serait curieuse qu'on lui fît voir cela. Franck, prenant la chose au sérieux, traîna un fauteuil devant elle, et se mit à l'œuvre. La vieille dame essaya de lutter : les deux yeux du magnétiseur rayonnaient sur les siens comme deux soleils. Elle pencha d'abord la tête et voulut se débattre ; dans ses efforts, elle se renversa sur le dossier de la dormeuse ; bientôt ses lèvres devinrent blanches, ses paupières s'abaissèrent sous les signes monotones de Franck : en quelques secondes elle fut ensevelie dans le plus profond sommeil.

— Elle dort, dit Franck en se retournant vers madame de Vanderèz, comme pour lui apprendre que l'argus était aveugle.

Madame de Vanderèz sembla sortir d'un rêve ; elle tressaillit, et, son regard, perdu dans les flammes de l'âtre, s'éleva tout effaré sur Franck.

— Elle dort, monsieur?

— Oui, madame, reprit Franck, qui tremblait de bonheur; et, si mes signes ne vous effrayent point, j'essayerai de vous magnétiser.

— Oui ! oui ! s'écria Camille ; à madame de Vanderèz les honneurs de la soirée!

A cet instant la porte s'ouvrit, et la femme de chambre vint avertir Léon qu'un ami de M. de Vanderèz l'attendait dans la cour. Léon allait envoyer promener cet importun, quand madame de Vanderèz lui dit avec sa voix si douce :

— Au revoir, monsieur Léon ; à demain, n'est-ce pas?

Léon sortit en pensant qu'il était impossible de mettre les gens à la porte avec plus de galanterie.

Il cherchait son chapeau où il n'était pas, comme s'il dût trouver un moyen de rester ; mais Franck fit mine d'avoir pitié de ses recherches, et lui dit en ami dévoué :

— Voilà ton chapeau, mon cher; adieu.

Léon jeta un regard furieux à Franck, qui s'en moqua par un sourire. Léon sourit aussi, et, se penchant à l'oreille de Franck, il le félicita d'être aux prises avec une centenaire.

Léon, qui se crut assez vengé, s'inclina très humblement devant les deux amies, et disparut aussitôt. La vieille dame s'agita alors; Franck l'apaisa par quelques signes et lui demanda si elle dormait; un son confus s'échappa de sa bouche; sa tête retomba en avant.

— Dormez-vous? reprit Franck en élevant la voix.

Il se fit un silence de quelques secondes.

— Dormez-vous? dit encore Franck, mais d'une voix presque impérieuse.

— Oui, répondit-elle enfin.

— Que ressentez-vous ?

— Des choses étranges.

— Que voyez-vous?

— Des voiles blancs, des nuages, de la fumée. Je redeviens jeune et légère comme au temps passé. La vieillesse est un terrible fardeau. Quand on est jeune, on s'appuie sur l'amour; mais, quand on est vieille, il faut marcher toute seule.

Elle secoua la tête. Le mot amour n'avait passé qu'en tremblant sur ses lèvres.

— Que voyez-vous? redemanda Franck.

Camille s'était penchée au-dessus de la somnambule.

— Je vois les grands yeux et les grands sourcils de mademoiselle de Sancy.

— A quoi pense donc mademoiselle de Sancy?

Franck regarda la jeune fille d'un air sournois : elle était plongée dans une nuageuse rêverie, ou plutôt elle ne pensait à rien ; aussi la demande de Franck ne l'effaroucha guère.

— Elle pense à tout et ne pense à rien, répondit la vieille dame.

— C'est insdicret, monsieur, murmura madame de Vanderèz.

Franck se tourna vers elle, et, n'oubliant pas l'esprit de son rôle, il lui dit en souriant :

— Nous autres médecins du corps, et même quelquefois de l'âme, nous sommes des tombes où s'ensevelissent mille secrets en un jour; nous en savons beaucoup plus que les confesseurs, parce que nous sommes beaucoup moins curieux.

— Il n'y paraît guère, dit mademoiselle de Sancy, faisant semblant de lire son journal.

— Parce que je me suis avisé de demander votre pensée d'un instant; et si je m'avisais de demander à la somnambule votre dernière confession ?

La jeune fille rougit et s'éloigna.

— Rien ne serait plus charmant; mais pourquoi vous détourner? un beau corps renferme toujours une belle âme, et je suis sûr que le plus grand de vos crimes est un jeu d'éventail, ô Célimène avant la lettre!

Madame de Vanderèz, qui aimait tout autant que

Franck s'entretînt avec la somnambule qu'avec mademoiselle de Sancy, fit un signe d'impatience.

Franck se rapprocha avec sollicitude de madame de Vanderèz.

Il la regarda avec tant d'ineffables délices, qu'elle crut voir son âme dans ce regard.

— Oh! oh! dit tout à coup la somnambule, qui semblait écouter des bouches invisibles; M. de Valmi se souvient toujours de moi.

— Qu'est-ce que M. de Valmi? demanda Franck en chassant encore du magnétisme vers elle.

— C'est le rival de mon mari.

Mademoiselle de Sancy éclata de rire.

— Oui, c'est lui... Il raconte... Où suis-je donc?

— D'abord, où est votre M. de Valmi?

— Dans mon pays, à Toulouse, où il fut autrefois capitaine des chevau-légers. Il raconte ses aventures à un vieux président de ses amis... Mon Dieu! il parle de ce jour horrible...

La somnambule se cacha la face dans ses bras; le magnétiseur et les deux femmes pâlirent à la vue de cette pauvre femme si violemment émue par un souvenir.

— La jalousie est une chose terrible, qui déchire les cœurs avec ses ongles de fer, reprit la somnambule, qui tremblait de tous ses membres.

— Vous étiez jalouse, madame? dit Franck, qui magnétisait toujours.

— Non; c'était M. de Vanderèz... Sa jalousie me fait encore peur.

La voix de la pauvre vieille avait quelque chose de douloureux et de lugubre.

— Il était jaloux comme nul ne le fut jamais, excepté mon fils, jaloux de toutes les voix, jaloux de tous les yeux ; je crois qu'il était jaloux du soleil !

— Mais quel fut donc ce jour horrible dont votre amant parlait au vieux président ?

V

La vieille dame parla ainsi :

— Le surlendemain de més noces, nos convives nous donnaient une fête. Quand je me fus revêtue de ma robe de bal, quand je me fus parée avec la magnificence d'une mariée de vingt ans, M. de Vanderèz vint à moi, et me dit : « Vous n'irez pas à cette fête, madame ! » J'entends encore sa voix sourde qui me fit trembler. « Pourquoi n'irais-je pas ? lui demandai-je. — Parce que je suis jaloux, reprit-il. — Quel mal ferai-je dans cette fête ? Est-ce donc un crime de danser ? — C'est un crime à mes yeux, madame ; et je vous le dis encore, vous n'irez point à cette fête. » A cet instant il survint quelques convives surpris de notre retard. Mon mari n'osant plus rien dire, nous partîmes. Dans les joies bruyantes de la fête, j'oubliai bien vite cette scène ridicule qui m'avait effrayée ; je m'abandonnais avec insouciance à l'ivresse de la valse, quand M. de Vanderèz me saisit tout à coup par la robe, et me dit d'une voix sèche, en m'arrêtant dans mon élan : « Je pars à l'instant, madame! » Mon valseur était M. de Valmi; il me retint d'un bras, et de l'autre essaya de repousser M. de Vanderèz. « A coup sûr, dit-il en souriant, il y a des maris plus galants que vous, mais il n'y en pas qui le soient moins. En dépit des lois de l'hymen, madame est à moi jusqu'à la fin de la valse. » M. de Vanderèz pâlit de colère. Je chancelai; un voile tomba sur mes yeux, et pendant quelques minutes je sentis à peine que j'étais appuyée sur le cœur palpitant de M. de Valmi, qui s'était remis à valser. Aux derniers sons de la musique, je me réveillai ; le jour du jugement, le premier écho de la trompette céleste, m'épouvantera moins, car Dieu est plein de miséricorde, et M. de Vanderèz était inexorable Je reparus à ses yeux, pâle comme une victime. M. de Valmi releva sa moustache dès qu'il le revit, et le railla sur sa mine lugubre. Mon mari ne répondit rien, et m'entraîna vers la porte en me pressant la main avec une violence aveugle ; il me jeta dans son carrosse, et je ne sus jamais ce qui advint jusqu'à notre retour. Quand je repris mes sens, j'étais dans ma chambre ; M. de Vanderèz se promenait devant moi, et me regardait par intervalle avec des frémissements de rage. Aux tremblantes clartés d'une lampe, je vis tout à coup une brisure à mon bracelet, et, comme je levais mon bras sous mes yeux, je vis du sang à mes manchettes et à ma robe. Dans mon effroi, je me mis à crier: mon mari voulut m'imposer silence ; mais la vue de mon sang m'avait exaltée ; je courus à lui, j'agitai mon bras qui saignait encore, et je lui reprochai sa lâcheté. Sa colère, qui s'était calmée, se ranima tout d'un coup : « M. de Valmi ! M. de Valmi ! » s'écria-t-il. Et, s'élançant sur moi comme un tigre furieux, il arracha mon collier, il déchira ma robe, et foula tout du pied avec une joie farouche. Cette nuit-là, je ne dormis pas. Le lendemain, je m'enfuis chez mon père; mais mon mari me ramena devant ses colères.

Madame de Vanderèz poussa un cri qui glaça Franck.

La jeune fille se jeta aux pieds de son amie et lui prit les mains.

— C'est ton histoire aussi, dit-elle tristement.

A cet instant on frappa à la porte de la cour. Involontairement Franck demanda à la vieille dame qui frappait ainsi.

— Mon fils ! mon fils ! répondit-elle avec une soudaine inquiétude.

VI

Madame de Vanderèz se leva.

— C'est impossible ! s'écria-t-elle.

Franck, troublé, demanda encore à la somnambule qui frappait à la porte.

— Mon fils ! mon fils ! je vous l'ai déjà dit.

Madame de Vanderèz retomba évanouie.

7.

— Oh! monsieur, partez à l'instant! dit avec terreur mademoiselle de Sancy ; si M. de Vanderèz voit un homme ici, tout est perdu !

— Ne tremblez pas ainsi, madame, dit Franck, qui essayait de ranimer madame de Vanderèz ; un médecin n'est pas un homme aux yeux d'un mari. D'ailleurs, M. de Vanderèz serait une avalanche, que je ne le craindrais ni pour vous ni pour moi.

— Mais M. de Vanderèz n'a jamais souffert un médecin ici! reprit mademoiselle de Sancy. Je vous en supplie pour sa femme, sortez, monsieur !

La jeune fille, qui venait de tomber agenouillée, se tordait les mains avec angoisses.

Franck ne put résister à cette charmante enfant dont il voyait la douleur et l'effroi ; il jeta un regard d'amour sur la figure inanimée de madame de Vanderèz, et s'élança vers la porte du salon ; mais il se souvint tout à coup de la somnambule, et, craignant les ravages du magnétisme, il revint à elle.

— Éveillez-vous ! lui dit-il d'une voix sonore.

La somnambule fit un effort pour secouer le sommeil magnétique, pendant que Franck lui passait les mains sur les yeux.

— Éveillez-vous! répéta-t-il.

— Quel songe! murmura-t-elle en regardant le magnétiseur, qui perdait la tête.

Mademoiselle de Sancy, toujours agenouillée devant madame de Vanderèz, regardait Franck d'un œil hagard, et son âme priait Dieu de secourir son amie. Enfin Franck s'élança une seconde fois vers la porte;

mais il s'arrêta tout d'un coup au bruit des pas rapides de M. de Vanderèz.

— Le voilà ! s'écria mademoiselle de Sancy.
— Qui vient donc ? demanda la vieille dame.
— M. de Vanderèz ! Nous sommes perdues !
— Mon fils ! que vais-je lui dire ?

Une pensée terrible la frappa ; elle courut à Franck :
— Jetez-vous dans cette chambre, car mon fils...

On frappa à la petite porte du salon ; Franck, immobile, leva fièrement la tête en regardant la porte. La vieille ressaisit toutes ses forces passées ; et, s'attachant au corps du magnétiseur avec une force surnaturelle, elle l'entraîna vers une chambre voisine. Il se laissa aller comme un enfant au bras de sa mère. Il semblait qu'il eût donné toutes ses forces à la vieille dame en la magnétisant ; d'ailleurs, il était abattu par l'émotion depuis deux heures. M. de Vanderèz refrappa ; la vieille poussa Franck dans la chambre, et, après avoir fermé la porte par un tour de clef, elle alla ouvrir à son fils.

M. de Vanderèz entra tout d'un coup, et son regard dévora le salon. Vainement sa mère lui tendit les bras pour l'embrasser : il fut aveugle à cet élan ; il fut sourd à sa voix ; il faillit même la renverser à ses pieds.

— Est-ce donc ici le sabbat ? dit-il en regardant de toutes parts ; on ne peut y aborder, les portes en sont verrouillées.

— Les femmes ont peur quand elles sont seules.....
— Seules ! seules ! Vous n'êtes pas seules !
— Je ne sais ce qui t'aveugle.

— C'est vous qui êtes aveuglée. Où est M. Léon, votre protégé?

— Il est parti.

— Et l'autre?

La pauvre mère chancela.

— Quel autre?

M. de Vanderèz ouvrait ses mains avec fureur.

— Je sais que M. Léon est ressorti seul, puisque c'est moi qui l'ai fait appeler ; mais il n'était pas venu seul ici.

— Tu es fou, mon pauvre enfant ; aie donc pitié de ta femme.

Madame de Vanderèz était revenue à elle, mais elle n'osait ouvrir les yeux devant la colère de son mari. Elle demeurait dans l'attitude qu'elle avait prise en s'évanouissant, la tête renversée, les bras pendants, les pieds étendus devant l'âtre. Mademoiselle de Sancy priait toujours. La voix de M. de Vanderèz roulait dans sa tête comme un écho du tonnerre ; la maison se fût renversée sans l'effrayer davantage. Franck trépignait dans sa prison : il avait en vain essayé d'en sortir pour apparaître paisiblement aux yeux du jaloux ; il voulait crier ou frapper du pied pour que M. de Vanderèz vînt à lui; mais quelque chose d'invincible, un souvenir, une espérance, arrêtait son pied et sa voix.

M. de Vanderèz avait fait quelques pas vers sa femme; tout à coup, à la vue d'un grand rideau qu'un souffle agitait légèrement, il courut à la fenêtre, les yeux animés d'un rire farouche, et, saisissant le damas avec violence, il l'arracha du coup.

Sa mère essaya de rire.

— Ce rideau t'offusquait, n'est-ce pas? Tu en étais jaloux.

— Je l'avais vu trembler, murmura M. de Vanderèz tout confus.

— Ce n'est pas étonnant : tu fais tout trembler ; regarde-moi plutôt. Mais, mon cher enfant, tu ne vois donc pas Caroline évanouie, sans autre secours que les prières de cette pauvre Camille, qui est épouvantée de tes cris insensés ?

M. de Vanderèz oubliait que sa femme fût là : il l'aimait ; mais, dans son âme, l'amour c'était la jalousie.

VII

Molière, qui était jaloux, a dit que l'amour des jaloux était fait comme la haine. C'est un axiome qu'il eût trouvé à coup sûr en voyant le cœur de M. de Vanderèz. Comme tant d'autres, M. de Vanderèz avait puisé sa jalousie dans sa vanité plutôt que dans son amour ; c'était un orage violent qui grondait sans cesse en lui, un spectre horrible qui passait toujours dans sa pensée ; sa femme n'était pas sa femme, mais sa victime ; il éprouvait de la joie à la torturer ; il lui arrachait les pensées du cœur avec les ongles du démon. Jaloux du passé, il eût donné sa fortune pour que sa femme perdît toute souvenance ; jaloux de l'avenir, il eût immolé sa femme, s'il n'eût pas été jaloux de la mort.

Il faisait le malheur de sa femme, et n'en était pas plus heureux; une crainte infinie le tourmentait; depuis un an surtout, il n'avait pas été calme un seul instant.

— Mais ne vois-tu donc pas Caroline évanouie? lui dit encore sa mère en lui saisissant la main.

Il s'avança en sourcillant vers sa femme, qui ne put arrêter un frémissement. Mademoiselle de Sancy se leva à son approche; il s'inclina.

— Il y a donc bien de la folie dans une tête humaine! dit-il avec dépit.

La jeune fille, croyant qu'il allait vers sa femme, recula contre la cheminée; mais il se jeta dans la dormeuse.

— Enfin, la jalousie est le cri de l'amour! Mais je ne devrais pas être jaloux.

Et, se relevant tout à coup:

— Léon n'est pas venu seul ici?

— Tu es fou, mon cher enfant! T'ai-je jamais fait un mensonge?

— Non, mais vous ne voyez pas clair.

M. de Vanderèz prit les mains de mademoiselle de Sancy, et, la regardant d'un œil irrité:

— J'aurai confiance en vos paroles, mademoiselle. Léon est-il venu seul ici?

La jeune fille rougit.

— Je ne vous dirai rien, monsieur, car je craindrais

d'offenser votre mère, qui est si digne de votre confiance. Qu'ai-je à dire quand votre mère a parlé ?

M. de Vanderèz laissa tomber les mains de mademoiselle de Sancy, et lui tourna le dos.

La jeune fille pensa à se retirer dans sa chambre. C'était dans sa chambre que Franck attendait. Elle refoula la pudeur au fond de son âme, et ouvrit la porte ; mais le jaloux marcha vers elle. La vieille dame leva les yeux, comme pour suivre au ciel sa dernière espérance qui s'envolait.

— Bonsoir, mademoiselle, dit M. de Vanderèz en baisant la main de la jeune fille; ne m'en veuillez pas, j'ai la tête perdue.

Et, après avoir suivi dans la chambre le reflet de la bougie que mademoiselle de Sancy portait de l'autre main :

— Il m'a semblé, se dit-il en s'éloignant un peu, que la clef de cette porte en avait été tournée; les autres jours Camille n'est pas si défiante.

M. de Vanderèz se frappa le front.

— Encore un fantôme de mon imagination ; ma femme n'aurait pas la sottise de cacher son amant dans la chambre d'une aussi charmante enfant ; et, d'ailleurs, ma femme n'a pas d'amant.

Et, bien sûr que sa femme n'avait pas d'amant, il s'avança vers elle, de plus en plus colère et jaloux.

VIII

Mademoiselle de Sancy entra toute confuse dans sa chambre, dont elle referma la porte d'une main tremblante. En déposant sa bougie sur un guéridon, elle leva un regard timide sur Franck, qui s'était jeté sur un fauteuil, et qui s'y attachait des deux mains pour ne pas éclater. Elle alla s'asseoir devant la cheminée, et se mit à rêver en contemplant la flamme vacillante de la bougie. Franck, toujours dévoré par l'agitation la plus violente, demeurait plongé dans le fauteuil sans prendre garde à elle ; mais, à la vue de sa tristesse, il parut sortir d'un rêve pénible, et s'en alla tristement s'asseoir devant elle, en la remerciant de compatir aux peines de son amie. Il y avait tant de sympathie dans ses yeux, que mademoiselle de Sancy perdit toute crainte d'être seule avec un homme ; son regard effarouché reprit sa candeur charmante.

Le silence du salon ne semblait troublé que par les pas rapides de M. de Vanderèz.

La rêverie de Franck s'était parée de couleurs moins sombres depuis qu'il voyait Camille ; il souriait même à quelques fantaisies de son imagination : il songeait à la bizarrerie de l'aventure qui l'avait conduit dans la chambre d'une jeune fille inconnue ; il songeait que cette jeune fille était belle, et que nul encore, peut-être, n'avait effeuillé avec elle les marguerites de l'amour ;

mais, tout en voyant mademoiselle de Sancy, il ne voyait que madame de Vanderèz.

Camille tendit la main vers un livre, et l'ouvrit d'un air distrait : c'était un roman de miss Anne Radcliffe, la reine des fantômes. Mademoiselle de Sancy, bientôt perdue dans quelque vieux manoir, au milieu d'une armée de spectres, oubliait la vérité pour le mensonge, le drame qui se passait près d'elle pour le drame qui se passait dans le roman, quand un cri aigu de madame de Vanderèz la fit ressouvenir du présent.

Le livre lui tomba des mains, elle redevint pâle comme une morte.

Au cri de madame de Vanderèz, Franck ressentit une violente secousse ; il se leva avec angoisses, et voulut s'élancer vers la porte : il pouvait l'ouvrir, puisqu'elle n'était plus fermée au dehors. Camille tressaillit, et se jeta au-devant de lui pour le retenir.

— Si vous avez pitié d'elle, restez ici, monsieur !

— Mais il a frappé sa femme !

— Mais, s'il vous voit, il la tuera !

— O mon Dieu ! s'écria Franck en agitant ses bras.

Dans son égarement, il repoussa Camille.

— Vous passerez sur moi ! lui dit-elle en tombant agenouillée devant lui.

Cette action arrêta Franck, qui perdait la tête. Un autre cri vint à son cœur, et presque au même instant on frappa à la porte de la chambre. Camille regarda Franck avec terreur.

— N'ouvrez pas ! n'ouvrez pas ! murmura-t-elle en penchant son oreille vers la porte.

— Camille! s'écria madame de Vanderèz d'une voix altérée.

— C'est elle! dit Franck en s'élançant par-dessus la jeune fille.

Mais, plus alerte qu'une biche, Camille fut à la porte avant lui.

— Il va vous voir! lui dit-elle.

Franck recula comme s'il eût obéi à une voix suprême; la jeune fille ouvrit, et, tout éperdue, madame de Vanderèz se jeta dans la chambre.

— Au moins il me reste un refuge! dit-elle en tombant dans les bras de mademoiselle de Sancy.

Franck fit un pas vers elle; la pauvre femme chancela et faillit tomber à la renverse.

— O mon Dieu! dit-elle tristement; il était là; il a tout entendu!

La mort fût alors passée, que madame de Vanderèz l'eût prise pour refuge, tant elle avait honte devant Franck des colères de son mari.

La mort eût fait alors une bonne œuvre en prenant madame de Vanderèz.

Dès que Camille eut refermé la porte, elle embrassa son amie avec un vif épanchement de cœur. Franck, qui souffrait autant de sa colère comprimée que de la peine qui noyait son âme, saisit la main de madame de Vanderèz et la pressa à plusieurs reprises : c'était une main glacée par l'effroi, une main morte qui n'opposait aucune résistance. Cependant la voix de M. de Vanderèz se fit entendre, et cette main se réveilla et s'échappa de celle de Franck comme un oiseau de son nid au cri de l'épervier. Madame de Vanderèz rougit. Pour cacher sa rougeur, elle appuya son front sur l'épaule de Camille, et demeura ainsi pendant une minute. Mademoiselle de Sancy l'entraîna sur un divan, en face d'une belle glace de Venise, qui jetait un désaccord dans la simple harmonie de l'ameublement. Madame de Vanderèz releva la tête pour se voir dans cette glace ; mais, avant de se voir, elle vit Franck. L'amour avait conduit son regard de travers. Elle regarda Franck pendant une seconde ; une seconde, ce fut une heure pour elle. Pendant cette seconde, elle pensa à trois choses : à l'amour de Franck, au trouble de son âme, et à cette sombre jalousie qu'elle voyait passer comme un orage sur Franck et sur elle. Ce fut en frissonnant qu'elle détourna la tête ; mais elle n'en vit pas moins Franck, car il y avait aussi dans son âme un miroir magique où elle devait le voir toujours.

Madame de Vanderèz aimait Franck. Son amour avait la mélancolie d'une soirée d'automne ; rien d'orageux ; l'extase plutôt que l'ivresse, un horizon pur, de chastes parfums, un chant plus triste que joyeux. Son amour était le rêve dans l'insomnie. Avant de voir Franck, la pauvre femme n'avait jamais aimé ; isolée jusqu'à vingt ans dans un petit village de Normandie, elle n'en était sortie que pour épouser M. de Vanderèz. Elle eût aimé son mari sans la jalousie dont il l'avait tyrannisée. Hormis ses crises de jalousie, M. de Vanderèz était un homme raisonnable ; mais, une fois retombé dans sa maladie, la fièvre, le délire, la fureur, le jetaient dans un terrible égarement. Qui sait si le

tyran n'était pas aussi digne de pitié que la victime?
Mais nulle âme compatissante ne condamnera la haine
de la victime pour le tyran ; nulle âme charitable ne
condamnera l'amour de Caroline pour Franck.

Pendant que madame de Vanderèz, à demi appuyée
sur sa jeune amie, se souvenait vaguement de la rencontre de Franck dans les Champs-Élysées, Franck
voyait encore dans ses souvenirs cette larme qu'il avait
recueillie dans son âme.

— Hélas ! pensait-il, je l'avais deviné ; cette larme
était la confession d'une profonde douleur. Il y a six
mois, il y a plus longtemps peut-être, que cette femme
adorable est la victime d'un fou.

Franck s'approcha de madame de Vanderèz, qui
tressaillit et laissa retomber sa tête.

— Madame, lui dit-il, vous ne pouvez rester à la
merci d'un pareil homme.

La jeune femme releva la tête avec dignité.

— C'est mon mari, monsieur, répondit-elle d'une
voix calme.

— Je le sais, madame, reprit Franck d'un air résolu.

Ces mots furent couverts par la voix de M. de Vanderèz. Trois coups frappés à la porte avec une singulière
violence retentirent bruyamment dans la chambre ; un
silence affreux suivit. Madame de Vanderèz et mademoiselle de Sancy se regardaient en frissonnant. Franck
demeurait devant elles, pâle, immobile, l'œil enflammé.
Un coup plus sec fit trembler la porte. Camille regarda
autour d'elle en cherchant une issue pour Franck.

Il devina sa pensée, et lui dit en s'élançant vers elle :

— Il y a la fenêtre.

Ces mots résonnaient encore dans l'oreille de mademoiselle de Sancy que déjà Franck ouvrait la croisée ; mais M. de Vanderèz fit sauter la porte et courut à Franck :

— Que faites-vous ici? demanda-t-il d'une voix étouffée.

Camille se jeta devant le jaloux.

— C'est moi qui suis coupable, monsieur !

Il y avait dans cette confession un si grand caractère de vérité, que M. de Vanderèz regarda la jeune fille d'un air surpris.

— C'est vous qui êtes coupable? C'est donc votre amant? dit-il avec mépris.

— Elle est sauvée! pensa mademoiselle de Sancy.

— Votre amant! reprit dédaigneusement M. de Vanderèz.

— Qu'importe? s'écria Franck en saisissant Camille. Si cela vous déplaît, monsieur...

— Cela me plaît beaucoup, au contraire ! dit avec empressement M. de Vanderèz, dont la jalousie s'apaisait.

Madame de Vanderèz respira.

Cependant il lui restait quelques doutes ; il reprit en regardant mademoiselle de Sancy :

— Seulement, je vous prie de sortir avec lui et d'oublier que vous êtes venue ici.

— Oh! monsieur, s'écria Camille, ayez pitié de

moi ; mon oncle me vient chercher demain. N'allez pas me perdre à ses yeux.

M. de Vanderèz ranima sa colère ; il fit signe à la jeune fille de rester dans la chambre, et dit à Franck en ouvrant la porte du salon :

— Voilà votre chemin, monsieur.

Puis, se tournant vers la croisée, dont il avait arraché le rideau :

— Il y a bien un autre chemin, si le premier vous deplaît...

Franck interrompit M. de Vanderèz :

— J'avais déjà songé à ce chemin-là, mais j'y ai renoncé. Il ne vous sied pas de fanfaronner, monsieur : je vais sortir, parce qu'il est temps de m'en aller.

M. de Vanderèz vit sortir Franck sans rien trouver à lui répondre. Après avoir refermé la porte du salon, il pensa qu'il y avait dans tout cela un mystère étrange ; ses doutes le frappèrent encore ; sa jalousie se réveilla peu à peu, et bientôt, plus colère que jamais, il rentra dans la chambre de mademoiselle de Sancy.

— Madame, dit-il d'une voix sombre à madame de Vanderèz, jurez-moi que cet homme n'était pas ici pour vous.

IX

Franck erra comme un fou dans Paris ; il croyait se réveiller après un songe bizarre.

Quelques jours se passèrent sans apaiser son cœur.

Léon s'était présenté chez le jaloux le lendemain du drame, ou plutôt de la comédie ; mais on lui avait fermé la porte au nez : depuis ce jour, M. de Vanderèz avait changé de demeure, sans dire où il allait, selon sa coutume. Voilà tout ce que Léon avait appris à Franck.

Après diverses promenades aux alentours de Paris, à Versailles, à Chantilly, à Enghien, où il essayait d'échapper à lui-même, après un voyage à Bade, où il espérait échapper au jeu de l'amour par le jeu du hasard, Franck se remit, mais en vain, à chercher madame de Vanderèz.

Mademoiselle de Sancy était une jolie orpheline vivant sous la protection d'un vieil oncle, le marquis de Sancy, un gentilhomme d'assez mauvaise roche et de maigre fortune. Il habitait la Picardie, sur les bords de la Somme. Il aimait sa nièce et lui voulait du bien ; mais, comme il vivait tout juste du produit de son petit domaine, il ne devait rien lui donner, sinon dans son testament. Léon Durand, qui avait de quoi vivre à deux, n'aspirait à rien autre chose qu'à la beauté et l'amour de Camille, ne poussant pas d'ailleurs la grandeur d'âme jusqu'à ne pas compter sur la fortune du marquis. Il aimait Camille, qui ne demandait qu'à aimer et à être aimée. Il l'avait vue chez M. de Vanderèz durant toute la saison ; madame de Vanderèz ellemême s'était plu à cultiver cet amour, voulant bâtir du moins le bonheur des autres. Le lendemain de la scène de magnétisme, ou plutôt de jalousie, le vieux marquis, que mademoiselle de Sancy attendait, comme elle l'avait dit à M. de Vanderèz, vint pour l'emmener en Picardie. Elle partit sans revoir Léon, laissant tous ses adieux à sa triste amie. Mais madame de Vanderèz ne put elle-même revoir Léon.

L'amoureux dépareillé s'ennuya bientôt mortellement ; il retourna chez son père, au petit bourg d'Ormoy, à quelques lieues du château du vieux M. de Sancy. Après beaucoup d'obstacles, Léon en arriva à ses fins. Il écrivit à son ami Franck, le priant de venir le voir, mari et marri.

— J'irai peut-être, dit Franck.

Léon Durand revint à Paris pour acheter la corbeille de mariage. Franck y voulut mettre un bracelet.

— Adieu, lui dit Léon, je t'attends en pleine lune de miel.

A son retour à Ormoy, Léon dit à Camille que le bracelet était de Franck.

— Des opales ! dit la jeune fille. Si cela allait me porter malheur !

X

Cependant on n'avait ni vent ni nouvelles de madame de Vanderèz.

Franck rêvait un soir en regardant la flamme blanche de sa bougie, quand une musique ravissante lui vint aux oreilles. Jamais musique ne le transporta avec tant de violence. Il se souleva et tendit la tête vers la chambre voisine, dont il n'était séparé que par une boiserie. La musique, c'était une voix chantante de femme enlevée sur les ailes du piano. Ce duo, d'abord ardent, s'alanguit bientôt, et devint d'une tristesse déchirante. Franck, pâle, l'œil enflammé, le cœur palpitant, écoutait avec une singulière avidité. La voix se tut. La main de celle qui chantait retomba sur les touches du piano, et, pendant quelques secondes encore, un son sourd remplit la chambre; enfin le silence succéda à ce dernier soupir de la musique. Franck, trompé par son imagination, pensa que la voix chantait toujours; il croyait toujours l'entendre, tant cette voix avait d'écho dans son cœur.

Il ne s'aperçut que la voix avait cessé de chanter que quand elle reprit un autre chant. C'était la Romanesca, ce vieil air de danse qui jette l'amour dans la danse. Or la chanteuse, sans doute trop attristée, n'acheva point, et vainement, pendant plus d'une heure, Franck écouta encore.

Il se coucha en proie à mille rêves confus : la nuit fut pour lui d'une morne lenteur; le sommeil lui vint par intervalles; mais à peine dormait-il, qu'un songe ardent l'éveillait tout à coup.

Le lendemain la musique de la veille lui revint à l'oreille, ou plutôt au cœur ; mais les bruits du dehors altéraient cette musique, et, quoiqu'il se tînt contre la boiserie, il ne put rien distinguer, il ne saisit que des sons confus. Il retomba dans ses rêves, dans les abîmes de son âme; il demeura longtemps en contemplation devant les fleurs d'or épanouies sur la boiserie; ses yeux ne voyaient que des formes immobiles, mais son imagination s'emplissait de formes agitées : c'était madame de Vanderèz qui passait tristement dans les vapeurs du fond; c'était la vieille mère endormie; c'était mademoiselle de Sancy se jetant à ses pieds; enfin c'était la chanteuse, dont un sanglot brisait la voix. Poursuivi par toutes ces apparitions, il se laissait aller sans résistance au cours de ses flottantes rêveries. Après avoir longtemps rêvé, il se mit à réfléchir, et remarqua qu'avant son voyage à Bade il n'avait jamais entendu de musique dans la chambre voisine.

Son domestique lui apprit qu'en son absence un homme et trois femmes étaient venus s'installer presque mystérieusement dans l'appartement voisin, qui avait des sorties dans les deux escaliers de la maison. Comme Franck, impatient, faisait mille demandes, le domestique lui dit en souriant avec fatuité qu'il en saurait davantage dans quelques jours.

— Car, ajouta-t-il, la femme de chambre ne me déplaît pas.

Hormis Franck, tout le monde se fût douté que sa voisine était madame de Vanderèz; mais l'amour n'est pas aveugle pour rien.

Un soir, en rentrant, il fut très-surpris de voir son domestique et la femme de chambre de madame de Vanderèz chanter le duo de Roméo et Juliette en face l'un de l'autre.

— Nous ne vous attendions pas sitôt, dit le domestique; mais je voulais savoir...

Franck renvoya cet homme, et demanda à la femme de chambre, en la magnétisant avec sa bourse, où était son maître. La femme de chambre lui apprit que M. de Vanderèz était à Marseille, et que, depuis son départ, madame de Vanderèz restait emprisonnée dans l'appartement voisin, ayant pour garde la vieille mère, qui la veillait de très-près.

Le jaloux ne se doutait guère qu'il avait conduit sa femme sous le toit de Franck.

La femme de chambre, de plus en plus magnétisée par Franck, lui fit espérer que le soir même, aussitôt la vieille mère endormie, elle viendrait lui ouvrir la porte ; mais ce soir-là Franck attendit vainement. Dans son désir de voir madame de Vanderèz, il aurait volontiers brisé la boiserie qui le séparait d'elle. Le lendemain, son cœur se consuma encore dans l'attente. Enfin, dans la soirée, la femme de chambre vint l'avertir que la vieille mère dormait. Il suivit cette fille vers la chambre où se tenait toujours madame de Vanderèz. La soubrette lui recommanda le silence sur son stratagème.

— Madame, dit-elle d'une voix faible en se détournant pour que Franck passât, monsieur a forcé la consigne.

Madame de Vanderèz pâlit et pencha la tête sans pouvoir parler ; la femme de chambre sortit aussitôt, et Franck, après avoir entrevu la figure endormie de la vieille mère, se jeta aux genoux de Caroline, et lui toucha la main du bout de ses lèvres.

— Qui vous amène, monsieur? dit-elle avec contrainte.

Franck leva les yeux et lui dévoila son âme dans un regard ; puis, d'une voix qui venait du cœur, il lui dit :

— Je vous aime, madame.

— Hélas ! murmura-t-elle avec toute sa candeur, je vous aime aussi ; mais Dieu nous a séparés dans la vie, et nous ne pouvons nous voir sans être coupables. Laissez-moi seule, monsieur ; gardez-vous de revenir, car je serais perdue : mon esclavage est adouci par votre souvenir, qui est le soleil pour le pauvre prisonnier. Laissez le prisonnier dans les fers, il ne craint pas les reproches du monde ; il n'est tourmenté que par son geôlier ; laissez-moi seule avec ma douleur. Il y a des douleurs qui consolent.

Franck demeurait silencieusement incliné devant madame de Vanderèz, tout rayonnant d'un divin amour.

Cette entrevue dura à peine une heure : Caroline pria d'abord, et finit par supplier Franck de partir.

— Madame, lui dit-il en lui ressaisissant la main, avant de vous quitter sans espérance de vous revoir, je vais vous demander une grâce que vous pouvez m'accorder sans trahir vos devoirs.

— Je vous accorde cette grâce, dit avec empressement madame de Vanderèz, qui voulut donner à Franck une preuve de sa confiance en lui.

— Eh bien, madame, voici ce que je vous demande. Je demeure en votre voisinage ; ma chambre n'est séparée de la vôtre que par une boiserie qui ne m'empêche pas de vous entendre. Tous les jours, depuis votre arrivée en cette maison, j'ai la joie de vous entendre chanter dans les après-midi : promettez-moi de chanter toujours.

— Toujours, monsieur ! dit Caroline en souriant ; dites plutôt jamais !

— Madame, je passerais à vous écouter ma vie en ce monde et dans l'autre. Promettez-moi de chanter longtemps vos hymnes de tristesse : au moins pendant une heure des jours qui me semblent si longs, je pourrai m'imaginer que je ne serai pas seul.

— Vous avez ma promesse, dit madame de Vanderèz en ouvrant la porte. Adieu.

Franck sortit en lui laissant son âme dans un regard.

XI

Madame de Vanderèz chanta les jours suivants, comme elle avait chanté les jours passés. Franck l'écoutait tantôt avec d'ineffables ravissements, tantôt avec de sombres tristesses. Les chants étaient toujours des hymnes de douleur ; s'il lui arrivait d'essayer une note plus gaie, un sanglot l'arrêtait soudain. Cette heure de chant était douce pour tous deux, tous deux l'attendaient avec ardeur, ou s'en souvenaient avec délices ; car c'était une heure toute pleine d'amour : alors ils se voyaient, et leurs âmes, réunies dans la même extase ou dans la même ivresse, s'élevaient ensemble au ciel des amoureux.

Mais un jour l'heure d'amour passa, et madame de Vanderèz ne chanta pas. Franck attendit le lendemain avec angoisses, et madame de Vanderèz ne chanta pas plus que la veille. Dans son chagrin, dans son ennui, Franck, depuis longtemps atteint, tomba malade; il fit transporter son lit contre la porte magique, et se laissa indolemment abattre par la maladie sans essayer d'y résister. Comme en ce temps fatal où le suicide couvrait Paris de sa robe noire, un mauvais ange secouait sur lui mille idées lugubres; Franck avait repoussé le suicide; mais il voyait venir la mort avec une joie farouche. Il était d'ailleurs trop dégoûté de la médecine pour avoir recours au médecin.

Un jour, s'imaginant qu'il n'avait que peu de temps à vivre, il écrivit à madame de Vanderèz qu'il allait mourir, et qu'à l'heure de la mort son âme inapaisée serait à jamais ravie d'entendre encore sa voix. Il priait la femme la plus aimée de son cœur de chanter une dernière fois.

Sa garde parvint à remettre la lettre entre les mains de la femme de chambre. L'heure venue, il n'entendit pas chanter; il se traîna à la fenêtre et vit madame de Vanderèz monter en voiture. Elle était malade elle-même et s'appuyait toute chancelante sur le bras de sa femme de chambre.

A la tombée de la nuit, Franck suivait des yeux mille lugubres images dans le fond bruni de sa chambre, quand madame de Vanderèz apparut devant son lit, conduite par la garde, qui alluma la lampe et sortit.

Franck tendit silencieusement la main à madame de Vanderèz.

— Vous êtes malade? murmura-t-elle en s'asseyant sur le fauteuil.

— Oh! madame, soyez bénie! dit Franck accablé sous sa joie ; soyez bénie, vous qui venez répandre un parfum de votre vie à mon lit de mort.

— Vous êtes un fou, monsieur! on ne meurt pas à votre âge, quand on veut vivre.

— Pourquoi vivre, madame? ah! si j'avais le droit de vous aimer !

Madame de Vanderèz pencha la tête sur son sein.

— Ne parlons pas d'aimer, monsieur, dit-elle. Je ne devais pas vous revoir, mais l'idée de la mort m'a détournée de mon chemin. Je suis malade comme vous, mais moi d'un mal qui me tuera.

La voix de Caroline s'était singulièrement affaiblie à ces derniers mots.

— Je ne puis rester qu'un instant, monsieur; la mère de M. de Vanderèz me croit enfermée dans ma chambre. Tous les soirs nous avons coutume d'attendre la nuit close pour allumer les bougies; la mère de M. de Vanderèz passe cette heure voilée à se ressouvenir de son vieux temps. Je n'ai que cette heure de liberté, monsieur; j'ai tenté de la passer à mon piano, mais j'ai trop de tristesse quand vient le soir.

Madame de Vanderèz se leva, et, tendant la main à Franck :

— Vivez, monsieur, lui dit-elle.

— Vivre, et ne pas vous voir !

Madame de Vanderèz regarda Franck et sourit d'un sourire d'ange :

— A demain, dit-elle en détournant la tête.

Le lendemain, madame de Vanderèz chanta ; Franck se sentit renaître à la voix aimée.

Et, le soir, quand elle revint dans sa chambre, il triomphait déjà de la maladie.

Les tristes amoureux se confiaient leurs peines adoucies, quand tout à coup une voix bruyante retentit au voisinage : c'était la voix de M. de Vanderèz, qui arrivait de Toulouse, et qui demandait sa femme. Madame de Vanderèz se cacha la tête dans ses mains, et bientôt, laissant tomber ses bras avec désespoir, elle s'écria :

— O mon Dieu ! vous me punissez ; suis-je donc coupable ?

Madame de Vanderèz voulut sortir pour aller se jeter aux pieds du jaloux ; mais Franck la retint de toutes ses faibles forces, il l'attacha sur son cœur, et sembla défier du regard M. de Vanderèz, dont la voix bruyante retentissait toujours. Dans sa fureur, M. de Vanderèz outrageait sa mère et torturait sa servante. Une seconde fois la femme de chambre se laissa séduire par une bourse, et peut être aussi par le désir de faire le mal en ayant l'air de faire le bien. M. de Vanderèz sut que sa femme était chez Franck. Il s'empressa d'y aller ; il arriva devant la porte à l'instant même où le domestique revenait d'une course ; il le suivit et se précipita avec la fureur d'un tigre dans la chambre du malade. A la vue de Franck, dont les bras formaient un collier d'amour à sa femme, il s'arrêta tout à coup en poussant un cri de rage.

— Ne craignez pas que je vous l'enlève, dit-il à Franck en riant comme un démon ; elle est à vous.

Franck voulut parler ; madame de Vanderèz, à demi morte d'épouvante, lui dit à voix faible :

— Franck, on ne défend que les coupables ; ne me défendez pas.

— Je n'ai qu'un mot à vous dire, reprit M. de Vanderèz en regardant Franck, un seul mot : A demain !

— A demain ! répéta Franck d'une voix ferme.

M. de Vanderèz sortit avec dignité.

— Vous ne vous battrez pas, monsieur, dit à Franck madame de Vanderèz : je vous le défends. D'ailleurs, vous êtes malade.

— Je ne serai point malade pour vous défendre, madame ; la vue d'une épée me guérira.

— Faut-il que je tombe à vos genoux ? Jurez-moi de ne pas vous battre avec M. de Vanderèz.

— Et mon honneur, madame ?

— Il faut m'en faire le sacrifice.

Franck pencha silencieusement la tête ; madame de Vanderèz lui prit les mains et les pressa.

— Jurez-moi, sur votre amour, que vous ne vous battrez pas !

Franck ne jurait pas.

— Qu'est-ce donc que l'amour ? reprit Caroline.

— Oh ! madame, demandez-moi ma vie, demandez-moi de mourir, mais non pas de tuer mon honneur !

— L'honneur! l'honneur! ne l'ai-je point perdu pour vous? Franck, ayez pitié de moi; accordez-moi la grâce que je vous demande.

Madame de Vanderèz pressait plus tendrement les mains de Franck; Franck pencha la tête vers elle et lui baisa les cheveux avec ardeur.

Et, comme Caroline le repoussait, il lui dit :

— N'êtes-vous pas à moi?

— A vous? murmura avec amertume madame de Vanderèz.

— Oui, madame, à moi par l'amour, comme vous êtes par le mariage à M. de Vanderèz.

— Écoutez, monsieur, reprit madame de Vanderèz avec plus de calme, je ne suis pas à vous, mais je ne serai plus à M. de Vanderèz : promettez-moi de ne pas vous battre avec lui, de vous éloigner à jamais de cette maison, et, de mon côté, je vous ferai le serment de quitter M. de Vanderèz. Il y a longtemps que je pense à ces terribles choses : le devoir, la révolte, la mort. Je vous demande encore quelque temps pour y penser, mais, par pitié pour moi, ne demeurez pas ici. N'avez-vous pas un pays où vous puissiez m'attendre ou me regretter? Vous m'avez parlé hier de ce village de Picardie où nous avons tous deux les mêmes amis, Léon et Camille; allez là, Franck : j'irai.

XII

Le lendemain, quand Franck s'éveilla, sa garde lui remit un billet. Madame de Vanderèz avait tracé ces quelques mots au crayon d'une main tremblante :

« Je vais au couvent des Ursulines ; le jour de ma
« fête, qui sera la fête de la douleur, j'en sortirai pour
« mourir ou pour vous aimer. Par pitié, ne vous battez
« pas : vous tueriez M. de Vanderèz. On vous attend à
« Ormoy : allez-y, de grâce ; si j'en ai la force, moi, j'irai
« le 2 novembre. En attendant, ce sera presque une
« consolation pour mon pauvre cœur de penser que
« vous serez là avec nos amis. A Dieu ! »

Ce fut avec une douleur infinie que Franck lut ce billet. Pour lui, à cet instant, c'était presque un billet de mort. Le dernier mot, l'*adieu*, avait un grand *A*, un grand *D*, et trois traits à peine visibles. Le grand *D* fit trembler Franck, qui crut y voir un pressentiment funèbre.

— Hélas ! dit-il avec désespoir, elle ira *à Dieu*. — Si elle meurt, je mourrai aussi, reprit-il en levant les yeux comme pour envoyer ce serment au ciel. Mais ne vais-je pas mourir avant elle ?

Franck se battit avec M. de Vanderèz ; mais, soumis au dernier vœu de Caroline, il tira en l'air son coup de pistolet.

Avant le duel, il avait mis un peu d'ordre à ses affaires. Le soir, il partit pour aller retrouver, en Picardie, son ami Léon, résolu d'attendre le jour de la fête de Caroline, résolu de mourir s'il ne la revoyait pas. Vous verrez comme il tint ce serment.

Avant son départ, il se présenta au couvent où s'était réfugiée madame de Vanderèz; mais il l'appela en vain pour lui redire adieu.

Il partit, emportant dans son cœur le plus triste des amours, et sur ses lèvres ardentes l'éternel souvenir du seul baiser qu'il eût pris à Caroline.

XIII

A Ormoy, Franck trouva Léon, maire du village, en pleine lune de miel, et presque père de famille.

Mais, peu de jours après, dans une folle cavalcade avec Franck et des amis de campagne, Léon fit une chute qui ne le tua pas sur le coup, mais qui ne lui laissa que le temps de faire son testament.

A l'heure de la mort, après quelques heures de divagations, il prit la main de Franck et lui dit :

— Je te lègue ma femme; aime-la et protége-la.

Je ne vous peindrai pas la douleur de Camille et de Franck. D'abord ils se désolèrent en silence, ensuite ils se parlèrent de leur peine. Un homme et une femme qui se parlent de leur peine sont bien près de la changer en plaisir.

Il fallait liquider la succession déjà embrouillée de Léon Durand. Franck, qui jusque-là n'avait jamais fouillé dans le grimoire des chiffres, se mit sérieusement à l'œuvre. Le jeune mari s'était un peu ruiné en chevaux et en fêtes. Tout compte fait, on retrouva à grand' peine la moitié des cent mille francs de dot que Camille tenait de son oncle. Franck comprit que la jeune femme allait se trouver presque pauvre : sa sollicitude pour elle s'en accrut encore ; il alla jusqu'à la tendresse pour cette sœur d'infortune.

La maison vendue, Camille et son enfant se retirèrent chez M. de Sancy ; Franck, qui, depuis la mort de Léon Durand, habitait une mauvaise chambre de cabaret, parla alors de retourner à Paris. Le vieux marquis, qui l'aimait, le supplia de rester et d'accepter un logis au château. Franck resta par fraternité pour Camille.

Au bout d'un mois, l'ombre de Léon s'éloignait déjà un peu de sa femme et de son ami ; on parlait toujours de lui, mais on y pensait moins. Il y eut cette année-là une belle fin d'automne ; Franck et Camille se promenèrent beaucoup : c'était promener leur douleur. Chaque promenade réveillait en leurs cœurs je ne sais quelle poésie vivante qui agitait la jeune veuve jusque dans son sommeil ; après avoir longtemps parlé de Léon, ils parlaient un peu de madame de Vanderèz. Franck était noble et beau dans la passion ; il aimait avec la poésie des Allemands et l'esprit des Français ; au seul nom de madame de Vanderèz, l'âme lui venait sur les lèvres et dans les yeux. Il confiait son amour à

Camille avec la candeur d'un enfant qui se confesse; il l'eût confié avec joie vingt fois par jour : c'était l'avare las de porter son trésor, qui trouve un champ solitaire où il le peut enfouir. L'avare aime à revoir le champ qui renferme son trésor; ainsi Franck aimait souvent à revoir Camille. Et Camille déroba le trésor.

Toutes les paroles d'amour envolées du cœur de Franck comme de blanches colombes allaient au cœur de Camille, qui parfois s'aveuglait, pareille au confesseur qui écoute en frémissant la confession d'une femme. Franck s'aveuglait aussi. Ils étaient heureux de se voir, de se parler, de s'entendre, de marcher sur la même herbe, sous le même rayon de soleil; mais ils croyaient tout simplement se consoler.

Un soir, au fond du petit parc, ils parlèrent deux heures durant, à l'heure où l'oiseau chante son dernier refrain, sans dire une seule fois le nom de Léon. Camille fut effrayée de cet oubli ; mais, le lendemain, il ne fut pas dit un mot de madame de Vanderèz, et Camille en ressentit une joie infinie. La jalousie l'avertit qu'elle aimait Franck comme on n'aime pas un frère.

— J'ai beau me cacher cela à moi-même, dit Franck, j'aime toujours madame de Vanderèz; mais, hélas! j'aime aussi Camille.

Et il cherchait encore à s'aveugler en songeant qu'il aimait surtout la veuve de Léon comme une femme qu'on protége. — Elle est seule, sans fortune, presque sans famille, comment ne pas l'aimer?

Mais il ne disait pas : — Elle est belle, elle est passionnée, elle m'aime, pourquoi ne pas l'adorer ?

Franck et Camille s'aimèrent donc. Camille s'éleva sur l'autel et renversa madame de Vanderèz; l'image de Léon se confondit peu à peu dans celle de Franck. Pourtant le souvenir désolé de madame de Vanderèz agitait toujours Franck; la pauvre amoureuse se relevait quelquefois jusqu'à l'autel; et l'ombre de Léon venait çà et là glacer le cœur de Camille.

C'est ainsi que, flottant entre deux amours, Franck vit arriver le jour de la fête de madame de Vanderèz; ce jour-là, cependant, l'ancien amour reprit toute sa force et toute sa poésie. Franck, redevenu romanesque comme aux plus beaux jours de sa jeunesse, passa ce jour-là, du matin au soir, sur le bord de la rivière, à deux pas du chemin vert aboutissant à la grande route de Paris.

Mais il vit le soleil se coucher dans un funèbre lit de nuages avant qu'une seule voyageuse passât sur ce chemin.

Il attendit encore; le dirai-je? il se mit à pleurer comme un enfant sans bien savoir pourquoi. La lune se leva au-dessus du bois du Pin-Noir, le vent de novembre s'acharnait après les dernières feuilles des ormes, un cri d'oiseau de proie retentissait çà et là dans la vallée. La scène, comme on voit, était digne du personnage.

XIV

Quelques jours après, Camille vint à lui, une lettre à la main.

— Une lettre! s'écria-t-il avec effroi.

— Oui, dit Camille, qui cachait à peine sa joie : la lettre d'une femme sage.

Franck saisit la lettre et la dévora d'un regard.

« Ah! ma pauvre amie! que j'étais folle de chercher
« l'amour où le bonheur n'était pas! Quel vertige et
« quel égarement! Dieu m'a touché le cœur et ouvert
« les yeux. Je suis retournée à M. de Vanderèz, qui m'a
« accueillie comme une sœur, comme une sœur qui se
« repent. Tout est pardonné, tout est donc fini. Le
« plus beau côté de l'amour, c'est le sacrifice : je vais
« m'y réfugier de tout mon cœur. Adieu! que tout soit
« oublié.
         « CAROLINE DE VANDERÈZ. »

— Vous voyez, monsieur, dit Camille, qu'on ne va pas au couvent pour rien : la religion a des consolations divines.

Franck fut cruellement blessé au cœur par la lettre de madame de Vanderèz. — Pas un mot pour moi, se disait-il en lui-même, pour moi qui ai pleuré hier pendant deux heures! *Que tout soit oublié!* dit-elle. Oui, que tout soit oublié! Dès aujourd'hui je ferme mon cœur à toutes les folles rêveries de cet amour romanesque ; j'en chasse tous les souvenirs qui m'ont si tristement charmé. Nous verrons qui des deux oubliera le dernier.

L'amour est toujours aveugle : Franck finit par croire qu'il n'avait jamais aimé madame de Vanderèz comme il aimait Camille ; des idées de mariage vinrent malgré lui passer dans ses rêves. A la fin de l'hiver, le vieux M. de Sancy étant tombé en paralysie, les idées de mariage s'enracinèrent de plus en plus dans l'esprit de Franck : Camille allait être seule ; le marquis mort, il ne pouvait rester près d'elle. Il se hasarda de parler mariage à Camille, qui ne put s'empêcher d'être de son avis.

Le mariage eut lieu à la fin de la saison. Peu de temps avant la cérémonie, Franck fit un voyage à Paris sans s'inquiéter de madame de Vanderèz. Il n'en avait plus de nouvelles depuis six mois, Camille n'ayant pas, on devine pourquoi, répondu longtemps aux lettres de sa pauvre amie.

XV

Nous avons trop peu suivi madame de Vanderèz. Au couvent, elle avait prié Dieu ; à force de prier Dieu, elle avait presque éteint dans son cœur les passions profanes ; elle avait pardonné à M. de Vanderèz ses colères et sa jalousie, elle était retournée à lui, résignée à tous les sacrifices pour l'expiation de ses égarements. Cependant Franck était toujours dans son cœur; mais elle enchaînait son cœur dans le devoir. L'hiver se passa ainsi. Hélas! avec le printemps l'amour rebelle refleurit dans son âme : elle eut beau prier et pleurer! Elle commença à vivre plus solitaire; elle se plaignit à M. de Vanderèz d'un mal imaginaire. Comme elle gardait pour lui parler un doux sourire, qu'il prenait pour de l'amour, mais qui n'était que de la résignation, il respecta ses désirs de solitude. Dès qu'elle se vit plus libre, elle s'abandonna au premier rêve venu; peu à peu elle feuilleta en tremblant le doux et triste roman du passé, elle redevint l'esclave de son cœur. Un soir qu'elle était seule devant son piano, elle regarda autour d'elle comme un coupable qui va commettre une mauvaise action; elle hasarda, toute pâle et tout effarée, ses doigts sur les touches; elle écouta avec la joie du délire : elle joua la *Romanesca*, qu'elle n'avait osé jouer depuis un an. Je vous dirais mal avec quelle douloureuse émotion elle joua ce vieil air si gai et si mélancolique; elle s'était étrangement animée dès le début, son cœur battait avec violence, ses yeux versaient des larmes.

— Franck! où es-tu? où es-tu? s'écria-t-elle en laissant tomber ses bras et en levant ses yeux au ciel.

M. de Vanderèz entra à cet instant dans la chambre de sa femme.

— Qu'as-tu donc? J'ai entendu des sanglots.

— J'ai, monsieur, que je suis indigne de vous.

Chassez-moi de cette maison, car mon cœur n'y est pas.

Il n'en fallait pas tant pour exaspérer M. de Vanderèz. Il saisit la main de sa femme et l'entraîna violemment en criant comme un fou :

— Allez, allez, madame! allez, ou je vous tue!

— Tuez-moi, dit madame de Vanderèz, qui ne savait où aller.

Elle quitta pour la dernière fois le toit conjugal, appelant la mort de toute son âme. Elle alla, accompagnée de sa femme de chambre, passer la nuit chez la mère de M. de Vanderèz. Grâce au dévouement aveugle de sa femme de chambre, elle parvint le lendemain à réunir assez d'opium pour s'empoisonner.

— Encore si Franck était là! dit-elle en regardant le flacon d'opium.

Par pressentiment, madame de Vanderèz le croyait toujours à Ormoy. La femme de chambre alla à l'ancienne maison de Franck pour savoir sa nouvelle demeure. On répondit qu'on n'avait plus de ses nouvelles; il avait cédé ses meubles à un créancier, mais on pensait qu'il était encore en Picardie.

Madame de Vanderèz partit pour la Picardie.

XVI

Un jour que Franck se promenait dans un petit bois dont il avait fait un parc, le garde champêtre vint à lui avec mystère et lui remit un billet. Il pâlit et chancela comme s'il allait mourir.

— C'est de madame de Vanderèz, pensa-t-il.

Et il lut d'un œil égaré :

« Adieu donc! je vais mourir : je suis déjà morte à
« demi. Je voulais vous cacher ma mort; mais par-
« donnez-moi cette dernière faiblesse. Je suis venue
« mourir près de vous; mais, hélas! loin de votre
« cœur... Je ne dois pas me plaindre : je suis punie
« par où j'ai péché. Adieu donc!... Mais non, j'ai été
« seule en ce monde, je serai seule au ciel!... »

— Où est cette femme? demanda Franck tout bouleversé.

— A l'auberge de la Croix-Rouge, là-bas sur la route d'Amiens, dit le garde champêtre.

— Ne dites pas un mot! reprit Franck en payant le messager.

Il retourna à la maison, sella lui-même son cheval et courut à l'auberge de la Croix-Rouge. A son arrivée, il y régnait un grand désordre. Il n'osa interroger personne; il entra dans une arrière-salle, à la suite d'un médecin qui venait d'arriver aussi. Il alla tomber sur le lit sans rien voir et sans rien entendre :

— Ah! mon Dieu! s'écria-t-il.

Il ne dit pas un mot de plus. Il prit la main de la morte et y appuya ses lèvres.

— Cette femme est empoisonnée! dit le médecin.

— Ma foi, dit l'aubergiste, je n'en ai rien compris.

Elle est descendue hier ici au passage de la diligence; le soir, elle a été jusqu'à Ormoy, d'où elle est bientôt revenue en pleurant; elle a pleuré toute la nuit, mais je n'y pouvais rien.

— Vous n'avez pas surpris quelque fiole? elle ne vous a pas demandé d'arsenic?

— Ne cherchez pas tant, dit Franck, tout égaré par la douleur, c'est moi qui l'ai tuée!

XVII

Madame de Vanderèz fut enterrée dans le petit cimetière de Sancy, non loin du château, près de la haie, à l'ombre d'un saule à demi brisé.

Dans la belle saison, Camille, suivie de deux jolis enfants, va de temps en temps, sur le soir, rêver à sa pauvre amie, tout en cueillant l'herbe funèbre qui couvre sa cendre.

Franck va aussi vivre sur cette fosse; mais il y va la nuit, au retour de la chasse et de la promenade; il y va en silence et en mystère, comme à un triste rendez-vous.

Le dirai-je? aujourd'hui qu'il est un peu fatigué de la vie agreste, aujourd'hui qu'il ne trouve plus guère à bâtir ni à planter, il rouvre son cœur au souvenir et repasse avec une joie douloureuse dans le printemps de sa vie.

Et, croyez-le bien, la plus aimée de ces deux femmes qu'il a adorées, c'est celle qui est morte. La tombe a une poésie funèbre et attrayante. Si Franck aime Camille avec un sourire, il aime madame de Vanderèz avec une larme.

J'ai remarqué cette pensée un peu allemande dans une lettre de Franck :

L'amour heureux écrit son histoire en prose, à côté des comptes de la cuisinière. L'amour malheureux chante ses poëmes dans les solitudes, et fait pleurer de ses larmes le ciel et la terre, les forêts et les torrents.

VII

L'ARBRE DE LA SCIENCE

***

Charron, dans son beau livre de la *Sagesse,* que nous devrions lire un peu tous tant que nous sommes, a écrit ceci :

« Pour ce que l'amour est une passion violente ensemble et piperesse, il se faut remparer contre elle, et se garder de ses appâts; plus elle vous mignarde, plus deffions-nous-en ; car elle nous veult embrasser pour nous estrangler, et nous appaste de miel pour nous saouler de fiel. »

Il faut bien dire que Charron a écrit ces lignes après être revenu du pays des passions ; toujours est-il que madame Émile de Girardin a pris Charron pour point de départ. L'opinion de madame Émile de Girardin en matière d'amour est trop précieuse à recueillir pour que nous ne l'imprimions pas ici, car nul n'avait plus qu'elle l'esprit du cœur.

« Être aimé, c'est vivre de tourments, c'est errer dans un désert sans bornes avec un aveugle pour guide ; c'est trembler à chaque pas, et trembler pour ce qu'on aime ; c'est avoir un juge malveillant et faible dont les conseils intéressés vous égarent ; qui ne connaît ni ses défauts ni les vôtres, et qui vous reproche toutes vos belles qualités, parce que ce sont elles qui vous font souffrir ; c'est avoir un ennemi perfide qui a le secret de votre faiblesse, qui vous reproche comme des crimes toutes vos plus nobles actions, et qui s'arme contre vous, dans sa haine factice, de vos confidences et de vos aveux ; c'est avoir pour allié un traître, un adversaire implacable, qui lutte sans cesse secrètement contre vous, épiant toutes vos pensées ; c'est installer dans sa demeure le plus terrible de tous les espionnages : celui de l'esclave révolté.

« Pourquoi donc cette femme, si spirituelle, si amusante, est-elle maintenant toujours triste et inquiète ? — Parce qu'elle est aimée. — Pourquoi donc cette autre jeune femme, qui était si élégante, si coquette, qui donnait la mode, qu'on voyait briller dans toutes les fêtes, cachée maintenant sous de longs voiles, sous de lourdes étoffes, est-elle froide et maussade pour tout le monde ? — Parce qu'elle est aimée. — Pourquoi cette femme, dont la voix est si belle et qui chantait si bien, ne chante-t-elle plus ? — Parce qu'elle est aimée. Et cependant c'est pour sa voix qu'on l'a aimée.

« *L'amour embellit la vie ; quand on aime, le ciel semble plus beau, l'onde a plus de fraîcheur, le soleil a plus d'éclat, les oiseaux ont un plus doux ramage.*

Où donc les poëtes ont-ils trouvé cela ? Quand on aime, au contraire, on ne voit que l'objet aimé ; s'il n'est pas là, on ne voit rien, on n'entend rien, on le regrette et on l'attend ; s'il est là, on ne voit que lui, on ne pense qu'à lui, et peu importe alors, vraiment, que le ciel soit pur, que l'onde soit claire et que les oiseaux chantent bien.

« N'est-ce pas, au contraire, l'amour qui vient lui seul gâter tous les autres plaisirs ? Croyez-vous, par exemple, que deux êtres qui s'aiment, le jour où ils sont mécontents l'un de l'autre... et plus on s'aime et plus on est facile à mécontenter... soient très-sensibles aux beautés d'un site agréable et champêtre ? Croyez-vous que le dilettante, jadis le plus passionné, écoute avec le même délire son air favori quand une pensée jalouse le préoccupe ? Croyez-vous qu'une femme s'amuse d'une conversation spirituelle quand celui qu'elle aime n'y veut point prendre part ? Est-il une admiration que l'amour permette ? est-il un autre amour qu'il laisse même végéter auprès de lui ? L'amour divin, l'amour filial, l'amour maternel lui-même, l'amour du pays, l'amour des arts, l'amour de la nature, il détruit tout, il fait la solitude autour de vous. Donc, être aimée, c'est être isolée, dépouillée, dépossédée, dévalisée. C'est perdre en un jour ses affections, ses talents, sa valeur, sa personnalité, sa volonté, son passé, son avenir ; en un mot, tout ! »

Oui, c'est tout perdre, mais en même temps c'est tout gagner.

Qui perd gagne.

*
* *

Une autre muse, — la onzième ou la douzième, — je ne sais plus, n'y va pas de main morte sur cette grave affaire ; elle intitule son livre : *Ce qui est dans le cœur des femmes.* Je sais bien, moi, ce qui est dans le cœur des femmes, et elles ne le savent pas, elles. Tout ou rien, direz-vous ; non : il y a un peu de tout; mais ce qu'il y a surtout, c'est l'amour de l'inconnu, c'est-à-dire la vieille curiosité qui a perdu leur grand'-mère. Mais à quoi bon chercher midi à quatorze heures ? écoutons la muse amoureuse, qui nous dira ce qui est dans le cœur des femmes. Si elle sourit quand elle a pleuré, si le vertige des richesses monte vers elle sans l'éblouir, si elle est indifférente à l'encens comme à l'offense,

> C'est que je porte dans mon âme
> Un rayon que rien ne pâlit ;
> De sa lumière et de sa flamme
> Tout s'éclaire et tout s'embellit.
> Lampe immortelle qui me veille,
> Clarté qui renaît chaque jour
> Plus pénétrante que la veille,
> Ce rayon, c'est toi, mon amour !

Il y aurait beaucoup à dire de ce léger volume, où presque à chaque page le poëte a enchâssé comme des perles les larmes de la femme. Il y a certainement de la muse et de la meilleure dans cette nature gâtée par les succès académiques; mais il faut que tout le monde vive, la poésie ne donne à boire que l'eau de l'Hippocrâne, tout au plus elle vous barbouille les lèvres d'un peu de miel de l'Hymette ; l'Académie, au contraire, qui juge les vers à leurs rimes et à leurs tailles, adjuge des prix à ceux « qui remplissent les conditions de son programme. » La muse amoureuse va une fois l'an disputer l'argent comptant de l'Académie ; mais, quand elle remporte le prix, elle se venge de sa chute par quelques jolis vers de l'Académie de l'amour.

⁂

Quand Junon rêvait le manteau divin, « œuvre de Minerve ornée de dessins merveilleux, » pour séduire et tromper Jupiter, elle appelle Vénus et lui demande de lui confier les désirs amoureux qui subjuguent les dieux et les mortels. Vénus, mère des sourires, détache de son sein la ceinture merveilleuse où sont inscrits les mots enivrants qui captivent l'âme même du sage : « Prends cette ceinture, dit-elle à Junon ; elle renferme tous les mystères de l'amour. »

Ne pourrait-on pas expliquer ainsi ce symbole de la ceinture de Vénus : on la dénoue en riant, mais, en la renouant, on s'y trouve pris. Jupiter lui-même s'y laissa prendre.

⁂

Vous l'avez tous connue, ô philosophes, qui étudiez le monde à la Closerie des Lilas ou au Château des Fleurs ! vous l'avez tous aimée, Aurore la Californienne, qui donnait à plein collier dans les folies de son âge ! Quel entrain pour l'amour ! quelle fureur pour la

danse ! quelle insouciance de ce monde et de l'autre !
Eh bien, le croiriez-vous? Aurore s'est retirée du
monde. Elle est morte en chantant. Elle allait de temps
en temps à l'hôpital, cette bonne fille, pour qui vous
auriez donné tout au monde, c'est-à-dire un souper
d'un louis. Elle est morte à l'hôpital. Là, déjà toute
prête à aller scandaliser les anges au paradis, elle a
chanté dans son délire :

I

Nous sommes les passions, les folles passions, qui vont comme des cavales sauvages, emportées par les joies du cœur et des lèvres.

II

Le monde est à nous quand nous jetons nos pieds légers sur le sable d'or de la Closerie des Lilas ou du Château des Fleurs. Quelles galantes prouesses et quels doux battements de cœur quand nous galopons en penchant la tête contre la joue brûlante de quelque étudiant qui vient à notre école !

III

On appelle cela le chemin de l'hôpital? L'hôpital, c'est le chemin de la mort; eh bien, c'est encore un privilége de mourir à vingt ans, quand le cœur a donné sa dernière fête, quand le pied a jeté sa dernière patarafe.

IV

Au moins, quand le carabin me portera sur la table de marbre noir, il dira pour oraison funèbre : « La belle fille! elle a vingt ans ! C'est l'amour qui l'a tuée. »

V

Et, pendant qu'il taillera mon bras et ma jambe, mon sein de marbre, où lui-même peut-être s'est endormi, — quand c'était un sein de plumes, de neiges et de roses, — mon âme s'envolera avec les regrets du carabin.

⁎
⁎ ⁎

Contradiction des contradictions! contradictions du cœur et contradictions de l'esprit, fragilité des sentiments et fragilité des croyances; l'histoire de Mirabeau n'est que le sévère enseignement des fragilités humaines. Mirabeau se passionne et se marie; bientôt il se passionne encore et prend une maîtresse. S'il faut l'en croire, c'est là sa vraie femme; il fuit la première et enlève l'autre. Sa femme a des enfants, que lui importe? Sa maîtresse a des enfants, que lui importe encore? Il ne s'inquiète pas plus des berceaux que des nids d'hirondelles qu'il a vu bâtir à sa fenêtre. Cependant on le condamne pour rapt, il est décapité en effigie, il s'enfuit en Hollande avec sa chère Sophie. En Hollande, c'est le pays des libres penseurs et des libres amours! Cependant la France indignée a le bras assez long pour saisir Mirabeau et Sophie : elle jette Mirabeau au donjon de Vincennes, elle jette Sophie dans un couvent du Jura. Mirabeau pleure comme un tigre à qui on a arraché sa tigresse; il s'abreuve de ses larmes, il s'enivre de toutes les sombres poésies de la colère et de la passion; il écrit à Sophie des lettres qui sont des livres, tant elles ont la chaude éloquence du cœur, et des livres qui sont des lettres encore, tant ils respirent les passions sauvages de l'alcôve. De son côté, Sophie appuie ses lèvres brûlantes sur le marbre des autels. Elle étreint dans ses bras irrités le crucifix d'argent. Mais tout à coup Mirabeau est libre, — et libre aussi est sa maîtresse. — Et vous savez ce qu'ils font de leur liberté : Mirabeau va droit à sa femme, Sophie va droit à un autre amour.

★
★ ★

Strabon a dit : Les poëtes n'ont que la fable avec eux, les philosophes ont la vérité.

Mais la fable n'est-elle pas la vérité habillée de toutes les splendeurs de la poésie?

La femme est-elle moins femme parce qu'elle a une robe?

★
★ ★

L'amour est le souvenir d'une vie antérieure et le pressentiment d'une vie future. Le poëte a eu raison de dire :

L'amour ! songe charmant du sommeil de la vie.

★
★ ★

Jean-Jacques n'a signé qu'un beau roman : celui de sa jeunesse.

Les romans qu'il n'a pas vécus ne sont pas si dangereux que le croyait ce beau déclamateur. C'est du roman de sa jeunesse qu'il aurait dû dire : « Toute fille qui ouvrira ce livre sera perdue. » Quant à la *Nouvelle Héloïse*, elle ne perdra que les filles des professeurs de rhétorique. Il n'y a pas de nouvelle Héloïse, il y a l'ancienne Héloïse, dont un seul cri trahit plus les grandeurs éternelles de la passion que tous les bavardages de cette précieuse ridicule qui s'appelle Julie d'Étanges.

*
* *

L'amour met de jour en jour plus d'eau dans son vin. Il faut vouer à l'exécration de la postérité le nom de celui qui le premier a commis ce baptême sacrilége de l'eau et du vin. Pline dit que ce fut Staphilus, Athénée affirme que ce fut Amphycion ; qu'ils soient maudits tous les deux ! Le divin Homère aimait le vin pur, comme s'il eût planté lui-même la vigne. Ne décrit-il pas la coupe de Nestor avec autant de poésie que le bouclier d'Achille ? Mais c'en est fait, les dieux s'en vont, le vin s'en va ; on ne sait plus boire, voilà pourquoi la vigne est malade. La coupe de Nestor n'est plus qu'une cruche. Et tant va la cruche à l'eau, qu'à la fin elle s'emplit d'eau.

*
* *

J'ai pipé hier dans un poëte classique un beau vers qui pourrait être signé par le plus passionné des poëtes romantiques :

C'est moi qui te dois tout, puisque c'est moi qui t'aime.

Qui croirait que ce vers est un vers de celui-là qui passe pour n'avoir jamais aimé, de M. de Voltaire, pour appeler l'esprit par son nom ?

*
* *

On ne croit pas plus aux amours de théâtre qu'aux soupers de carton servis sur la scène. La forêt de Rosalinde est une forêt de papier peint, le balcon de Juliette n'est jamais escaladé que par le machiniste.

O Léa ! nous chantions le nocturne duo,
    Sous l'arbre des forêts bleuâtres ;
J'ai trouvé mon balcon, tout comme Roméo,
    Mais c'est le balcon des théâtres.

Tout est dit ! le bonheur est enfui pour toujours ;
    Et mon cœur vivra solitaire.
A tous les monuments ruinés de mes jours
    J'ai cueilli la pariétaire.

Amour, doux arc-en-ciel de mon ciel orageux,
    Illusion évanouie,
Ceinture de Vénus, l'horizon nuageux
    Éteint ton prisme dans la pluie !

Je ne dirai jamais les maux que j'ai soufferts
    Devant votre beauté, madame ;
Car j'ai fait avec vous ma descente aux Enfers,
    Et les Enfers brûlent mon âme.

O lâcheté du cœur ! ô fragile raison !
    Pour retrouver ma poésie,
Je n'ai qu'à vous briser, portes de ma prison !
    Mais j'aime mieux ma frénésie.

Ils n'ont jamais aimé, ceux-là qui n'aiment plus !
    Il est temps d'arracher ton masque,
O syrène aux yeux verts, qui viens avec le flux
    Et qui nous prends dans la bourrasque !

Oui, tu m'as emporté jusques en pleine mer ;
    Mais tes bras n'étaient qu'une tombe,
Car ta férocité me jette au flot amer,
    Et sans toi, cruelle, je tombe.

Et tu vas en riant à tous les horizons,
  Lèvre de feu, cœur de statue,
Et d'autres passagers sont pris à tes chansons,
  Pendant que ton amour me tue.

Mais quelle est ma folie ! Est-ce qu'il faut briser
  L'amphore quand on n'est plus ivre?
Non, qu'un autre à son tour y vienne aussi puiser
  Le mal d'aimer, le mal de vivre.

Mon âme, c'est la vigne où ton soleil a lui,
  Quand mes pleurs tombaient en rosée;
Ma vigne jeune encore est brûlée aujourd'hui
  Et ma soif est inapaisée.

Mais toi, ma vendangeuse aux caprices mordants,
  Dont la serpe d'or chante et coupe;
Les grappes de ma vigne, ô Léa ! sous tes dents,
  Saignent encore dans ta coupe.

Léa, tu m'as donné la mort avec l'amour ;
  Mon cœur a vécu de tes charmes ;
Mais tu viens t'y nourrir, femme, démon, vautour :
  Tu bois mon sang, tu bois mes larmes.

Léa, Léa, pourquoi déchirer le roman
  A la page la plus humaine !
Toi-même tu pleurais. — Larmes de caïman !
  Je te reconnais, Célimène !

Oui, je te reconnais à ton rire moqueur,
  Quand ta ceinture est renouée !
Le spectacle est fini ! — le drame de mon cœur.
  Ta comédie est bien jouée !

Le poëte se trompe. Quel que soit le décor, le cœur de la femme est toujours le cœur de la femme : — l'enfer avec les sept péchés mortels, le paradis avec les sept sacrements.

VIII

LES PÉNITENCES
DE MARIE JOYSEL

I

PRÉFACE

Cette histoire est presque une légende de la fin du dix-septième siècle. Elle a étonné Paris, elle a ému la France. On la contait à Louis XIV, on la chantait au cabaret. L'héroïne fut une des plus belles femmes de son temps, beauté charmante et terrible qui donnait la vie et la mort, chevelure ondée et rebelle, yeux de paradis et d'enfer, profil sévère, mais bouche entr'ouverte par le sourire des bacchantes, pâleur des altières voluptés, grâce ondoyante du serpent. Sphinx qui ont gardé leur secret, masques qu'on n'a pas dénoués après les joies du carnaval, créatures inexplicables commencées par Dieu, mais achevées par Satan, petites-filles d'Ève, qui se sont trop attardées sous l'arbre de la Science.

Le meilleur livre pour étudier la philosophie, c'est un cœur qui a aimé. Quand les passions sont en jeu, quand les passions s'agitent violemment dans les ténèbres, il en jaillit toujours des éclairs. Les passions sont des coursiers indomptés qui galopent la nuit en pleine campagne ; ils vont tout enivrés par la course, éclairant çà et là leur chemin au choc d'un caillou.

II

LE SECRET DU CONFESSEUR

En 1683, sur le quai des Tournelles, le vieux chanoine Le Blanc, ce saint homme qui était en amitié avec M. de Louvois et quelques autres personnages, vivait dans la paix de ce monde, avec le royaume des cieux en perspective. Il était fort aimé dans son chapitre et dans son église, comme un homme simple qui ne prêchait que deux fois l'an. Il n'avait pas grande fortune ; le peu qu'il avait était à tout le monde, à sa famille, aux pauvres, à sa gouvernante. On ne lui reprochait guère parmi ses amis que d'être un peu lunatique ; la gaieté, l'ennui, la tristesse, tout lui venait par secousses, par bouffées, selon la pluie ou le beau temps. Ses jours de mélancolie, il les passait au coin de son feu, à tisonner, perdu dans son purgatoire, comme il le disait lui-même. On ne pouvait alors lui arracher une seule phrase; il ne répondait que par monosyllabes. Quelquefois huit jours se passaient ainsi, mornes et silencieux; mais, un matin, on était tout étonné de le retrouver de bonne humeur, ouvrant sa fenêtre et son esprit au premier rayon du soleil.

Le chanoine Le Blanc était d'une famille de laboureurs du Lyonnais. Une sœur lui restait qui avait épousé un médecin de Lyon, du nom de Thomé. Ce médecin était un brave homme qui, sur la fin de sa carrière, n'ayant rien amassé et ne sachant où bien placer ses enfants, prit le parti, sur les prières de sa femme, de recommander son second fils, Henri Thomé, à la bonne volonté du chanoine. Henri était parti dans le coche pour Paris, en compagnie d'un soldat aux gardes, avec une douzaine d'écus et les bénédictions de sa famille.

C'était un grand garçon de vingt-quatre ans, dont la figure était illuminée par les plus beaux yeux bleus du monde.

Henri débarqua un soir de décembre au logis de son oncle. Le chanoine, voyant un peu le portrait de sa sœur, accueillit le jeune médecin avec une grande tendresse; il mit pourtant quelque retenue dans ses embrassements, de peur de chagriner sa gouvernante. Angélique accueillit son hôte avec force grimaces, et marmottant entre ses dents quelque lugubre litanie. Comme elle servit ce soir-là un mauvais souper, elle finit par s'attendrir; au dessert elle daigna écouter Henri, qui lui parlait de temps en temps pour complaire à son oncle ; elle poussa même l'affabilité jusqu'à lui souhaiter une bonne nuit en le conduisant dans une petite chambre qui était tout à la fois le salon, la chambre d'ami, la bibliothèque du chanoine.

Au bout de huit jours, elle était au mieux avec Henri ; elle lui racontait son histoire, celle de sa famille, tous les mariages qu'elle avait refusés pour l'abbé Le Blanc, toutes les nuits qu'elle passait pour broder ses étoles ; enfin elle lui ouvrait son cœur comme à un ami. Elle apprit à Henri que le chanoine avait depuis quelques années ses lunes blanches, ses lunes rousses et ses lunes noires. Selon cette fille, il fallait bien se garder de parler sans raison dans ses heures lunatiques ; mais Henri, inquiet de voir ainsi son oncle perdu en lui-même, voulut en avoir le secret, autant peut-être par curiosité que par sollicitude. Un soir donc, vers la nuit tombante, comme le chanoine, assis devant une fenêtre, semblait s'endormir avec le jour, Henri vint s'asseoir près de lui et parla de la pluie et du beau temps.

— Je ne sais si vous êtes comme moi, mon oncle : je suis singulièrement esclave des inconstances de votre climat de Paris ; la pluie me gâte tout, même les beaux livres, tandis que le soleil m'égaye le cœur et les yeux ; avec le soleil tout me rit, les arbres, les maisons, la rivière. Dans l'église, mon âme est bien plus près de Dieu par le beau temps que par le brouillard.

Le chanoine ne répondit pas un mot.

— Je crois bien, mon oncle, que tous les hommes sont ainsi ; il me semble que vous-même, qui vivez dans le Seigneur, loin des soucis et des peines de ce monde, vous ne pouvez vous défendre des atteintes du mauvais temps.

Le chanoine gardait toujours le silence.

— Je vois bien que je me trompais, reprit Henri en s'éloignant; ne m'en veuillez pas si je vous ai troublé dans vos saintes méditations : tout profane que je suis, je comprends ces épanchements de l'âme dans le sein de la Divinité.

Le jeune homme s'était arrêté, en disant ces mots, contre la cheminée, où s'éteignaient quelques tisons épars. Un silence profond suivit ces paroles; mais bientôt le chanoine, le croyant sorti sans doute, se mit à penser tout haut comme pour soulager son cœur :

— Mon Dieu! donnez-moi la force de la sauver. Ah! Seigneur, vous aviez plus de miséricorde pour Madeleine! Et Madeleine avait peut-être moins de larmes et de beauté!

Henri sortit de la chambre à pas de loup. Mais il n'était pas à la porte que la vieille gouvernante, entrant tout à coup, l'arrêta au passage :

— Monsieur le chanoine, dit-elle à son maître, souperons-nous de bonne heure? — M'entendez-vous? reprit-elle d'une voix retentissante. Dites-moi si vous irez à la prison aujourd'hui!

— Non, non, je n'irai pas, répondit le chanoine comme en se parlant à lui-même. Je n'irai plus, je n'y veux plus retourner.

Et, tout en disant cela, il prit son parapluie et partit.

—Voyez-vous l'original! il y va tout droit, malgré la

pluie. A-t-on jamais vu un chanoine comme celui-là ? Je vous demande un peu s'il ne pouvait pas attendre à demain ! Se déranger pour des femmes de cette espèce : des libertines ou des criminelles ! Est-ce que ces femmes-là ont besoin de la croix et de l'eau bénite pour aller en enfer ?

Henri était devenu rêveur. Il suivait son oncle en imagination ; il le voyait courir à Sainte-Pélagie, entrer dans une des cellules, consoler par la charité chrétienne quelque belle repentante n'ayant plus, comme Madeleine, que ses cheveux et ses larmes.

— J'irai aussi à Sainte-Pélagie, dit-il tout à coup, comme entraîné par un pressentiment.

III

LA BELLE COUPABLE

Jusque-là Henri n'avait pas aimé. Durant le cours de ses études à Montpellier la vraie passion n'avait pas eu de prise sur son cœur. Il ne faut point s'y tromper : l'amour n'est d'abord qu'une fantaisie ; il n'a ni force ni religion à l'aurore de la jeunesse.

Au retour du chanoine, Henri lui demanda s'il était content de son mauvais bercail, si les brebis égarées avaient repris pied dans le bon chemin.

— Les pauvres prisonnières, dit l'abbé Le Blanc avec un peu d'émotion, sont toutes très-touchées à la voix de l'Évangile : elles se repentent de bonne foi. Mais il en est une pourtant plus rebelle, une qui parle du salut avec insouciance. Grâce à moi, Dieu finira par descendre dans son cœur.

Après un silence, le chanoine poursuivit comme pour lui-même :

— Ah ! si je pouvais sauver cet ange en révolte !

— Mon oncle, reprit Henri avec un peu de contrainte, est-ce qu'il n'y a pas de malades à Sainte-Pélagie?

— Toujours; cette prison est presque un tombeau; on y apprend à mourir.

— Eh bien, mon oncle, puisque vous y êtes si bien le médecin des âmes, pourquoi n'y serais-je pas un peu le médecin des corps? Vous êtes en amitié avec M. de Louvois, avec monseigneur l'archevêque, avec d'autres personnages illustres. Savez-vous bien que vous êtes un homme puissant? Ne pourriez-vous pas me faire nommer médecin adjoint de la prison avec quelque six cents livres par an? En attendant des malades plus riches ou mieux placés, ce serait pour moi une étude et un devoir. Songez-y.

— Six cents livres ! murmura le chanoine en lui-même. Il a raison : une étude et un devoir. Ce serait d'ailleurs un allégement pour moi. Six cents livres ! en vérité, j'y songerai.

Il retomba bientôt dans le sombre dédale de ses rêveries.

Le surlendemain, Henri croyait sa demande oubliée; quand son oncle lui apprit qu'il avait intercédé auprès de monseigneur le chancelier; que, grâce à ses hautes et bienveillantes protections, son neveu Charles-Henri Thomé était inscrit comme médecin adjoint de la prison de Sainte-Pélagie.

Henri, après ses visites, en compagnie de son oncle, au médecin en chef et à la supérieure du refuge, demanda à être introduit auprès des pénitentes malades; mais il ne trouva ce jour-là que d'indignes créatures flétries par le crime et les mauvaises passions, n'ayant rien pour les recommander, ni beauté, ni courage.

— Sans doute, dit-il, mon oncle s'est laissé aveugler! Voilà que j'ai vu presque toutes les prisonnières; il n'en est pas une qui puisse rappeler Madeleine pécheresse ou Madeleine repentante.

Mais, quelques jours après, comme il passait dans un corridor avec le geôlier, une religieuse du couvent, la sœur Marthe, vint le prier de visiter une pauvre prisonnière que le directeur de la prison voulait contraindre au travail des condamnées.

— Si celle-là travaille jamais, je veux être emprisonné à mon tour, dit le geôlier. En bonne justice, on devrait laisser en paix des mains si blanches.

A l'air dont le geôlier disait ces paroles, on pouvait deviner que ces mains si blanches avaient touché les siennes par quelques pièces de monnaie. Henri Thomé suivit en silence la religieuse. Elle le conduisit à une petite cellule au pied d'un escalier; elle prit une clef à sa ceinture, frappa trois petits coups, ouvrit et fit passer le jeune médecin devant elle. Après avoir jeté un coup d'œil sur la prisonnière :

— Ma sœur, dit-elle avec une douceur angélique, le médecin de la prison est souvent empêché par son grand âge de vous donner les secours de la médecine; accordez toute votre confiance à celui-ci, qui nous est adressé par son oncle, le respectable abbé Le Blanc.

La prisonnière inclina lentement la tête en jetant un regard insouciant sur Henri Thomé.

— Je reviens dans quelques minutes, reprit la religieuse en fermant la porte.

Le jeune médecin demeurait debout devant la prisonnière, qui était assise au bord de son lit.

— De grâce, monsieur, lui dit-elle d'une voix impérative, de grâce, déclarez que je suis malade. — Puisque vous êtes médecin, cela ne vous sera pas malaisé, reprit-elle avec un sourire légèrement railleur.

Et, tout en disant ces mots, elle leva sur lui deux yeux dont il fut ébloui.

— Je ne sais que vous répondre, madame, si ce n'est que je vous trouverai malade tant que vous le voudrez être. Pour l'acquit de ma conscience, daignez me permettre de consulter...

Il n'acheva point sa phrase, car la prisonnière, voyant qu'il lui tendait la main, lui donna la sienne sans se faire prier. Comme elle sentit qu'il la pressait un peu plus que ne le doit faire un médecin, elle lui demanda avec empressement si elle avait la fièvre.

— Non, madame, répondit-il d'une voix troublée. Mais, puisque vous le voulez, je vous déclare malade. Je vais tout à l'heure le certifier sur le registre de la maison.

— Je vous sais gré, monsieur, de cette bonne volonté.

Et là-dessus elle prit un livre de prières et fit semblant d'y lire. Henri Thomé, très-agité, fit un pas dans la cellule, cherchant à renouveler l'entretien.

— Vous avez, madame, un ami bien dévoué en mon oncle le chanoine; vous l'avez touché au cœur. Une si grande infortune noblement portée, une si grande beauté qu'une destinée fatale cache dans une prison, tant de larmes qui tombent dans le silence et la solitude, quand il y aurait tant de cœurs qui les voudraient recueillir...

La prisonnière ferma son livre et releva fièrement son front :

— Monsieur, dit-elle avec un peu d'amertume, je n'accorde pas à tout le monde le droit de me plaindre.

Comme elle vit que ces mots blessaient le jeune médecin, elle chercha à les adoucir.

— Cependant, poursuivit-elle avec un soupir douloureux, l'amitié que nous avons tous les deux pour M. l'abbé Le Blanc vous excuse peut-être. Plaignez-moi si vous voulez, je ne m'en fâcherai point.

A cet instant la religieuse rouvrit la porte.

— A demain, madame, dit Henri Thomé en s'inclinant.

La prisonnière ne répondit pas, elle se contenta de le saluer de l'air du monde le plus froid. Henri Thomé s'en alla pensif. On était aux premiers jours d'avril, le soleil répandait ses plus doux rayons. En passant dans cette triste rue de la Clef, où s'ouvre, ou plutôt où se ferme la prison, il croyait marcher dans un pays enchanté. Il ne voyait que le ciel. Si son regard descendait sur les murailles noirâtres de Sainte-Pélagie, c'était pour découvrir quelques touffes de giroflée sauvage que secouait la brise printanière. Il n'entendait que les battements de son cœur et les harmonies de son âme. Si son oreille s'ouvrait ailleurs, c'était pour la chanson égayée de quelque oiseau amoureux voltigeant sur les toits moussus de la prison.

En rencontrant son oncle dans l'après-midi, il ne put s'empêcher de lui dire qu'il avait vu une prisonnière qui était la plus belle femme du monde.

— Pourtant, ajouta-t-il, je n'ai vu que ses yeux et ses mains. Mais quels yeux terribles ! mais quelles mains adorables !

— Des yeux et des mains coupables, dit l'oncle avec un soupir. Ne parlons jamais de cette femme.

Une fois seul dans sa chambre, Henri Thomé rechercha dans sa mémoire tout le tableau de son entrevue avec la célèbre prisonnière. Peu à peu cette figure qu'il avait à peine regardée vint se ranimer, sous ses yeux ravis, avec sa pâleur satanique, ses traits si purs et si fiers, son charme si fascinant. Puisque nous sommes à ce portrait, achevons-le d'un seul mot.

Coypel a peint cette prisonnière quand elle allait dans le monde : c'était un souvenir fidèle de la courtisane du Titien, pâlie aux feux d'enfer de la passion ; la même ardeur de volupté dans les yeux et sur les lèvres. Point de souvenirs ou de pressentiments du ciel ; toute à ce monde ; faite pour aimer, faite pour tuer sous son amour étrange. Quand Henri Thomé la vit dans sa cellule, ce n'était plus le même portrait ; loin du soleil, loin du monde, loin de l'amour, ses joues s'étaient fanées sous les larmes, ses yeux moins ardents s'étaient voilés dans le dernier jour éternel. Mais, si elle était moins belle alors pour le regard, elle était plus belle pour le cœur.

— Aimer cette femme, c'est se jeter dans la fosse aux lions, murmura Henri Thomé en laissant tomber ses bras.

Durant le reste du jour, durant la nuit, il essaya de se soustraire au souvenir fascinant de la prisonnière ; mais il était sous le charme, il voyait partout cette pâle figure où la passion avait imprimé ses strophes éloquentes, ces yeux adorables qui avaient versé tant d'amour et tant de larmes.

IV

LES PSAUMES DE LA PÉNITENCE

Le lendemain, vers midi, Henri Thomé retourna à la prison. Il était plus agité et plus pâle encore que la veille quand il entra dans la cellule de la belle prisonnière. Cependant il fut plus maître de lui ; dans le désir de pénétrer un peu le secret d'une si grande infortune, il promena sur ce qui l'entourait un regard scrutateur, tout en parlant sans trop de suite des ennuis mortels de la prison quand le ciel d'avril, resplendissant de soleil, convie aux joies de la terre toutes les pauvres créatures humaines. La cellule était quatre à cinq fois grande comme un tombeau ; sur les murailles humides rien qui pût distraire le regard et le tromper sur l'horizon ; sur les dalles rayées rien pour préserver des pieds délicats. Il n'y avait pour tout ameublement qu'un lit étroit et dur, une chaise longue toute dépaillée, une petite table de chêne noir, un métier à tapisserie, une cruche, quelques livres de piété, quelques chiffons, un petit pot ébréché en porcelaine où la prisonnière cultivait des violettes ; enfin, pour consoler un peu de cette misère et de ce délaissement, un petit miroir à cadre gothique: c'était l'araignée de Pélisson. Pour éclairer tout cela, il ne venait dans la cellule qu'un peu de lumière affaiblie par le grillage d'une étroite lucarne qui laissait à peine deviner le ciel.

— Vous ne resterez pas ici, dit Henri Thomé indigné du supplice de la prisonnière ; vous ne pouvez y vivre un an.

— Il y a onze ans que j'y suis, dit-elle avec une triste et douce résignation.

— Onze ans ! reprit Henri tout pâle et tout chancelant, comme s'il eût reçu un coup dans le cœur.

— Mais qu'importe ? reprit la prisonnière, je suis condamnée à y mourir. Hélas ! la mort elle-même me repousse de son sein.

Elle prit, comme la veille, un livre de prières, un refuge pour sa douleur.

— Ceux qui vous ont condamnée à ce supplice sont

des barbares, madame. Il n'y a qu'une vengeance odieuse...

— De grâce, monsieur, ne parlons pas du passé : je ne dois être pour vous qu'une prisonnière malade ; ne cherchez pas au delà.

— Vous étiez bien jeune, madame, il y a onze ans !

— J'avais vingt-deux ans.

— Quoi ! les beaux jours de la vie auront passé pour vous dans cette horrible solitude ! vous aurez vécu loin des joies adorables de la jeunesse ! pas un cœur qui soit venu consoler le vôtre !

La prisonnière n'écoutait plus Henri, du moins elle s'efforçait de lire les psaumes de la pénitence. Il respecta son silence et sortit. En passant devant le geôlier, il demanda à cet homme ce qu'on disait à Sainte-Pélagie de la belle prisonnière. Le geôlier répondit qu'on ne connaissait d'elle que son nom de baptême *Marie*; qu'elle était enfermée là et surveillée par un homme noir des pieds à la tête ; que c'était une pauvre femme très-résignée, qui pleurait toujours, mais qui ne se plaignait jamais.

Henri allait s'éloigner sur ces vagues indications, quand le geôlier ajouta :

— J'oubliais de vous dire qu'il est venu plusieurs gentilshommes en carrosse qui m'ont offert chacun plus de cent écus pour la voir un instant. J'ai toujours refusé. Il y en a un surtout qui était très-pressant : celui-là aurait fait ma fortune si j'avais voulu donner à la prisonnière la clef des champs.

Aussitôt qu'il fut rentré, Henri alla trouver le chanoine, qui lisait son bréviaire dans un coin de la chambre.

— Mon oncle, j'attends de votre amitié quelques mots sur l'histoire de la prisonnière qui s'appelle Marie. Médecin du corps, il faut que je sache ce qui se passe et ce qui s'est passé dans l'âme.

— Mon enfant, je ne dirai qu'à Dieu ce que le confesseur a entendu ici-bas ; d'ailleurs, dès que j'ai absous un pécheur, j'oublie ses crimes. Il n'appartient qu'au Très-Haut de les enregistrer dans le grand livre du jugement dernier.

— Ah ! mon oncle, vous n'avez pas oublié ce que vous a confié Marie.

— Écoute, mon enfant, ne parlons jamais de cette femme ; oublions ses crimes, aujourd'hui qu'elle a versé les larmes de la pénitence.

Comme le chanoine, en disant ces mots, regardait son neveu, il fut surpris de sa pâleur, de son inquiétude, du feu étrange que jetait son regard.

— Qu'ai-je fait, imprudent ? se dit l'abbé Le Blanc en songeant à la beauté fatale de la prisonnière ; si jamais ce pauvre garçon allait se laisser prendre aussi comme tous ceux qui ont vu cette femme ! — Mon ami, reprit-il tout haut, cette femme est un abîme profond et ténébreux que je n'ai jamais regardé qu'avec effroi. Il faut la plaindre en passant, mais craindre le vertige : le crime a égaré plus d'un jeune cœur. J'oubliais de te dire que nous avons là une lettre précieuse qui t'attend.

— Une lettre de ma mère ! dit Henri en brisant le cachet.

Il lut avec une ardeur filiale, mais pourtant d'un cœur distrait. Cette lettre exhalait une tendresse maternelle si touchante, un parfum de famille si pur, que pendant quelques minutes il rougit de sa folle passion pour une criminelle. Il vit apparaître Marie sous des traits moins doux, en face de sa mère qui était un modèle de vertu chrétienne; mais peu à peu le démon reprit son empire dans ce cœur déjà égaré.

Le soir, quand il fut seul, il lui sembla qu'il y avait un siècle qu'il n'était allé voir la prisonnière; il fut presque effrayé de cette passion naissante qui avait déjà tant de prise sur lui. Il tomba agenouillé, quoiqu'il eût perdu l'habitude de prier; il chercha à rappeler le souvenir de sa mère.

— O mon Dieu ! ô ma mère ! délivrez-moi de cette femme ! — mais au même instant : — O mon Dieu ! reprit-il avec des larmes, délivrez la pauvre prisonnière !

Loin de lutter encore, il se laissa aller avec une amère volupté à ce funèbre amour qui n'avait pour horizon que les murailles d'une cellule ou plutôt les fantômes d'un crime. Mais l'amour nous met toujours ses mains sur les yeux. Henri ne voyait dans la condamnée qu'une belle femme de haute naissance, dans toute la magie de l'infortune et des larmes. D'ailleurs, s'il venait à penser aux crimes de Marie, loin de se révolter contre lui-même, il s'attendrissait encore, il descendait plus avant dans l'abîme. L'amour n'est-il pas un incendie que l'orage même attise ?

V

JOIES ET PEINES DE CŒUR

En moins de huit jours, Henri Thomé était dominé par la passion la plus violente. Malgré tout son amour, il avait à peine arraché quelques vagues paroles à la prisonnière, qui sans doute ne songeait guère à lui. Mais, un matin qu'il la surprit tout éplorée, la chevelure éparse et les mains jointes, elle lui parla comme à un ami.

La religieuse, ce jour-là, n'était pas entrée dans la cellule en ouvrant la porte au jeune médecin. Pour lui, se trouvant ainsi seul en face de cette femme tout éplorée qu'il aimait jusqu'au délire, il se jeta à genoux, lui prit les mains et lui dit d'une voix émue :

— Ah! madame, si vous saviez comme je vous aime!

En tout autre moment, la prisonnière l'eût repoussé peut-être avec dédain ; mais alors elle avait le cœur ouvert par une crise de douleur et de désespoir ; elle fut touchée de cet aveu si passionné, elle regarda Henri sans dégager ses mains et murmura d'une voix attendrie :

— Vous m'aimez! mais vous ne savez pas qui vous aimez! vous êtes touché de mon malheur; c'est de la pitié, ce n'est pas de l'amour. Dieu en soit loué! Vous me plaignez, mais vous ne m'aimez pas.

— Je ne vous aime pas ! s'écria Henri avec un sanglot ; voyez si je ne vous aime pas !

La prisonnière sentit des larmes brûlantes sur ses mains.

— Pauvre enfant ! murmura-t-elle en pleurant elle-même. Qui êtes-vous donc ? d'où venez-vous ? Vous n'avez donc pas rencontré dans le monde où vous êtes une femme plus jeune et plus digne de votre cœur ? Vous n'avez donc pas une sœur qui vous défende par sa pureté d'une passion pareille ?

— J'ai une sœur, une sœur qui m'aime, reprit Henri d'une voix étouffée ; si elle vous voyait si malheureuse et si belle, loin de condamner mon cœur, elle me dirait de vous aimer.

Marie était devenue pensive. Elle étendit la main sur le Christ de son lit, saisit une clef rouillée et un petit poignard taché de sang ; mais, les repoussant tout à coup :

— Non ! dit-elle, jamais !

— Que dites-vous, madame ? De grâce, ayez confiance en moi.

— Puisque vous m'aimez, voulez-vous m'aider à accomplir une grande œuvre ?

— Je suis prêt à tout, dit le jeune homme en relevant la tête avec énergie ; ordonnez, mon bras est à vous comme mon âme.

— Prenez-y garde, ceci est grave et peut vous perdre.

— Me perdre pour vous, n'est-ce pas déjà du bonheur ? Je vous le dis encore, je suis prêt à tout.

— Eh bien, s'écria Marie en lui pressant la main, je compte sur vous. Voilà ce que vous avez à faire : il faut que je sorte de cette prison, pendant trois ou quatre heures seulement, un jour de cette semaine, un peu avant minuit. Nous monterons dans un fiacre et nous irons rue Saint-André-des-Arts, où j'ai une visite à rendre à quelqu'un.

Henri ne put réprimer un mouvement de jalousie.

— Enfant, reprit-elle, vous ne voyez donc pas dans mes yeux que, si c'est un rendez-vous, ce n'est pas un rendez-vous d'amour?

En effet, toute la colère de la vengeance brillait dans les yeux de la prisonnière.

— Après cette visite, nous reviendrons ici ; car je ne veux pas fuir, même avec vous. Il faut que justice se fasse. Eh! aurez-vous la force de faire cela?

— Oui, madame, répondit Henri d'une voix ferme. Mais, pour prix de ce périlleux voyage, je vous demanderai au retour un baiser sur vos beaux cheveux.

— Prenez-le d'avance, dit-elle en respirant avec joie.

Henri baisa les cheveux de la prisonnière avec passion et avec délices.

— Est-ce pour ce soir? reprit-il tout radieux.

— Oui, pour ce soir, si vous le pouvez.

— Puisque vous le voulez, je le puis, madame; j'avertirai le geôlier et la supérieure que vous êtes plus malade, que je reviendrai la nuit, que la sœur Marthe vous veillera. La sœur Marthe vous aime comme tout ce qui vous approche; elle n'aura pas la force de vous retenir. Nous partirons ensemble : on ne verra sortir que moi ; enfin le ciel nous conduira.

— Allez, je vous attends en priant Dieu.

Henri sortit heureux et fier, plus que jamais égaré par la passion.

VI

LE POIGNARD ET LES VIOLETTES

Vers onze heures du soir, il descendit de fiacre au bout de la rue de la Clef ; quoiqu'il plût à verse, il voulut aller à pied jusqu'à la prison. Il trouva la sœur Marthe dans la cellule de Marie, qui n'avait pas encore osé se confier à elle. Comme il n'y avait pas de temps à perdre, Henri lui dit presque en entrant le dessein de Marie.

— J'attends de votre amitié pour elle trois heures de veille et de silence dans la cellule : dans trois heures Marie sera revenue ; nous le jurons tous les deux sur ce crucifix.

— Si c'est pour faire une bonne œuvre... murmura sœur Marthe tout effrayée.

— Oui, oui, une bonne œuvre, dit Marie en s'animant.

— Partez, ma sœur ; je vais prier la sainte Mère de Dieu de veiller sur vous.

Henri jeta son manteau sur l'épaule de la prisonnière, qui le suivit à distance dans le corridor. Le geôlier vint pour le conduire à la porte; Henri lui prit en l'abordant sa lanterne sourde, l'éteignit en la renversant et éblouit cet homme par des paroles sans suite; tout alla pour le mieux. Pendant que le geôlier ramassait sa lanterne avec humeur, la prisonnière eut le temps de passer. Dès que la porte fut refermée, Henri prit Marie dans ses bras et la porta ainsi jusqu'au fiacre. De la rue de la Clef à la rue Saint-André-des-Arts le voyage fut très-silencieux. Henri n'osait interroger Marie ni la distraire de ses pensées; seulement il avait pris sa main dans les siennes, et de temps en temps il la pressait avec amour. Marie lui savait gré de son silence, elle était touchée de son dévouement, et deux ou trois fois durant le trajet elle répondit au serrement de main.

Malgré le mauvais temps, la nuit n'était pas très-sombre, on pouvait se voir même dans le fiacre. Or, cette nuit, pour la première fois, Marie trouva que Henri avait une noble figure; elle sentit qu'elle était touchée de son amour, elle ne put s'empêcher de songer qu'il serait doux à tous les deux, à elle presque autant qu'à lui, de prendre la fuite, d'aller ensemble dans quelque solitude bénie du ciel, loin de cette noire prison dont elle sentait sur ses épaules les froides murailles depuis onze ans, loin du monde qui l'avait condamnée à tant d'horribles souffrances. « Non, non, se dit-elle; c'est fini, le temps d'aimer est passé pour moi. — Pourtant, reprit-elle, seule avec lui qui m'aime, loin du théâtre de mon crime et de mes malheurs, oubliant le passé comme un triste songe, est-ce que Dieu ne m'accorderait pas encore quelques jours de repos ? » Elle reprit en inclinant son front attristé : « Du repos pour moi? oh ! non, c'est fini ; mon cœur est déjà en enfer. Ce n'est pas de l'amour que je veux, c'est de la vengeance. »

Le fiacre venait de s'arrêter devant le plus petit hôtel de la rue Saint-André-des-Arts.

— Vous allez sonner, dit-elle à Henri, qui lui donnait la main pour descendre. Vous demanderez la Verrière ; le suisse vous prendra pour un ami : malgré l'heure, il nous laissera passer.

— Et où irons-nous ? demanda Henri en sonnant.

— Je sais le chemin, lui répondit Marie avec un profond soupir.

Ils passèrent sans obstacles ; ils traversèrent la cour, montèrent un petit escalier et s'arrêtèrent devant une porte dans l'obscurité.

— Vous allez m'attendre, Henri ; ce ne sera pas long, j'espère.

Elle glissa sa clef rouillée dans la serrure, ouvrit la porte, la poussa sur elle et s'avança avec précaution vers le cabinet où elle devait rendre sa visite.

— C'est bien, dit-elle en voyant un sillon de lumière sous la porte ; j'aime mieux le trouver là : il y est, c'est bien.

Avant d'arriver, elle recueillit ses forces et leva les yeux au ciel.

Elle s'avança plus résolue encore, poussa doucement la porte et entra.

Dans ce cabinet veillait un homme tout desséché par le travail et le chagrin. Il avait plutôt la mine d'un mort que d'un vivant. Une petite lampe répandait sur sa figure osseuse une lumière fauve, comme la lumière des tombeaux. Il était vêtu d'une grande robe noire en harmonie avec sa personne. Quand Marie entra, il avait la figure plus animée que de coutume ; il venait d'écrire, et il relisait ce qu'il avait écrit avec un plaisir cruel. Ce devait être une mauvaise œuvre ; en effet, c'était l'œuvre la plus indigne qui soit sortie de la main des hommes : c'était un testament plein de malédictions. Cet homme, qui se sentait mourir, voulait laisser après lui toute sa haine, toute sa vengeance, toute sa colère.

Quand il eut fini de relire cet étrange testament, il y eut sur sa face toute parcheminée un farouche épanouissement de joie et de cruauté : on eût dit qu'il venait d'enfoncer un poignard dans le sein de son ennemi.

A cet instant, croyant entendre du bruit, il leva les yeux.

Il vit Marie pâle et sombre, la gorge agitée par les battements du cœur, l'œil étincelant de colère.

— Vous, madame ! s'écria-t-il avec un tremblement subit.

— Oui, dit-elle en avançant d'un pas, oui, moi !

Cet homme eut peur ; il ouvrit la bouche pour appeler du secours.

— N'appelez pas ! reprit Marie en saisissant un poignard à son corsage.

Il leva la main comme pour se défendre, elle frappa d'une main incertaine et ne le toucha qu'à l'épaule ; la rage et la frayeur eurent tant de prise sur lui, qu'il tomba évanoui dans son fauteuil, en se débattant et en voulant crier.

Marie s'approcha un peu plus de lui ; elle le regarda avec dégoût et avec pitié.

— Le tuer, dit-elle, c'est une lâcheté ; n'est-il pas à moitié mort?

Elle laissa tomber le poignard à ses pieds.

— O mon Dieu ! je vous remercie, dit-elle, je vous remercie, car vous avez désarmé mon bras.

Elle se pencha au-dessus de la table pour jeter un coup d'œil sur ce que cet homme venait d'écrire.

— Son testament ! dit-elle avec une curiosité inquiète.

Elle passa rapidement sur les premières pages depuis longtemps écrites, elle lut avec empressement les dernières lignes :

« Je lègue en outre à mes enfants toute ma vengeance et toutes
« mes malédictions contre leur mère. Au nom de Dieu et de la
« justice humaine, j'entends et je veux qu'ils la couvrent d'igno-
« minie jusqu'après sa mort. Au nom du Père, du Fils, du Saint-
« Esprit. Ainsi soit il. »

— Voilà donc ce qu'il écrivait ! dit-elle en respirant à peine ; ainsi la vengeance sera sa dernière pensée ; quand il sera mort, son ombre inquiète viendra veiller à la porte de ma prison.

Elle prit le testament, le déchira et le jeta avec mépris à la face du procureur.

Elle s'éloigna aussitôt et retourna vers Henri.

— Partons, dit-elle en refermant la porte, ma visite est faite.

Ils retournèrent à la prison. Ils trouvèrent dans la cellule la sœur Marthe, qui s'était endormie.

— Adieu, murmura Henri avant que la religieuse fût réveillée.

— Henri, ma main est à cette heure indigne de vos lèvres ; revenez demain, mais cette nuit priez Dieu qu'il vous fasse la grâce de m'oublier.

Elle le rappela par un signe et cueillit les pâles violettes qu'elle cultivait avec tant de sollicitude.

— Tenez, Henri, prenez ces violettes, c'est tout ce que j'ai de bon à vous donner ; elles valent mieux que mon cœur ; prenez-les et ne demandez rien de plus : voyez, il y a du sang à mon poignard !

VII

GAZETTE DU TEMPS

Le passage suivant, qui est un vrai chapitre de cette histoire, est pris dans les *Lettres Galantes* publiées à Amsterdam en 1684.

Février.

Vous savez, madame, toute l'histoire de ce procureur au parlement qui s'est si outrageusement vengé de sa femme. Cette histoire n'est pas finie encore. Tout Paris parle d'une scène nocturne qui vient de se passer dans le cabinet du procureur. En vérité, cela me fait presque croire aux événements surnaturels, moi qui suis loin d'être un esprit fort. Figurez-vous donc que notre homme, en train de mourir depuis nombre d'années, était seul à onze heures et demie du soir, tout préoccupé de son testament. Tout le monde dormait dans sa maison, mais lui ne dort jamais, il attend qu'il soit mort pour cela. Il mourra sans regret des plaisirs d'ici-bas, car le pauvre homme a marché dans un chemin semé de pierres ; seulement il craint qu'on ne pardonne à sa femme aussitôt qu'il ne sera plus là : voilà sa désolation. C'est pourquoi il fait testament sur testament, où il lègue, entre autres belles et bonnes choses, sa vengeance à sa famille, à ses amis et à ses enfants. Or donc, l'autre soir, il était, comme de coutume, à bien reviser toutes les phrases de son testament ou de son codicille ; il venait d'ajouter une recommandation en bonne forme à ses enfants, afin de bien maudire leur mère; tout d'un coup il entend un bruit sourd, comme un bruit de revenant; il lève les yeux : que voit-il devant lui ? sa femme, la belle Marie de Joysel, qui languit depuis une douzaine d'années aux Madelonnettes et à Sainte-Pélagie. S'il fut effrayé de cette étrange apparition, vous devez bien le croire. Il veut crier, mais sa femme saisit un poignard dans son sein, s'élance vers lui comme une furie vengeresse... Notre pauvre procureur tomba frappé, mais surtout mort de peur. Quand il reprit ses sens, une demi-heure après, il se trouva seul; il crut qu'un éblouissement l'avait abusé ; mais ce qu'il y a de plus étrange, c'est qu'il trouva à ses pieds son testament déchiré. Il éveilla tout son monde, il mit toute la maison en rumeur; on chercha partout, on s'assura que les portes fermaient bien, on ne découvrit âme qui vive. Dès qu'il fit jour, malgré sa faiblesse, il se fit conduire en chaise à Sainte-Pélagie pour avoir des nouvelles de sa femme; on lui dit que Marie de Joysel était malade et qu'elle avait passé une assez mauvaise nuit. Il n'ajouta pas pleine confiance au rapport de la supérieure, il voulut voir la prisonnière. La sœur Marthe le mena à la cellule de Marie; dès qu'il l'entrevit sur son lit de douleur, il lui cria d'une voix sourde : « Je n'ai pas peur de vous, madame! » Sans doute, égaré par la colère, il ne savait plus ce qu'il disait. Il rentra chez lui plus d'à moitié mort ; cette fois on dit qu'il n'en reviendra pas. L'apparition de sa femme lui a porté le coup mortel. Je connais bien des maris qui auraient besoin d'une pareille apparition. Maintenant que faut-il penser de tout cela, de ce poignard tombé et de ce testament déchiré?

Dans une autre lettre, j'espère vous dire la suite de cette lugubre histoire.

Avril.

J'oubliais de vous reparler du procureur Pierre Gars de la Verrière. Il est mort il y a quelque temps déjà, mort des suites de la célèbre apparition. Aussi a-t-il déclaré qu'il succombait assassiné par sa femme. Il a fait venir ses enfants à son lit de mort, et par-devant le notaire et ses témoins, en face de l'appareil solennel de l'extrême-onction, que lui administrait le curé de sa paroisse, il a voulu que ses pauvres petites filles (la plus vieille a douze ans) lui fissent le serment de vivre avec sa haine contre leur mère. Les malheureux enfants pleuraient sans trop savoir pourquoi. Le tabellion ès mains duquel il venait de déposer son testament lui representait en vain que l'esprit de la loi était outrepassé, le curé en appelait aux préceptes de l'Évangile; mais le procureur tenait bon. Enfin, il est parvenu à faire jurer à ses enfants qu'ils veilleraient à ce que la prison de la pauvre Marie de Joysel fût toujours fermée à triples verrous. Après cet horrible serment, il a embrassé les pauvres petites, il a demandé le crucifix du curé, il a fait le signe de la croix tout en maudissant encore, enfin il a laissé tomber son front et il a rendu le dernier soupir. Que Dieu ne l'ait pas en sa sainte et bonne garde! Cette mort impie a scandalisé la ville, la cour et l'Église. On dit que la veuve du sieur Gars de la Verrière prépare une requête à messieurs du parlement pour obtenir sa mise en liberté. Mais il y aura du pour et du contre. Osera-t-on mettre de côté la dernière volonté d'un procureur?

VIII

LES FIANÇAILLES

Marie avait rédigé une touchante requête dont la justice était saisie.

Henri Thomé venait chaque jour passer une heure dans sa cellule, toujours compatissant, toujours passionné. Sans lui avouer toute son histoire, elle lui avait confié, sous d'autres noms, qu'elle était condamnée pour adultère, que son mari venait de mourir, qu'elle attendait sa mise en liberté ; elle lui avait même parlé de la requête. Loin d'encourager son amour, elle cherchait à l'éteindre ; elle se disait morte aux passions humaines ; elle ne demandait sa liberté que pour s'emprisonner encore, mais du moins dans un plus digne refuge ; elle voulait consacrer à Dieu seul ce qui lui restait de sa misérable vie.

Mais l'amour est ingénieux à créer des espérances jusque dans le désespoir. Henri Thomé ne voulait pas se résigner au désespoir ; il aimait Marie, c'était son bonheur, il attendait patiemment qu'elle eût le cœur touché à son tour.

La pauvre prisonnière n'était pas insensible à l'amour du jeune médecin ; d'abord ç'avait été un ami dévoué, ensuite un frère compatissant, enfin elle ne pouvait se dissimuler que c'était un amoureux des plus tendres et des plus aimables. Il avait sur le front l'auréole de la jeunesse : elle prenait un secret plaisir à revoir cette douce et noble figure qu'elle avait animée et attristée, à entendre cette voix toujours émue et pénétrante qui la consolait tout en lui parlant d'amour. Elle ne s'avouait pas encore qu'elle aimait Henri ; mais elle éprouvait un serrement de cœur à la pensée que peut-être elle allait quitter Sainte-Pélagie pour aller dans un couvent où il ne la suivrait pas.

La justice rendit un arrêt qui maintenait la prison perpétuelle pour la veuve du procureur.

Henri la trouva un jour plus agitée que de coutume.

— Qu'avez-vous donc, madame?

— Ils ont repoussé ma requête, répondit-elle avec une morne résignation : il faut que je meure ici, dans l'opprobre de la prison.

Henri pencha tristement la tête. Après un long silence, il tendit sa main à Marie.

— Écoutez, madame, Dieu vient de m'inspirer la pensée d'une bonne œuvre, je puis vous sauver de la prison, si vous le voulez.

— Comment voulez-vous faire? L'amitié vous abuse.

— Je n'ose vous le dire, il y aurait pour vous un si grand sacrifice!

— Ah! dit-elle en joignant les mains, Dieu m'est témoin que je cherche ardemment un sacrifice à consommer.

— Eh bien, madame, moi je vais à mon tour adresser une requête au tribunal, fondée sur la loi et la charité chrétienne, que les juges ne pourront repousser: par cette requête, je demanderai la grâce de vous épouser.

— M'épouser! s'écria Marie en se jetant dans les bras du jeune homme. M'épouser! Enfant, à quoi pensez-vous? jamais je ne consentirai à tant de dévouement.

— Vous allez me réduire au désespoir. Prenez pitié de mon amour comme je prends pitié de votre malheur. Oui, vous épouser! quoi de plus simple? vous êtes veuve, je vous aime.

— Henri, de grâce, n'y pensez plus. Vous ne savez

pas qui vous voulez épouser; je suis Marie de Joysel, veuve de Pierre Gars de la Verrière.

— Je le sais, dit Henri avec trouble; mais pourquoi songer au passé? Soyez pour moi la pauvre Marie que j'ai connue ici, que j'ai aimée, que j'adore de toute mon âme. Croyez-moi, le mariage vous a perdue, le mariage vous sauvera. Vous rentrerez dans le monde le front levé, car j'y serai près de vous avec tout mon amour.

— Encore une fois, Henri, vous ne savez qui je suis.

La prisonnière souleva l'oreiller de son lit, d'où elle tira une liasse de papiers.

— Tenez, vous lirez ces mémoires aujourd'hui, vous reviendrez me les remettre demain, et, si vous persistez à vouloir m'épouser, vous serez maître de moi.

— A demain donc, dit Henri.

A peine de retour dans sa chambre, il se mit à lire avec une ardeur inexprimable la confession de Marie. Comme il était aux premières lignes, son oncle entra pour lui parler de sa mère.

— Mon oncle, dit-il tout à coup, je compte sur votre cœur et sur votre appui pour l'action que je vais accomplir.

— Que vas-tu donc faire? mon enfant.

— Je vais épouser Marie de Joysel.

— Mon pauvre enfant! quelle lamentable folie! tu es donc au fond de l'abime?

— Oui, mon oncle, j'y suis avec elle, avec mon

amour; je remonterai avec elle. Vous avez le cœur assez
noble pour me comprendre et pour me pardonner.

— Je fais plus, dit le chanoine en embrassant Henri :
je vous bénis tous les deux.

Henri, plus touché que jamais, reprit la lecture du
triste manuscrit.

MÉMOIRES D'UNE PÉCHERESSE

Sainte-Pélagie, 1680.

Dans la douleur et l'ennui de la prison, je veux me condamner à
écrire les erreurs de ma mauvaise vie. C'est une confession que je
me fais à moi-même, aujourd'hui que je sais me recueillir dans la
pensée de mon salut. En repassant dans tous ces chemins qui m'ont
si follement et si doucement égarée, je trouverai plus de force pour
mon repentir. Peut-être n'ai-je aucune bonne raison pour écrire
ainsi ma vie; peut-être n'est-ce que pour me délivrer un peu de
mes souvenirs, dont j'ai toujours le cœur tourmenté.

Je suis née en Bourgogne en l'année 1651. Mon père était lieutenant de la louveterie. Mon grand-père s'est rendu célèbre dans
la magistrature; il a été conseiller du roi Henri IV, qui a reconnu
ses services en lui accordant le petit vicomté de Joysel, qui a passé
dans les mains de mon oncle Rochedieu. Mon père mourut jeune
sans laisser un grand héritage. Il avait eu de son mariage avec
Charlotte Lesueur de Beaupréau deux garçons et une fille; la fille,
c'est moi. Des deux garçons, il n'en est resté qu'un, l'autre est
mort dans les ordres. Celui qui a survécu a dissipé, grâce à la faiblesse de ma mère, le peu de fortune venant de la succession de
mon père. Il n'a pourtant point tout à fait tourné à mal, il a
même obtenu, de l'amitié et de la faveur de M. de la Roche-Aimon,
un petit régiment en Gascogne, où il s'est marié. Ma mère ne survécut que peu d'années à mon père; elle succomba peut-être au
chagrin que lui a causé ce fils rebelle et dissipé.

J'avais onze ans quand ce malheur m'arriva. Je fus recueillie par
une sœur de ma mère, mariée au vicomte de Montreuil. C'était une

femme à la mode, assez jolie encore, ne manquant ni de grâce ni d'esprit. Elle avait fait parler d'elle en son beau temps; mais, l'âge aidant, elle commençait à s'effacer un peu du monde.

Je passai toute une saison avec elle à son petit château de Montreuil. Le vicomte était en campagne sous les ordres de M. de Turenne. Comme ma tante n'avait pas d'elle-même une grande fortune, elle ne put songer à me faire un sort brillant. La famille décida bientôt que je serais mise au couvent. J'étais résignée à tout : j'avais vu tant de fois pleurer ma mère, que je ne craignais pas les larmes.

Dès que l'hiver fut venu, je fus conduite à l'abbaye de Sainte-Salaberge, dont la supérieure était madame Louise de Cossé. J'avais entrevu le monde chez ma tante, le monde, ses inquiétudes, ses fêtes, ses tourments, ses plaisirs; dès que je fus dans la solitude du cloître, le monde reparut à mes yeux avec plus de charmes encore : je sentis tomber sur mes épaules le froid glacial de la mort; et ma jeune âme, loin de s'élever au ciel avec la prière et avec l'encens, retournait sans cesse dans le salon du château de Montreuil.

L'abbaye était peuplée d'écolières de haute famille, qui venaient attendre là avec impatience, non pas le moment de prendre le voile, mais le jour du mariage. Il y en avait à peine trois ou quatre destinées comme moi à la vie claustrale. L'exemple n'était donc pas favorable; j'entendais sans cesse ces belles étourdies se confier leurs projets brillants. L'une devait épouser son cousin, qui avait une charge à la cour; l'autre était plus heureuse encore, car elle parlait du mariage sans parler du mari; celle-ci espérait devenir dame d'atour de la reine; celle-là, plus recueillie, confiait tout bas qu'elle passerait sa vie au fond d'un beau château, loin des ennuis de la cour, comme une vraie châtelaine du bon temps. Moi je m'éloignais triste et rêveuse de toutes ces jeunes folles que le bonheur semblait attendre. Quel projet pouvais-je faire, moi? je n'avais jamais devant les yeux qu'une cellule déserte où je devais enfermer mon cœur, mon amour, mes songes.

J'étais la plus belle du couvent. Mes compagnes n'étaient guère jalouses de moi, car on me savait pauvre. On se disait en se moquant et avec pitié : C'est bien la peine d'être si belle!

Un peu avant le temps marqué pour prendre le voile, ma tante, devenue veuve, vint me chercher pour se distraire un peu. Comme elle vint dans son beau carrosse, j'eus une secousse de vanité;

mes compagnes, en me disant adieu, admiraient avec envie l'équipage qui allait m'emmener. — Oui, mais, dit l'une d'elles (mademoiselle de Sombreuil), nous la verrons revenir bientôt dans un autre équipage, sur un âne ou dans un chariot.

Je partis avec ce mot dans le cœur. Revenir! me disais-je; qui sait si je reviendrai?

Les premières semaines de son veuvage, je ne trouvai pas chez ma tante une compagnie bien agréable; cependant je me sentais vivre mille fois plus qu'au couvent : je respirais avec liberté, je courais dans le parc comme une folle, sans savoir pourquoi; je me cueillais des bouquets, je me tressais des couronnes, enfin je vivais à ma fantaisie. Je prenais un grand plaisir à voir le ciel, les arbres, les prés, les fontaines, et, le dirai-je? à me voir moi-même.

Chaque fois que je passais dans le salon, chaque fois que j'étais à la cheminée, je me regardais sans y penser, et, pour me regarder plus longtemps, j'arrangeais mes cheveux, et même je les dérangeais pour avoir le loisir de les arranger encore.

Ma tante finit par me surprendre à ce jeu. « Voilà, dit-elle, une fille qui oubliera souvent d'égrener son rosaire. Ma pauvre enfant, j'ai bien peur que les habits du couvent ne te soient trop lourds, en vérité, mais ce serait un meurtre de couper ces cheveux-là. » Disant cela, ma tante avait défait mon peigne; elle se mit à éparpiller ma longue chevelure avec tout l'amour d'une mère. « Ah! reprit-elle, qu'un voile de mariée irait bien à cette chevelure si noire! »

Ma tante ne reparla plus guère du couvent; moi, je m'en éloignai de plus en plus par la pensée; je m'habituais avec délices à la folle liberté que je prenais avec tant d'insouciance : je me laissais même aller de temps en temps aux idées souriantes du mariage; j'avoue que le mari ne m'apparaissait qu'en accessoire; le premier mari venu devait me séduire, non pas par lui-même, mais par la liberté qu'il me donnerait. Voilà dans quelles maudites et fatales idées j'étais, quand M. Gars de la Verrière, procureur au siége de Meulan, vint passer quelques jours au château de ma tante. Outre qu'il avait été en amitié avec mon oncle, il avait avec sa veuve certaine affaire à débrouiller. Il me parut fort laid. « Mon Dieu! me disais-je, comme on s'ennuierait de tout son cœur avec un mari comme celui-là! » M. Gars de la Verrière n'était pas galant et n'avait guère d'esprit; il s'habillait mal et ne riait jamais; en un mot, c'était la perle des maris. Or, tout en débrouillant ses affaires avec ma tante, qui n'entendait rien, Dieu merci ! à son grimoire, il daigna me trouver à son goût : il poussa la générosité jusqu'à me demander en mariage. « Me marier avec un tel homme ! jamais ! » m'écriai-je avec l'accent du cœur. Mais le cœur ne devait pas être écouté; après bien des réflexions, j'en revins à mon idée fixe : le mariage. Monsieur le procureur n'était peut-être pas aussi noir qu'il en avait l'air; ma tante parlait beaucoup de sa fortune, de son carrosse, de sa campagne. Je me laissai tenter, je dis oui; cependant, le jour du mariage, j'avais presque envie de repartir pour le couvent.

Nous fîmes très-bon ménage durant trois mortelles semaines; mais, m'ayant emmenée à Paris, où il attendait je ne sais quel siège de procureur, il m'emprisonna dans sa jalousie comme dans une chaîne de fer. Nous habitions un petit hôtel bien sombre de la rue Mazarine; il me condamnait à rester clouée devant la cheminée de ma chambre. Je me souviens qu'un jour il se mit fort en colère parce que j'avais ouvert la fenêtre : « Que regardez-vous là, madame? — Je regarde le temps qu'il fait. — Vous regardez les passants, madame ! » Il ferma la fenêtre avec un courroux grotesque.

Mon cœur ne voulut pas se résigner à cette façon de vivre; cependant trois années se passèrent ainsi : j'eus deux enfants pour consolation; mais, malgré ces enfants, mon cœur chercha à se venger. Il n'attendit pas longtemps pour cela.

Monsieur le procureur avait un sien cousin au régiment des dragons de Champagne, M. Philippe de Montbrun, qui vint un jour nous voir sans être attendu, au grand dépit du jaloux. C'était un joli garçon, de belle humeur, portant bien sa tête et son épée. Il ne fut pas longtemps à faire ma conquête. J'ose le redire à peine, pendant la première heure nos regards se rencontrèrent soixante fois; la seconde heure, ce furent nos mains; enfin, le soir même, il m'enlevait. Hélas ! depuis qu'on enlève des femmes, jamais on n'avait vu femme de si bonne volonté.

Nous ne parvînmes pas à trouver un carrosse, il nous fallut nous décider à nous enfuir avec un cheval de selle. Je n'avais jamais monté à cheval : aussi je me cramponnais à Montbrun avec délices. Il voulait me conduire à Corbeil chez un de ses amis nouvellement marié; mais, à peine à huit lieues de Paris, nous fûmes surpris par un orage effroyable. Nous allâmes au premier gîte venu, c'est-à-dire au petit château de Bièvre. Notre entrée fut des plus comiques. Le maître du château vint à notre rencontre, croyant avoir d'anciens amis à recueillir. Ne nous reconnaissant pas, et peu édifié sans doute à la vue de gens en route dans un pareil équipage, tout ruisselants, les cheveux en désordre, il allait nous fermer galamment sa porte, quand Montbrun lui dit avec feu : « Ne vous offensez pas, monsieur, si, par la faute de l'orage, nous prenons votre château pour une auberge, à l'encontre de don Quichotte, qui prenait les auberges pour des châteaux. » Le châtelain, voyant par ces paroles qu'il avait affaire à des gens d'esprit, devint plus hospitalier.

Nous soupâmes avec lui; comme la jeunesse est très-confiante, nous lui confiâmes notre aventure. Nous rîmes beaucoup de la mine que devait faire monsieur le procureur.

Ce jour, dois-je le dire? fut le plus beau jour de ma vie; à présent que je maudis mes fautes, je ne puis pas maudire ce beau jour! Ah! qu'ils étaient doux ces baisers pris, durant tout le voyage, en dépit de la pluie et du vent. Il y a certaines nuits d'agitation où, sur ce lit de douleur, je crois encore sentir le galop du cheval, le bras de Montbrun qui me retenait avec tant d'amour, son cœur qui battait sous ma main.

Notre hôte devint si charmant, que nous restâmes trois jours au château, dans toutes les folies du cœur. Ce qui m'étonne aujourd'hui, c'est que je me laissais entraîner si vite à l'abîme, sans regret et sans remords. Je l'ai dit, c'était la folie de l'amour; j'étais fascinée et éblouie. Montbrun était si beau, si galant, si amoureux! S'il est pardonnable de se damner avec quelqu'un qui en vaille la peine, je serai pardonnée.

Le quatrième jour, nous partîmes pour Corbeil; nous fûmes très-bien accueillis chez les jeunes mariés. Le sacrement de mariage nous manquait, mais l'ami de Montbrun n'y regardait pas de trop près. Il nous installa de son mieux dans sa petite maison, tout en avisant au moyen de nous préparer un refuge assuré pour l'avenir.

Devenus un peu plus raisonnables, nous commencions à goûter en paix les douceurs de notre amour, quand nous fûmes découverts et surpris par monsieur le procureur. Nous voulûmes fuir encore, mais il mit à nos trousses une demi-douzaine d'archers qui nous atteignirent sur la route de Melun. Montbrun eut beau nous défendre de son épée, il fallut céder à la force.

Nous retournâmes donc à Paris séparés l'un de l'autre. Ce n'était plus le même enlèvement! Pour moi, je fus conduite tout droit aux Madelonnettes. Je passai un mois entier sans entendre parler ni de mon mari ni de mon amant. Heureusement il y avait alors aux Madelonnettes quelques pénitentes de bonne famille qui n'avaient pas perdu l'habitude de rire ; la maison n'était pas très-sévère; on laissait passablement de liberté aux recluses ; le matin et le soir, les plus favorisées se promenaient dans le jardin. Moi, j'avais obtenu la faveur de la promenade, malgré les recommandations du procureur. Dans le jardin, nous nous amusions comme des enfants et comme des rosières, courant après les papillons, nous jetant des roses. C'était à qui ferait le plus de folies. On allait jusqu'à se raconter son histoire. Loin de cacher quelque chose, on allait au delà de ce qui était arrivé. J'ai oui dire là les plus beaux mensonges amoureux. Ainsi donc, au lieu de faire pénitence, on s'encourageait à persévérer dans le mal : on se moquait de son mari, qu'on appelait un tyran; on portait son amant dans son cœur.

Au bout de six semaines, je fus avertie que le procureur devait venir au parloir pour m'accorder ma grâce si je lui montrais un vrai repentir. Il vint, je le reçus fort mal, je le trouvais plus laid que jamais. Dès qu'il parla de raccommodement, au lieu d'écouter ses conditions, je lui dictai les miennes, à savoir : que je voulais vivre en toute liberté; que j'irais à la comédie, à la promenade, à l'église; qu'enfin j'ouvrirais ma fenêtre pour regarder le temps qu'il ferait chaque fois qu'il m'en prendrait la fantaisie. Jusque là le procureur était un homme, de la pire espèce, il est vrai ; mais, quand j'eus parlé, ce ne fut plus qu'un procureur vomissant un réquisitoire forcené : « Eh bien, s'écria-t-il avec rage, vous resterez ici deux ans; après quoi, si je ne daigne pas vous faire grâce, vous serez fustigée, rasée, authentiquée ; vous prendrez la robe noire des pénitentes, et puis, avec cela, vous irez à la comédie, si vous voulez, ou plutôt la comédie se passera pour vous entre quatre murs, quand les verrous seront bien tirés. »

Là-dessus, le procureur partit et ne revint pas.

Le lendemain cependant je crus le revoir encore; on m'appela au parloir; je trouvai son secrétaire, qui me remit une lettre en silence; je voulais à peine la prendre. « Prenez, prenez, madame, me dit-il avec un air compatissant et dévoué; prenez, vous n'aurez pas lieu de vous en repentir. » Je pris la lettre et je l'ouvris. Quelles ne furent pas ma surprise et ma joie quand je reconnus l'écriture de mon cher Montbrun! Je rougis, je pâlis, je m'en fuis à ma cellule pour la lire dans le mystère et dans le silence.

« Mon cher amour, je sais enfin où tu es. Mon cœur te cherchait
« partout. Sans ce brave garçon qui te remettra cette lettre, je cher-
« cherais encore. Quoi ! ton mari a eu l'indignité de te jeter aux
« Madelonnettes, comme une femme perdue ! Voilà bien de la jus-
« tice de procureur ! Mais, si Dieu t'a affligée d'un homme pour te
« persécuter, il t'a donné un homme pour te défendre. Je suis par-
« venu à m'esquiver aux portes de Paris, dans le seul espoir de te
« retrouver. Voilà ce que j'ai résolu : encore un enlèvement ! Tu
« sais comme cela est doux : enlever sa maîtresse ou se laisser en-
« lever par son amant, c'est aller au paradis de l'amour. Mais nous
« parlerons d'amour plus tard, bientôt, cette nuit, car cette nuit
« nous serons réunis. Aie du courage, aie de la volonté ; trouve-
« toi seule, à onze heures, au bout du jardin. Il n'y aura qu'un
« mur pour nous séparer ; mais, avec des échelles de cordes, un
« domestique dévoué, nous serons bientôt l'un à l'autre. Cette fois
« nous partirons dans un bon carrosse, nous prendrons une autre
« route ; enfin, que le ciel nous conduise !

« PHILIPPE DE MONTBRUN. »

Tout alla bien. J'avertis que j'étais malade ; le soir, je me cachai dans une tonnelle du jardin, je fus sourde à l'appel, j'attendis avec ardeur. Montbrun vint avec ses échelles et avec son carrosse. A minuit, nous étions déjà loin. Cette fois nous débarquâmes à Compiègne, sous des noms d'emprunt.

Nous y vécûmes deux mois très-obscurément, mais très-heureux. Malgré tout notre amour, cependant, nous finîmes par nous fatiguer, lui surtout, de cette façon de vivre. L'hiver venu, la forêt que nous aimions tant devint inabordable.

A la fin de décembre, Montbrun me laissa seule pour répondre de vive voix à une lettre de M. de Penthièvre. J'espérais le revoir au bout de quatre jours, mais il fut trois mortelles semaines sans revenir. A son retour, loin d'être des plus aimables, il me parut plus fatigué. Je ne fus pas longtemps sans m'apercevoir que son cœur était ailleurs. Il repartit bientôt, il ne revint pas. Il acheva de briser mon cœur en m'envoyant de l'argent, sans y joindre une lettre, pas même un billet. Je compris tout mon malheur.

Je retournai à Paris au milieu de l'hiver ; après bien des recherches, je parvins à découvrir son refuge. Hélas! j'étais punie par où j'avais péché; Montbrun avait une autre maîtresse.

Celle-là, qui se connaissait en hommes, le tenait sous clef, toujours à la chaîne. Mon désespoir fut si grand, que je résolus d'aller mourir à leurs pieds. Qu'avais-je en effet de mieux à faire? J'achetai donc un poignard, je pris l'habit de marchande de modes, je me présentai un matin au logis de la dame en question, bien sûre que je trouverais le volage auprès d'elle. Après une grande heure d'attente dans l'antichambre, on daigna m'accorder une audience; comme je savais la dame très-coquette, j'avais fait dire que j'avais à lui vendre des points de Flandre de la plus nouvelle fabrique.

J'entrai dans la chambre à coucher. Je vis du premier regard trembler les grands rideaux du lit. Ah! comme je tremblais moi-même! La maîtresse du lieu m'attendait devant la cheminée, dans un demi-déshabillé. Elle était belle aussi: une beauté blonde, un peu fade, mais pleine d'attraits. J'ouvris sous ses yeux, tout en la regardant à la dérobée, mon carton à dentelles: elle y jeta une main avide, elle retourna tout avec un peu de dédain; elle finit par trouver un point qui lui donna envie; elle le mit sur son épaule demi-nue et se mira en se faisant des mines. Moi, je n'y tenais plus; j'allai d'un seul bond dans la ruelle du lit, je jetai sur le perfide un regard foudroyant. Il devint tout pâle! « C'est vous? dit-il avec inquiétude. — Oui, c'est moi! » m'écriai-je en saisissant mon poignard.

La maîtresse du lieu vint vers moi en poussant un cri aigu. « N'avancez pas, » lui dis-je en la menaçant. Comme c'était une petite maîtresse, elle s'évanouit.

Montbrun, touché de la voir tomber au pied du lit, se précipita vers elle tout en m'insultant de la voix et du regard. Moi, déjà tout égarée, je me laissai aller à la colère et à la vengeance; j'agitai mon poignard: « Cruel! » dis-je en me jetant sur Montbrun. Hélas! je l'atteignis au cœur, ce cœur qui m'avait tant aimée!

A peine eus-je frappé, que je me sentis chanceler, mes yeux se troublèrent, je tombai agenouillée devant le lit, en couvrant de baisers la main de mon pauvre amant. « Je suis perdu! » dit-il sans colère et sans retirer sa main.

A cet instant une femme de chambre, attirée par le cri de sa maîtresse, entra tout effarée. Montbrun eut encore assez de présence d'esprit pour vouloir me sauver. « Ce n'est rien, dit-il à cette fille; revenez dans un quart d'heure. — Oui, dans un quart d'heure, dis-je, tout sera fini. » Je ramassai le poignard ; m[ais] j'étais sans force et sans courage, ma main retomba sans m'av[oir] frappée. « De grâce, me dit Montbrun se ranimant un peu, all[ez-] vous-en, ma pauvre Marie, je crois bien que le coup n'est p[as] mortel. Partez, je vais moi-même me faire transporter rue Haut[e]feuille ; vous y viendrez. »

Le croira-t-on ? j'eus la lâcheté d'abandonner Montbrun au lit [de] la mort, moi qui l'avais tué !

Je sortis sans obstacle. Il mourut sans doute une heure après, [à] côté d'une autre dont je suis encore jalouse. J'allai l'attendre j[us]qu'au milieu de la nuit dans la rue Hautefeuille ; j'y retournai [le] lendemain ; enfin j'appris sa mort. Sa maîtresse ne fut pas acc[u]sée ; il avait eu le temps de s'accuser lui-même dans un testame[nt.] J'appris tout cela par les crieurs de nouvelles. Le nom de Mo[nt]brun ne fut pas prononcé ; mais, hélas ! c'était bien lui ! J'eus e[n]core la lâcheté de ne pas m'accuser. Je portai mon crime dans [le] silence, je vécus seule avec ma douleur. J'habitai la rue Haut[e]feuille, comme si le pauvre Montbrun devait y revenir. Je pa[ssai] la fin de l'hiver le plus tristement du monde, dans les larmes l[es] plus amères.

Hélas ! me le redirai-je à moi-même ? la belle saison reven[ue,] l'ombre de Montbrun s'éloigna peu à peu de mon âme, je [me] sentis rajeunir.

J'avais retrouvé une très-jolie compagne du couvent qui n'a[vait] guère mieux tourné que moi. J'allai la voir de plus en plus s[ou]vent ; elle avait une petite cour de cadets de famille très-bons [vi]vants, qui ne donnaient pas de prise à la tristesse. Ils finir[ent] par m'égayer un peu. Ne pouvant en aimer aucun, je les aim[ai] tous ensemble. Je devins pire que je n'étais. Jusque-là j'a[vais] eu la foi de l'amour, j'avais aimé avec religion, mais ce ne fut p[lus] chez moi qu'une profanation de l'amour : je devins coquette, [je] pris plaisir au madrigal, je me fis de plus belle en plus belle ; en[fin] je m'étourdis follement, je perdis la tête : pour le cœur, il [ne] fut guère question. Du matin au soir, et souvent du soir au ma[tin,] je m'abandonnai indignement à tous les jeux de l'amour, tour[nant] à tous les vents, écoutant toutes les bouches trompeuses, pre[nant] à peine le temps de songer au passé et à l'avenir, à Montb[run] et à Dieu. J'oubliai jusqu'à mes enfants.

Mais ici la plume devient rebelle. A quoi bon, en effet, retr[acer] cette page, la plus triste de ma vie ? Que dirai-je de plus, s[i] n'est que je passai toute une année dans les égarements des mauvaises passions ?

Quoique j'eusse changé de nom, M. le procureur finit par me découvrir encore. Cette fois il obtint un affreux jugement contre moi : la prison perpétuelle. Ce ne fut plus aux Madelonnettes qu'il me fit conduire, mais à Sainte-Pélagie, où il n'y a plus ni jardin, ni promenades, ni compagnes, ni amant qui veille sur moi ; Sainte-Pélagie, la tombe entr'ouverte !

Ah ! du moins il me reste un souvenir qui me console, le souvenir de Montbrun, le seul que j'aie aimé. Pauvre enfant ! j'ai toujours gardé sur mon cœur le poignard taché de son sang. Ah ! ce poignard a encore quelqu'un à frapper !

A la suite de ces mémoires, Marie de Joysel avait transcrit les deux arrêts obtenus contre elle par le procureur.

La sentence de condamnation du 14 septembre 1672 porte :

« Marie de Joysel sera mise dans un couvent au choix de son mari, pour y demeurer pendant deux ans en habit séculier, pendant lesquels il pourra la voir et même la reprendre ; et, au cas qu'il ne la reprenne pas après les deux années, y être rasée et voilée pour le reste de ses jours, et y vivre comme les autres religieuses. »

Cette sentence a été confirmée par un arrêt rendu le 9 mars 1673, au rapport de M. Hervé. Cet arrêt a été exécuté.

L'arrêt du 9 mars condamne :

« Marie de Joysel, pour crime d'adultère, à être mise dans un couvent, où elle sera rasée et authentiquée après deux ans, au cas que son mari, dans cet intervalle, n'eût pas la bénignité de la reprendre. »

IX

QUE L'AMOUR EST UNE MISSION

Après cette triste lecture, Henri retourna à la prison. Il trouva Marie plus abattue. En le voyant entrer, elle baissa la tête en silence comme devant un juge suprême. Il lui tendit la main, elle avança la sienne en détournant les yeux.

— Marie, lui dit Henri d'une voix ferme, je vous épouse à la face de Dieu et des hommes.

Elle tomba agenouillée devant lui.

— Je n'ai plus rien à dire, murmura-t-elle, vous êtes mon maître, je suivrai vos ordres.

— Madame, de grâce, ne me parlez pas ainsi. Je ne vous épouse pas pour vous, mais pour moi ; je vous épouse parce que je vous aime : il n'y a pas là de sacrifice. Loin d'être votre maître, je ne suis que votre esclave dévoué.

Henri Thomé avait déjà formulé la demande en mariage au même tribunal qui avait repoussé la requête de Marie de Joysel. Cette demande était très-digne et très-simple : c'était un beau plaidoyer en faveur de Marie; la charité chrétienne avait parlé par la voix du demandeur.

La requête fut si bien appuyée par l'avocat, que la cour donna gain de cause à Henri par cet arrêt :

« Ayant égard à la requête du sieur *Thomé*, permet aux parties de contracter mariage ; et à cet effet ordonne que les articles du contrat de mariage seront signés à la grille du Refuge, où est *Marie de Joysel*, laquelle, après la publication des trois bans, sera reconduite du Refuge en la paroisse dudit lieu par *Dumur*, huissier à la cour, qui s'en chargera pour, en sa présence, être procédé à la célébration dudit mariage ; ce fait, être remise entre les mains de son mari ; quoi faisant, la supérieure en demeurera bien et valablement déchargée.

« Fait en parlement, le 29 janvier 1684. »

Mais, aussitôt le prononcé de l'arrêt, la famille du procureur Gars de La Verrière forma opposition avec la sentence de condamnation obtenue par le mari et avec le testament du défunt. Cette famille mit tout en œuvre pour que le dernier vœu du procureur fût accompli ; elle alla jusqu'à pousser en avant les enfants contre leur mère.

En attendant le procès, Henri passait auprès de Marie toutes les après-midi. Leur amour devenait plus confiant et plus profond encore ; ils se dévoilaient leurs cœurs, ils priaient, ils se consolaient, ils s'aimaient.

Un jour Henri trouva Marie priant avec ferveur, priant de toute son âme.

— Je ne vous croyais pas si chrétienne, Marie.

— Vous m'avez fait aimer Dieu, lui répondit-elle en levant les yeux au ciel. Avant vous je priais déjà, mais que de fois j'ai profané mes prières par le dépit, l'orgueil et la haine ! J'étais en révolte contre le monde, qui m'accablait de tout son mépris et de tout son châtiment ; pas une âme compatissante qui vînt encourager mes larmes et ranimer mon pauvre cœur ! Je poussai ma révolte jusqu'à Dieu. Vous êtes venu, vous avez aimé celle que tout le monde repoussait, vous avez retrouvé dans mon cœur la source de mes larmes; j'ai pleuré, non plus de colère, mais d'amour et de repentir; je vous ai aimé, j'ai aimé Dieu. Oui, Henri, vous êtes mon sauveur !

Cette cause extraordinaire fut appelée au mois de juillet 1684. Le fameux Talon y parut comme avocat général. On mit en présence Marie de Joysel et ses enfants; les parents paternels et les parents maternels; Charles-Henri Thomé, le demandeur; le chanoine Le Blanc, cité à témoignage comme confesseur de la condamnée; la demoiselle Amelin, supérieure de Sainte-Pélagie; la sœur Marthe et quelques autres encore. Il y eut à la ville et à la cour des curieux sans nombre; la place du Palais de Justice et les quais voisins furent couverts de carrosses et de laquais. Depuis un demi-siècle, jamais cause célèbre n'avait si bien piqué les curiosités délicates. On plaignait Marie de Joysel, mais on s'intéressait beaucoup à Henri Thomé: on voulait les voir en face l'un de l'autre.

Marie de Joysel « vint en habit de pénitente : corsage noir à grandes manches, jupes grises, cheveux cachés sous un bonnet uni. » Malgré ce vêtement, ce ne fut qu'un cri sur sa beauté. Plus d'une dame de la cour alla, dans son admiration pour cette figure pâlie à l'ombre de la prison, jusqu'à regretter de n'avoir pu passer ainsi quelques mois dans les ténèbres de Sainte-Pélagie. Elle n'avait pas trop l'air de se soucier des curieux; il y avait dans ses traits de la résignation et du dédain. De temps en temps, à son insu, elle jetait un regard distrait sur Henri Thomé, qui était à la barre avec son oncle le chanoine. Elle n'était guère séparée de lui que par les huissiers qui la gardaient et ses deux avocats. De temps en temps aussi elle jetait un regard de pitié et de douleur indéfinissable sur ses deux petites filles, qui avaient tout à fait oublié qu'elle était leur mère. Elles étaient assises en face d'elle, à côté de leur tuteur, de leur avocat et de quelques parents de leur père. La plus âgée, encouragée par le tuteur, affectait de braver, par un regard de mépris, le regard douloureux de Marie, ce qui indignait tous les spectateurs.

Avant l'entrée en séance de la cour, un petit incident excita vivement la curiosité : une vieille dame, dont la mise un peu extravagante annonçait une femme de marque, vint se jeter avec des larmes au cou de Marie; c'était sa tante, la vieille vicomtesse de Montreuil, la sœur de sa mère. Elle avait un grand air de bonté qui séduisit tout le monde. Elle prenait les mains de Marie; elle lui parlait de mille choses à la fois; elle donnait des conseils à ses avocats; elle-même semblait vouloir plaider cette cause difficile avec toutes les ressources de son cœur. Après la première effusion, elle demanda où était Henri Thomé; elle alla à lui, le regarda avec un sourire et une larme.

— C'est bien, mon enfant; ce que vous faites là est très-bien. Comptez sur ma fortune et sur mon amitié.

A cet instant la cour entra en séance avec un grand appareil de gravité, ce qui n'empêcha pas Talon de jeter un regard un peu mondain peut-être sur la belle suppliante.

L'avocat Fournier, qui avait de la célébrité et de l'éloquence, prit le premier la parole pour exposer, après l'historique de la cause, la demande de Charles-Henri Thomé. Après avoir parlé de sa famille, qui était une des plus honorable du Lyonnais, après avoir parlé du repentir de la veuve de Pierre Gars de La Verrière, il dit qu'il espérait que la cour permettrait d'exercer la plus haute charité chrétienne qui ait jamais paru dans aucun tribunal de justice ; que ce n'étaient ni le bien ni les richesses qui le guidaient dans cette œuvre bénie du ciel, puisque l'arrêt du 9 mars 1673, qui avait condamné Marie de Joysel, lui ôtant sa dot et le bénéfice des conventions matrimoniales, ne lui laissait pour tout patrimoine que la douleur et les larmes en partage ; qu'on ne pouvait assez exagérer les qualités présentes de celle qu'il demandait pour femme ; que par onze ans de pénitence elle était devenue un modèle de sagesse et de dévotion ; qu'une vie si exemplaire était une dot qui, venant de la main de Dieu, était infiniment plus précieuse que celle que les hommes lui avaient ôtée.

L'avocat fit avancer à la barre le chanoine Le Blanc et la demoiselle Amelin, qui rendirent pleine justice à la résignation religieuse de la condamnée depuis onze ans : « Elle a versé des larmes de repentir qui ont fait couler les miennes, » dit le chanoine en terminant.

L'avocat reprit la parole : « Messieurs, comme la liberté est le premier des biens, il est naturel que

Marie de Joysel, qui a perdu ce bien précieux, accueille l'idée du mariage qui doit briser ses chaînes. Sa demande est fondée sur la loi de Dieu, sur celle des hommes, sur celle de sa famille, et sur l'expiation qu'elle a faite de ses crimes.

« Un mari a causé tous ses malheurs, un mari les lui fait oublier; le mariage, qui lui fut si funeste, devient son salut; elle trouve le port où elle a fait naufrage. Si vous lui accordez la grâce qu'elle vous demande, elle n'oubliera jamais cette alliance que vous ferez de l'humanité avec la justice. »

Ici l'avocat de la famille paternelle commença un long plaidoyer très-injurieux pour Marie de Joysel; il fit un affreux tableau de sa vie; il l'accusa d'avoir tué son mari par le chagrin; il parla même de poison. Mais cette accusation fut accueillie par un murmure universel d'indignation. Tout le monde remarqua avec une vraie douleur que les deux pauvres petites filles semblaient confirmer par leurs gestes toutes les insultes de l'avocat.

On les interrogea.

Elles racontèrent ce qui s'était passé à la mort de leur père; mais on voyait bien que le récit avait été appris par cœur comme une fable ou un compliment. Jamais spectacle plus douloureux ne s'était révélé aux yeux de la justice humaine.

X

QUE LA ROBE DE BÉNÉDICTIN CACHE SOUVENT DES BLESSURES MORTELLES

A cet instant, la solennité des débats fut singulièrement troublée par l'apparition d'un spectateur inattendu. Tous les regards se tournèrent vers le nouveau venu, qui n'avait pas l'air de rechercher le bruit; il ne venait pas là pour se mettre en spectable. C'était un bénédictin jeune encore, mais pâle à faire pitié. Était-ce le jeûne ou la passion qui l'avaient ravagé ainsi? Il y avait dans ses traits, sous un masque d'humilité, une certaine fierté noble et digne qui accusait de la naissance, de l'esprit ou de la douleur. Quoique la foule fût très-pressée, il la traversa sans exciter trop de murmures; il s'arrêta à vingt pas de Marie de Joysel, la contempla d'un doux et triste regard, s'appuya sur la grille qui séparait les juges des curieux, pencha le front en soupirant et parut se recueillir.

Marie, très-émue par la scène terrible où elle venait de se voir si amèrement accusée par ses enfants, ne prit pas garde de prime abord à cette nouvelle figure qui venait varier encore la galerie des curieux; mais, peu à peu ayant tourné ses yeux voilés d'une larme, elle tressaillit à la vue du bénédictin. Henri Thomé, qui la regardait alors à la dérobée, fut surpris de sa pâleur soudaine; par son air inquiet, il sembla lui en demander la cause. Quoiqu'elle eût toujours les yeux fixés sur lui, elle ne prit pas garde à cette inquiétude : elle continua d'observer le bénédictin, qui semblait lui rappeler de terribles souvenirs.

— Si c'était lui ! dit-elle tout effrayée et toute joyeuse. Si c'était lui !

Elle passa ses mains sur ses yeux, comme pour s'assurer qu'elle ne dormait pas ; que tout ce qu'elle voyait, ses enfants qui la maudissaient au nom de leur père sans verser une seule larme, ces juges qui faisaient tant de bruit autour d'elle et pour elle, ces curieux si bien parés qui se croyaient presque à la comédie, ce bénédictin dont la figure lui bouleversait le cœur, n'était pas un des songes étranges de la prison.

— Je ne rêve pas, dit-elle, mais ce n'est pas lui. D'où vient et pourquoi vient cet homme?

Cependant les débats se poursuivaient avec ardeur. Je reproduis les passages curieux du plaidoyer de Mᵉ Fournier, qui mérite d'être remis en lumière. Ceux de mes lecteurs qui n'aiment pas les avocats seront libres de passer outre.

XI

L'ÉVANGILE

Mᵉ Fournier, répondant à l'avocat du tuteur, s'écrie : « Puisque la cour, par l'arrêt qu'elle a rendu en connaissance de cause sur la réquisition des gens du roi, a autorisé l'union de ceux pour qui il parlait en leur permettant de contracter et de célébrer le mariage, il ne devait pas craindre que l'opposition du tuteur et des parents paternels pût réussir; la cour sera indignée de cette entreprise, quand elle se représentera ce tableau infâme où l'on a dépeint une mère chargée de tout ce que l'assassinat, le poison et l'adultère ont de plus criminel et de plus odieux : pour commencer ce tableau, on a mis le pinceau à la main de ses propres enfants; pour le travailler et pour le finir, on leur a fait employer les couleurs les plus noires pour former les traits les plus horribles que l'art puisse inventer.

« Cette cause est sans exemple : c'est la première fois qu'un tuteur a abusé avec tant d'emportement de la voix du sang, et a soulevé des enfants avec tant d'impiété contre leur mère.

« Mais les sentiments que la nature grave dans nos cœurs en les formant, le respect et la reconnaissance qu'elle nous inspire pour nos parents, ne permettent pas de présumer que les filles de *Marie de Joysel* aient part au tableau que l'on vient de tracer de leur mère.

« Il est de l'intérêt politique que les mariages, qui donnent des sujets aux princes, des créatures à Dieu et des membres à l'Église, puissent être librement contractés; et ceux qui veulent s'y opposer, à moins qu'ils ne fassent voir des obstacles légitimes, sont coupables de plusieurs homicides : dans le nombre je compte celui des enfants qui auraient vu le jour si on ne s'était point opposé à leur naissance.

« La première des raisons que l'on vient d'annoncer est tirée d'une loi que Dieu lui-même a prononcée par la bouche de celui de ses apôtres auquel il a communiqué le plus de lumières et de connaissances. Saint Paul, parlant aux Romains, dans le chapitre vii, a précisément borné à la vie du mari la puissance qu'il avait sur sa femme, ne voulant pas qu'après sa mort on pût faire revivre son autorité éteinte pour la continuer contre la femme qui lui survivrait.

« La mort a ses droits aussi bien que la vie. Tant qu'un mari est vivant, il n'est pas juste que sa femme pour l'avoir trahi devienne, à la confusion de ce mari, la femme d'un autre ; sa douleur et sa vengeance ne peuvent finir qu'avec lui.

« Mais, dès le moment que la mort l'a enlevé à sa douleur et à son ressentiment, elle affranchit la femme de l'esclavage auquel il avait le pouvoir de la soumettre pendant sa vie ; et, quand il n'est plus au monde, ses enfants ni ses héritiers ne doivent pas compter dans sa succession, parmi les biens de son patrimoine, les chagrins qui lui étaient personnels et qui sont enfouis avec lui dans son tombeau. Aussi le savant *Grotius*, sur ces mots de saint Paul, *Soluta est a lege viri*, dit fort à propos : *Id est, pœna adulterii*. La mort du mari est une absolution pour la femme qui lui survit.

« Après cela, peut-on s'arrêter à deux actes sous seing privé du sieur *Gars*? Il a transcrit, dans son cabinet, l'authentique, et, après une sombre méditation, il a mis au dos de cette authentique : *Est lex de Maria Joysel, quam, me mortuo, sequi volo*. C'est une loi pour *Marie Joysel*, que je veux qui soit exécutée après ma mort. — C'est ainsi qu'il s'érige en magistrat dans sa propre cause. Mais lui, qui parlait pour ainsi dire la loi à la main, ne devait-il pas savoir que sa magistrature, aussi bien que son pouvoir, finissait avec sa vie ?

« L'authentique ne dit point qu'une femme convaincue d'adultère ne pourra jamais se remarier. Les lois pénales, comme est cet authentique, ne sont point sujettes à extension : au contraire, comme ce sont des décisions odieuses, elles doivent être restreintes et limitées, suivant l'opinion des jurisconsultes et des empereurs.

« Si le droit civil, dans sa dernière jurisprudence, n'ôte point à la femme adultère la faculté de se remarier, la loi canonique, qui est celle que nous suivons pour les mariages, ne lui est pas moins favorable. Nous pouvons dire même, sur ce sujet, que la loi canonique a pour fondement la loi de Dieu.

« L'Écriture nous apprend que Dieu commanda au prophète Osée d'épouser une femme de débauche : le prophète l'épousa, et il en eut trois enfants.

« Le précepte que Dieu donna à ce prophète est peut-être le sujet par lequel le pape Clément III compte comme une grande œuvre de charité celle de se choisir une épouse dans un lieu de débauche. Il veut même qu'une action si chrétienne soit suffisante pour obtenir la rémission de ses fautes, parce qu'elle met dans la voie du salut celle qui marchait dans le chemin de la perdition.

« Suivant la décision de ce pape, bien loin qu'il y eût quelque chose à redire dans un mariage que l'on contracte avec ces victimes d'infamie qui ont un écriteau sur le front, il élève hautement la vertu de ceux qui les épousent. Que peut-on donc trouver à redire dans le mariage que la cour a permis au sieur *Thomé* de célébrer avec *Marie de Joysel*?

« Il la trouve dans un lieu saint, où elle fait, depuis dix ans, des exercices de piété et de vertu. Le couvent de Sainte-Pélagie est la prison où, pour parler le langage de l'Écriture, elle mange le pain de tribulation et boit l'eau de douleur.

« Depuis ce long espace de temps, elle lave ses fautes passées dans les larmes qu'elle a continuellement versées, comme une véritable repentie.

« Les parents paternels jouent ici un rôle bien odieux ; ils oublient leur propre honneur, on peut dire leur religion, pour la sacrifier à la vengeance d'une injure qui les atteint de si loin, qu'elle ne les blesse pas; ils se présentent à la cour sous cette face.

« Ce qui est le plus surprenant, c'est qu'ils n'en rougissent point : voilà tout ce qu'on dira contre eux.

« On a vu autrefois, devant le plus grand juge qui ait jamais paru sur la terre, des accusateurs, pleins de chaleur et d'emportement, être obligés de prendre la fuite et n'oser jeter la première pierre contre la femme adultère, quoique le Seigneur leur en eût donné le pouvoir.

« Vous avez souffert que le sieur *Gars*, qui était le seul offensé, ait jeté la première pierre contre sa femme ; ne permettez pas que ses enfants, après sa mort, lui jettent une seconde pierre, qui lui serait une blessure plus cruelle que la première.

« Si ces enfants ont osé paraître en votre audience avec toute la témérité qui accompagne des accusateurs indiscrets, obligez-les publiquement de prendre la fuite et de faire une retraite qui les couvre pour toujours de honte et de confusion. Ils reprocheront éternellement à leur tuteur de les avoir engagés dans une pareille démarche. Dans le compte qu'il leur rendra, il pourra peut-être prouver la pureté de sa conduite dans l'administration de leurs biens ; mais il ne se justifiera point de la témérité qui lui a inspiré un procès qui donne une si grande atteinte à l'honneur de ses mineurs.

« Le père a satisfait à son devoir en satisfaisant à sa colère et à sa vengeance. Que votre arrêt apprenne à ces enfants à faire leur devoir à leur tour ; qu'il leur imprime la tendresse et le respect qu'ils doivent avoir pour celle dont ils ont reçu le jour ; qu'il les fasse ressouvenir, tant qu'ils vivront, que le chemin que ce tuteur leur a fait tenir est celui du détestable Cham, qui s'attira la malédiction du Seigneur pour avoir révélé la turpitude de son père ; que votre arrêt leur fasse connaître que l'exemple qu'ils doivent suivre en cette occasion est celui de Sem et de Japhet, qui, ayant couvert de leur manteau la nudité de leur père, furent comblés de grâces et de bénédictions.

« Punissez l'attentat qu'on a fait à la liberté. C'est la nature qui nous donne la liberté : elle seule nous la peut ôter avec la vie. Punissez la résistance qu'on a apportée depuis cinq mois à la célébration d'un mariage que vous avez autorisé.

« N'est-ce pas assez, pour des enfants, de se voir

revêtus des dépouilles de leur mère? S'ils la voient sans peine privée des biens temporels, si la dureté de leur cœur les porte à ne lui point faire de part, s'arrêtant à la rigueur de la loi civile plutôt que de suivre le penchant de la loi naturelle, pourquoi veulent-ils empêcher qu'elle ne participe à un bien spirituel, ce trésor précieux, ce don céleste? Je veux dire la grâce que Dieu, par la bouche de l'Apôtre, promet à ceux qui reçoivent le sacrement de mariage, qui pour cela est appelé un grand sacrement : *Magnum sacramentum quod gratiam confert;* ce sont les termes du concile de Trente.

« Onze ans de pénitence ont disposé *Marie de Joysel* à recevoir cette grâce. Ne souffrez pas que des enfants s'opposent impunément à une si sainte résolution. Vengez publiquement la nature, que l'on a si lâchement outragée ; vengez hautement la politique, dont on a ouvertement attaqué les lois ; et, confirmant l'arrêt que vous avez rendu, faites voir en cette occasion, ce que le public a toujours reconnu dans vos jugements, que votre justice est de concert et va d'un pas égal avec les règles les plus saintes et les maximes les plus sacrées de notre religion. »

L'avocat des enfants Gars de la Verrière reparut d'un air plus triomphant que jamais. Le bruit venait de se répandre dans la salle qu'il allait porter une nouvelle accusation contre la pauvre Marie. Il se fit pour ses paroles un silence avide. Il débuta ainsi :

« Si je n'en ai point assez dit contre cette femme, si mon plaidoyer, puisé dans la vérité comme dans l'indignation, n'a point convaincu messieurs les juges des souillures ineffaçables de Marie de Joysel, je vais poursuivre ma noble tâche au nom de l'humanité, qui ne veut pas qu'une pareille criminelle rentre dans son sein. Jusqu'ici je vous ai présenté Marie de Joysel comme une pécheresse sans âme et sans repentir, destinée à toutes les fureurs et à toutes les tortures de l'enfer ; maintenant je puis dire encore plus, à sa honte. Voyez ce manuscrit, qui devrait être écrit avec du sang, c'est l'histoire de cette femme racontée par elle-même dans son impudeur. »

Marie poussa un cri et tomba en défaillance ; Henri Thomé se leva avec indignation, le silence devint plus profond que jamais.

— Ce manuscrit, s'écria Henri Thomé, est la confession d'une pauvre âme qui se repent à un pauvre cœur qui console ; l'avocat d'une cause indigne ne doit pas le souiller de ses mains ni le flétrir de son regard. Cette histoire n'est venue ici que par un vol dont je demande raison !

Le président rappela le jeune médecin à un langage plus digne du Palais ; il raconta ensuite comment le manuscrit était venu aux mains de l'avocat des enfants : cet avocat avait demandé le jour même une perquisition au domicile de Henri Thomé pour découvrir sa correspondance avec Marie ; on venait de saisir cette histoire, qui devait être une précieuse lumière pour la justice.

Marie de Joysel se leva à cet instant, se tourna vers l'avocat qui la menaçait avec le manuscrit :

— Lisez, monsieur, dit-elle avec dédain.

L'avocat, poursuivant, reprit la parole : « On vient de vous dire, messieurs les juges, que nous insultions au malheur ; mais la plus grande insulte que nous puissions jeter à la face de cette femme serait de lire tout haut cette histoire de boue et de sang qu'elle a osé écrire, qu'elle a pris plaisir à se raconter à elle-même dans les mortels ennuis de sa prison. Nous nous contenterons de vous lire quelques pages au hasard. »

Le bénédictin, qui jusque-là était demeuré gravement et tristement incliné à la grille des spectateurs, demanda d'une voix sombre et glaciale à passer au banc des témoins, ayant, poursuivit-il, des révélations à faire à la justice.

Un huissier, sur l'ordre du président, alla ouvrir la grille. Le bénédictin vint en silence s'asseoir près du chanoine Le Blanc, très-près de Marie de Joysel.

— O mon Dieu ! murmura-t-il en levant les yeux au ciel, donnez-moi la force d'apaiser mon cœur.

Comme il vit que Marie de Joysel, toute chancelante dans les bras de madame de Montreuil, le regardait avec une grande inquiétude, il baissa son capuchon et détourna un peu la tête.

L'avocat se mit à lire cette page du manuscrit :

« Je passai la fin de l'hiver le plus tristement du monde, dans les larmes les plus amères. Hélas ! me le redirai-je à moi-même : la belle saison revenue, l'ombre de Montbrun s'éloigna peu à peu de mon âme ; je me sentis rajeunir. J'avais retrouvé une compagne du couvent, qui n'avait guère mieux tourné que moi ; j'allais la voir de plus en plus souvent ; elle avait une petite cour de cadets de famille qui ne donnaient pas de prise à la tristesse. Ils finirent par m'égayer un peu. Ne pouvant en aimer aucun, je les aimai tous ensemble ; je devins pire que je n'étais : jusque-là j'avais eu la foi de l'amour, j'avais aimé avec religion ; mais ce ne fut plus chez moi qu'une profanation de l'amour : je devins coquette, je pris plaisir au madrigal, je me fis de plus belle en plus belle ; enfin, je m'étourdis follement, je perdis la tête : pour le cœur, il n'en fut plus guère question.

« Du matin au soir, et souvent du soir au matin, je m'abandonnai indignement à tous les jeux de l'amour, tournant à tous les vents, écoutant toutes les bouches trompeuses, prenant à peine le temps de songer au passé et à l'avenir, à Montbrun et à Dieu. J'oubliai jusqu'à mes enfants.

« Mais ici la plume devient rebelle. A quoi bon, en effet, retracer cette page la plus triste de ma triste vie ? Que dirai-je de plus, si ce n'est que je passai toute une année dans les égarements des mauvaises passions ? »

« Vous l'entendez, messieurs les juges ! Nos accusations vont-elles jusque-là ? Ce n'est pas tout, elle s'accuse d'un crime nouveau pour nous ; elle a assassiné son premier amant, Philippe de Montbrun ! »

Quand l'avocat eut bien péroré sur ce chapitre, le bénédictin se leva lentement, s'avança à la barre, promena tour à tour son regard sur le Christ et les juges.

— Qui êtes-vous ? lui demanda le président avec une émotion qu'il contenait à grand'peine.

— Qui suis-je ? répondit le bénédictin en jetant en arrière son capuchon. Demandez à Marie de Joysel.

Il se tourna vers la pauvre femme, qui poussa un cri

sec et tomba à demi morte dans les bras de sa tante et d'un huissier.

XII

LE DERNIER MOT DU PREMIER AMOUR

La curiosité fut plus vive que jamais; toutes les dames des galeries se levèrent à la fois, dévorant du regard le sombre bénédictin et la pâle Marie de Joysel. Henry Thomé était atterré, éperdu, hors de lui. Tout à coup, ne pouvant dominer son inquiétude, il se tourna d'un air impérieux vers le bénédictin.

— Enfin, monsieur, qui êtes-vous? lui demanda-t-il à son tour.

— Je suis Philippe de Montbrun, répondit gravement le religieux; je suis Philippe de Montbrun : ainsi n'accusez pas cette femme de ma mort, n'accusez pas cette femme de ses fautes ; Dieu, qui l'a vue pleurer, lui a pardonné. Ne poussez plus loin votre colère ; je viens ici par la miséricorde de Dieu, selon les saintes lois de l'Évangile. Je suis plus coupable que cette femme, j'ai été le démon quand elle était encore un ange de beauté et de vertu ; j'ai été le serpent maudit qui l'a conduite au péché. Mais il y a eu un plus grand coupable que moi, mon cousin le procureur Pierre Gars de la Verrière. Le mariage est une loi divine et humaine qui unit dans l'amour l'homme à la femme ; or le procureur Pierre Gars de la Verrière n'était pas un homme: il avait perdu en vieillissant tout ce que Dieu nous donne de noble, de grand et de généreux ; cet homme n'avait plus ni cœur ni âme. Je sais bien qu'il eût été d'une sublime résignation à Olympe de Joysel de dévouer à cet homme sa beauté, sa grâce, sa vertu ; mais la femme est faible, Dieu l'a faite ainsi.

Le président interrompit Montbrun.

— Mon frère, lui dit-il un peu sèchement, ce n'est pas un sermon que nous vous demandons ; la justice n'est pas ici à l'école. Dites-nous seulement comment il se peut que vous, Philippe de Montbrun, vous soyez là ?

— Marie de Joysel n'a pas tout dit ; elle s'est accusée seule, elle aurait pu m'accuser avec plus de force et de vérité ; mais tout ceci est en dehors de la cause. Je suis venu, ayant appris ce qui se passait ici par le grand prieur de notre abbaye ; j'ai voulu revoir la pécheresse dans son repentir, j'ai espéré qu'il me serait permis d'élever la voix en sa faveur en face des outrages.

Montbrun s'avança de deux pas vers Marie de Joysel, qui revenait à la vie. Elle voyait et écoutait son premier amant sans en croire ses yeux ni ses oreilles.

— Vous ! vous ! dit-elle en passant les mains sur son front.

Montbrun s'avança encore.

— Où suis-je, ô mon Dieu ! s'écria-t-elle en tressaillant.

Le procureur général avait pris la parole ; Montbrun

put dire quelques mots à Marie sans être trop écouté des curieux.

— Ne craignez rien, Marie, je ne viens pas me plaindre, je viens vous dire d'espérer, je suis mort à ce monde, à ce monde où vous êtes, Marie! J'ai renoncé à tout, je me suis réfugié dans la prière et dans l'amour de Dieu; cet amour-là n'est pas trompeur, parce que c'est l'infini; les larmes qu'on y répand sont les plus douces. Adieu, je n'ai plus rien à dire en cette enceinte, je retourne à jamais en mon cher refuge, j'y vais prier pour vous. Adieu.

Il s'inclina, remit son capuchon et s'achemina gravement vers la porte de sortie.

— Adieu donc, dit Marie en soupirant.

Le plaidoyer de Talon fut curieux, mais sec et pâle, ne roulant guère que sur des citations. Il passa en revue toutes les lois romaines et françaises touchant l'adultère, mais sans trouver éloquemment un exemple à sa cause : il parla pour et contre, afin de bien faire jaillir la vérité. On peut dire qu'il s'inspira un peu du vœu des spectateurs, tous favorables à la pauvre mère outragée et maudite par ses enfants; il s'inspira aussi des préceptes de l'Évangile, mais sans trouver la parole divine. Son dernier mot, attendu avec impatience des spectateurs, avec angoisse de Marie et de Thomé, son dernier mot fut pour le mariage.

La cour se conforma aux conclusions de M. Talon, et voici ce qu'elle prononça :

« La cour, ayant égard à la requête des parents maternels, les a reçus intervenants; sans s'arrêter à l'opposition des parents paternels, ordonne que l'arrêt du 29 janvier sera exécuté et en conséquence passé outre, nonobstant l'opposition formée aux bars; condamne les opposants aux dépens, sans néanmoins que Marie de Joysel puisse se pourvoir contre l'arrêt du 9 mars 1673, qui sera exécuté.

« Fait en parlement, le 21 juin 1684. »

Quand on prononça l'arrêt, Marie de Joysel, Henri Thomé et la vieille tante ne purent arrêter leurs larmes. Marie fut reconduite en prison, où elle devait attendre le jour du mariage. Madame de Montreuil la quitta en lui disant qu'elle enverrait son carrosse ce jour-là pour la prendre à la sortie de l'église : elle voulait que sa nièce et Henri passassent en son château les premiers temps du mariage.

Mais le lendemain, vers deux heures, comme Henri Thomé venait de sortir de la cellule de Marie, la sœur Marthe vint y annoncer la visite d'un bénédictin qui avait un laissez-passer de monseigneur l'archevêque. Marie pâlit, chancela, tomba sur sa chaise, se cacha le front dans ses mains.

— Lui ! dit-elle d'une voix étouffée.

Il entra, grave, triste et silencieux.

— Ma sœur, murmura-t-il d'une voix sourde, levez-vous et venez : j'ai longtemps prié pour vous comme pour moi.

Et comme Marie ne répondait pas :

— Ne craignez rien de moi, je ne suis plus que l'ombre de Montbrun, une ombre qui se traîne vers la vie éternelle à travers le repentir. Je vous ai aimée, Marie, je vous ai séduite, je vous ai égarée; aujourd'hui, je n'ai plus d'amour que pour le Seigneur ; mais votre souvenir vient souvent encore me troubler dans mes prières nocturnes ; j'ai voulu vous revoir, vous toucher la main, cette main qui m'a deux fois touché au cœur. Pardonnez-moi, c'est mon dernier adieu aux choses d'ici-bas... Marie, vous ne me voyez pas, vous ne m'entendez pas ? je vous parle et je vous tends la main... la main d'un frère... Daignez la toucher, et tout sera fini !

Marie leva lentement la main avec un soupir.

— Vous avez été bien cruel, Montbrun ; vous avez laissé passer sur mon cœur onze mortelles années avec la pensée de votre mort. Vous ne savez pas ce que j'ai fait pour oublier mon amour et mon crime. Avec vous je n'étais pas une femme perdue, j'étais une amante qui sait se faire pardonner aux pieds de Dieu même à force d'amour. Mais, depuis ce jour maudit où je suis allée retrouver votre cœur avec un poignard, je me suis abandonnée aux mille égarements des folles passions. Cruel ! mille fois cruel ! pourquoi ne pas m'avoir dit que vous vous retiriez du monde ? Avec quelle joie, triste peut-être, mais douce et chère à mon amour, je fusse allée me réfugier au couvent, loin de vous, s'il eût fallu, mais toujours avec vous par la prière, qui apaise ; par l'âme, qui croit à Dieu !

— Je ne vous cacherai rien, Marie, car aujourd'hui mon cœur ne se cache plus. Eh bien, cette femme que vous atteignîtes mortellement en me frappant moi-même, cette femme pria Dieu ce jour-là pour la première fois de sa vie, elle pria Dieu de me sauver. Dieu me sauva de la mort, Dieu me sauva deux fois, le corps et l'âme ; car, touché des prières de ma pauvre maîtresse, je priai aussi : vous devinez donc de quel temps date ma conversion. Elle s'était convertie dans la même ardeur ; elle avait une sœur au couvent de Sainte-Marguerite, elle alla rejoindre cette sœur. Mais, chez les femmes, la jalousie survit à l'amour : elle ne prit le voile que sur mon serment de renoncer au monde, à vous, la plus belle, sinon la plus aimée de toutes...

— Quoi ! s'écria Marie emportée par les élans de son ancien amour, quoi ! vous l'aimiez plus que moi ?

Elle se leva tout agitée.

— Qui sait ? murmura le bénédictin, vous avez été la première, elle a été la seconde ; mais nous sommes si loin déjà de ce temps d'orages et de périls !

— Si loin ! dit Marie. Ah ! bienheureux, bienheureux ceux qui oublient !

— Allez, allez, Marie, vous avez oublié la première, vous avez oublié plus que je n'ai fait. Croyez-vous donc que je n'aie pas mis un cilice sur mon cœur pour venir jusqu'ici ?

Marie de Joysel se jeta aveuglément dans les bras du bénédictin.

— Ah ! Dieu soit loué ! s'écria-t-elle en éclatant, maintenant je puis mourir ! Oh ! Montbrun ! quelle joie de mourir en songeant qu'après une si longue solitude votre cœur n'est pas glacé pour moi !

— Marie ! Marie ! de grâce, oublions de toutes nos forces. Rappelez-vous donc que ce cœur que je sens battre sur le mien n'appartient plus à moi ni à vous-même, mais à ce noble jeune homme qui vient répandre sur vous la bénédiction du mariage et de la famille.

Marie se détacha des bras de Montbrun.

— Henri Thomé, dit-elle en levant les yeux au ciel, Henri Thomé ! je l'avais oublié, lui !

Un silence suivit ces paroles.

— Mais, reprit-elle en penchant la tête, s'il ne m'est plus permis de posséder mon cœur ni pour vous ni pour moi, je puis du moins l'élever jusqu'à Dieu.

— Oui, Marie, c'est là-haut que je vous attends. Mais voyez ma pâleur funèbre et mon abattement ; je n'ai plus que peu d'années à vivre, je serai là-haut longtemps avant vous.

— Avant moi ! Dieu seul le sait. Mais vous me trompez encore, car cette femme que vous avez tant aimée, trop aimée, ce sera celle que vous chercherez là-haut.

— En vous attendant peut-être.

Le bénédictin sourit de son charmant sourire d'autrefois.

— Mais, reprit-il en appuyant le cilice sur son cœur, je me hâte de vous dire adieu ; car, si je restais près de vous une heure de plus, à quoi me serviraient onze années de luttes et de repentir ? Adieu, Marie.

— Ah ! dit-elle avec un cri douloureux, pourquoi êtes-vous revenu ?

Montbrun avait repris son masque glacial.

— Adieu, ma sœur.

Il tendit sa main sèche et blanche ; Marie la saisit avec ardeur.

— Non, non, vous ne me quitterez pas sitôt. Songez donc que c'est notre dernier rendez-vous.

— Sur la terre.

— Ah ! si j'étais sûre de vous retrouver au ciel !

— Espérez en Dieu.

— Je vous dis que vous ne partirez pas sitôt; à peine si je vous ai vu, à peine si vous m'avez parlé. Mais contez-moi donc ce qui s'est passé depuis onze ans ! Je veux tout savoir.

— Ne vous l'ai-je pas dit ? J'allais mourir, on a prié pour moi, Dieu a touché mon âme comme le cœur de celle qui priait; je lui devais ma vie, elle m'a permis de la consacrer à Dieu, voilà tout.

— Mais je vous ai attendu rue Hautefeuille, je vous ai attendu comme une pauvre folle, assise sur une borne, le jour et la nuit. Que ne m'avez-vous écrit la vérité ? J'ai entendu, le troisième jour, crier la mort d'un jeune capitaine qui s'était poignardé dans les bras de sa maîtresse, je suis rentrée mourante, j'ai voulu mourir; mais est-ce qu'une pauvre femme a la force de mourir quand son heure n'est pas venue ?

— Moi, j'ai appris vaguement que vous étiez consolée ; j'ai dit : Ce n'était qu'une femme. J'ai appris il y a quatre ans que notre indigne cousin, Pierre Gars de la Verrière, vous avait emprisonnée pour la vie, suivant un jugement obtenu contre vous. J'ai tenté deux fois de venir jusqu'à vous ; j'ai d'abord trouvé un geôlier inflexible; j'ai demandé, par une lettre de notre prieur, un laissez-passer à monseigneur l'archevêque; mais monseigneur n'a pas répondu; ce n'est que sur une seconde lettre écrite ces jours-ci qu'il a daigné me répondre selon mes vœux. Votre histoire a fait du bruit partout, même dans notre solitude; mon cœur s'est révolté en apprenant que vos enfants allaient déposer contre vous; je suis allé au tribunal en promettant de vous défendre, s'il le fallait, sans me faire connaître; mais comment se cacher quand le cœur parle tout haut?... Adieu, Marie... adieu!

Montbrun alla rapidement à la porte de la cellule.

Elle courut à lui, mais il s'arracha de ses bras; il partit en lui cachant sa douleur. Elle alla tomber mourante sur son lit, écoutant du cœur et de l'oreille l'écho du sombre corridor qui répétait l'adieu de Montbrun.

XIII

LA NUIT DES NOCES

Montbrun n'était apparu que comme une ombre. Henri Thomé, plus tendre et plus dévoué que jamais, reprit peu à peu son empire sur Marie de Joysel. Ce fut avec joie qu'elle vit arriver le jour du mariage.

Ce mariage célèbre se fit trois semaines après le jugement. Je ne crois pouvoir mieux faire pour en raconter la cérémonie que de reproduire le procès-verbal de l'huissier. C'est le seul exemple d'un pareil hyménée.

Après avoir rapporté tous les actes dont il était nécessaire qu'il fît mention dans son procès-verbal, l'huissier dit :

« Nous nous sommes transporté, avec notre assis-
« tance, en la maison du Refuge, faubourg Saint-
« Marcel, où, étant à la grille, avons demandé la
« demoiselle *Amelin*, supérieure de cette maison, la-
« quelle y étant venue, et après lui avoir fait lecture et
« laissé copie des arrêts, nous l'avons sommée et
« requise de nous mettre entre les mains la demoiselle
« *Joysel*, pour, et au désir des arrêts, la conduire en
« l'église Saint-Médard, pour, en notre présence, être
« procédé à la célébration du mariage ; laquelle demoi-
« selle *Amelin*, pour satisfaire aux arrêts, après avoir
« fait ouvrir la porte qui sert d'entrée à la maison, nous
« a remis en nos mains la demoiselle *Marie Joysel*,
« dont nous avons fait mention sur le registre de la
« maison, et ont signé : *Joysel, Amelin, supérieure.*

« Ce fait, avons fait monter icelle demoiselle *Joysel*
« dans un carrosse, et conduire en l'église et paroisse de
« Saint-Médard, où étant, s'est trouvé le sieur *Thomé*;
« après qu'ils ont été fiancés et épousés par le sieur
« *Cornier*, vicaire de la paroisse, et que mention en a
« été faite sur le registre des mariages d'icelle, nous
« avons remis la demoiselle *Marie Joysel* entre les mains
« du sieur *Thomé*, son mari, au désir des arrêts, dont
« et de quoi nous avons dressé le procès-verbal, ès
« présence et assisté de *François Champion*, bourgeois
« de Paris, et autres témoins. »

En sortant de l'église, Henri et Marie trouvèrent, selon leur attente, le carrosse de madame de Montreuil.

Ils embrassèrent le vieux chanoine, ils partirent avec empressement. Le voyage fut doux, mais silencieux ; malgré l'amour charmeur de Henri, Marie avait çà et là des instants de sombre tristesse : s'il parlait de bonheur, elle penchait la tête et semblait dire : *Le temps est passé!* s'il parlait d'amour, elle regardait le ciel et semblait dire encore : *Le temps est passé!* Mais aussitôt, voyant que sa tristesse inquiétait Henri, elle reprenait soudainement son masque d'insouciance et son adorable sourire ; elle s'aveuglait elle-même pour aveugler son amant.

Il était près de dix heures quand ils arrivèrent au château. Ils descendirent de carrosse dans une grande cour déserte, aux pavés moussus, devant un perron à colonnade ombragé par deux ormes centenaires.

La vieille madame de Montreuil vint jusque sur le perron : elle embrassa Marie avec une tendresse de mère ; elle accueillit Henri comme son enfant.

— Vous avez voulu être seuls, dit-elle en les conduisant à sa chambre ; vous tombez à merveille : mon fils est parti pour rejoindre son régiment ; M. le curé, qui est un peu curieux, espérait vous voir aujourd'hui, mais je l'ai prié d'attendre jusqu'à demain. Asseyez-vous, mes enfants ; chauffe bien tes pieds, ma pauvre Marie, la soirée est fraîche. Tu es pâle ; le voyage t'a fatiguée. Pauvre enfant ! il y a si longtemps que tu n'avais fait un pas. — Dieu merci ! nous souperons de bonne heure. — Ah ! ah ! voilà une image bien précieuse.

Marie venait de détacher de la cheminée un petit portrait de sa mère.

— Ce n'est pas sans peine que j'ai arraché ce portrait des mains de ton procureur. Je t'avais bien dit de te méfier de ces mains-là. Mais mademoiselle voulait à toute force se marier. Grande sotte, un procureur!

— Ah! ma tante, de grâce, n'en parlons plus!

— C'est vrai, laissons-le reposer en paix dans sa robe noire. Avez-vous fait bon voyage? Que dites-vous de mon vieux carrosse et de mes pauvres chevaux? Ah! il y a vingt ans, mon équipage était plus fringant; mais que voulez-vous? tout a passé de mode chez moi.

— Excepté le cœur, ma tante; vous avez toujours la même jeunesse de cœur.

— Tu as raison : mes cheveux ont blanchi; mais, comme disait si bien Benserade, les neiges de l'hiver n'ont pu atteindre mon cœur.

— Et vos chats, ma tante? après madame de la Sablière, vous aviez les plus beaux chats du royaume.

— Tout à l'heure, au souper, nous les verrons venir par régiments.

Henri prit la parole : il parla des distractions de la vieillesse, des magies du souvenir, des consolations de la nature et de la charité chrétienne; enfin il acheva de séduire la vieille tante.

Au souper, madame de Montreuil remarqua avec un peu de souci que sa nièce mangeait à peine et qu'elle s'efforçait en vain d'être sinon gaie, du moins souriante.

— Voyons, mon enfant, pourquoi cet air pensif, cette mine rêveuse? Je te trouve beaucoup plus belle quand tu t'animes un peu.

— Hélas!

— Et vous, monsieur mon neveu, vous avez de l'inquiétude? Allons, je vois bien que je suis de trop ici ; l'amour aime le silence, la solitude; comme disait mon oncle le chevalier de Tunières, l'amour aime être *entre quatre-z-yeux*. Mais, en vérité, ici mes pauvres yeux ne devraient pas compter; pour y bien voir, il me faudrait mettre des lunettes.

— Mais, ma tante, croyez bien, dit Marie en lui tendant la main, croyez bien que nous sommes heureux et fiers d'avoir un pareil témoin à notre bonheur. Sans vous, où serions-nous allés?

— Oh! oh! reprit la tante en hochant la tête, les amants ne sont jamais en peine ; une fois qu'on a un cœur pour reposer son front, on se moque bien du reste, l'amour est un grand architecte qui bâtit des châteaux partout. Voyons, mes enfants, pour me prouver votre confiance en moi, ayez plus d'abandon ; allez, allez, ne craignez pas de vous embrasser un peu : cela vous fera du bien, et à moi aussi.

Marie sourit avec un charme adorable : elle tendit son autre main à Henri, qui la baisa avec passion.

— A la bonne heure, dit madame de Montreuil ; au moins vous n'avez plus l'air de sortir du couvent. Je sais bien que le souvenir de ton infortune ne doit pas t'égayer beaucoup ni lui non plus ; mais tout cela est fini : il faut jeter un voile sur le passé.

— Oui, dit Marie en soupirant, un voile sur le passé !

Vers la fin du souper, madame de Montreuil était si animée, qu'elle chanta un couplet de son cher abbé de Chaulieu à la déesse d'Amathonte. Après avoir chanté, elle babilla encore avec beaucoup de feu ; enfin elle pencha la tête, et s'endormit, le front sur la table.

Un suivante avertit Henri et Marie qu'elle avait allumé du feu dans leur chambre. Henri leva sur Marie un regard suppliant, lui offrit la main, et prit un flambeau sur la table.

— Allons, dit-elle d'une voix brève.

Elle embrassa tendrement sa tante sur ses cheveux blancs ; elle mit dans son sein le portrait de sa mère. Ils entrèrent au haut du grand escalier dans une chambre très-richement décorée. Les murs étaient tendus de tapisseries à scènes galantes et champêtres ; les dessus de portes et les dessus de glaces, peints en camaïeu, représentaient les quatre saisons. La cheminée était un bas-relief de Girardon, soutenu par deux syrènes en cariatides. Le feu qui venait d'y être allumé répandait un vif éclat sur un grand lit à baldaquin digne d'abriter un roi et une reine.

A la vue des rideaux, Marie pencha son front sur le sein de Henri, qui était toujours tremblant devant elle par la force de son amour.

— Marie, vous devez me trouver un bien triste amant, mais j'ai le cœur si mal fait, que je suis effrayé de mon bonheur. Je tremble comme un enfant qui a peur ; à peine si j'ose vous dire que je vous aime.

— Je le sais, Henri. Croyez-vous donc que je ne sois pas fière de cette passion si profonde et si craintive ? Allez, Henri, moi aussi je tremble, car je n'ose croire que votre jeune cœur, qui est un trésor d'amour, soit pour moi, moi qui n'en suis pas digne.

Ces derniers mots furent étouffés par un baiser de Henri.

— Marie, tu es digne de l'amour d'un roi! Est-ce que je crois à tous les contes dont on t'a poursuivie? Tu es trop belle pour n'avoir pas été victime de ta beauté. A quoi penses-tu, Marie? Hélas! toi, tu ne m'aimes pas! je ne suis qu'un enfant à tes yeux.

— Oui, un enfant plein de cœur et de force, un enfant que j'aime comme si j'étais sa sœur, sa mère...

— Ah! Marie, vous ne m'aimez pas comme un amant!

— Ne vous ai-je pas dit que je vous aimais de tout mon cœur, de toute mon âme, et pour la vie?

En disant ces mots, Marie leva les yeux au ciel.

— Le ciel vous entende et vous bénisse! — Vos beaux cheveux font ma joie; ces beaux cheveux que tant de fois j'ai vus en songe nageant en boucles sur l'oreiller.

— Eh bien, je vous abandonne mes cheveux.

A peine Marie eut-elle dit ces mots que son amant, avec une violente et folle ardeur, la décoiffa de ses mains et de ses lèvres.

— Hélas! lui dit-elle, voilà ce que je vous apporte de mieux en mariage.

Elle avait la plus belle chevelure du monde, noire comme le jais, longue comme la branche du saule pleureur.

— Que vous êtes belle ainsi! Quelle grâce! quelle douceur! quel enchantement!

— Oui, je suis belle encore, dit Marie d'un air distrait en se voyant dans la glace de la cheminée.

Une pâleur de mort passa sur ses joues légèrement animées.

Marie ouvrit sur la cheminée une petite cassette en bois de rose. Elle y prit d'un air d'insouciance un encrier, une plume et une feuille de papier.

— Êtes-vous folle? dit Henri en revenant près d'elle, pourquoi tout cet attirail d'écrivailleur, d'huissier ou d'avocat? est-ce que l'amour est un homme de loi?

— Qui sait? l'amour a peut-être une supplique à vous faire.

Comme Henri semblait attristé par ce mot, elle reprit en souriant :

— Ne vous chagrinez pas, enfant, je dépose la plume.

— Savez-vous, madame, que tout le monde est couché au château?

— Je crois bien, répondit-elle d'un air moqueur, il est huit heures! Vous ne vous êtes jamais couché si tard, n'est-ce pas? Mais ce n'est pas tous les jours la nuit des noces.

. . . .

Les flammes de l'âtre répandaient un vif éclat sur les fleurs épanouies des grands rideaux.

. . . .

Henri s'endormit, bercé par les paroles tendrement amoureuses de Marie. Elle souleva la tête, et le regarda doucement. Mais bientôt, ne pouvant arrêter ses larmes, elle se retourna et joignit les mains avec ferveur.

Après une prière, elle descendit du lit, glissa ses jolis pieds dans des mules de satin, jeta un mantelet sur ses épaules toutes frémissantes, s'approcha de la cheminée et saisit la plume d'une main agitée.

Elle écrivit en pleurant pendant plus d'une heure. De temps en temps elle se retournait tout inquiète vers le lit. Quand elle eut fini d'écrire, elle se leva, et se regarda dans la glace avec une triste curiosité. Elle se promena un peu dans la chambre ; s'étant approchée d'une fenêtre, elle détourna les rideaux pour voir le ciel. Le ciel était parsemé de nuages vaporeux ; les étoiles ne brillaient que çà et là à travers la gaze flottante ; le vent passait doucement sur les vieux chèvrefeuilles du parterre.

— Le beau temps qu'il fera demain, dit Marie avec un soupir : Henri va s'éveiller sous un rayon de soleil, quand les oiseaux chanteront ; je vais ouvrir la fenêtre ; le vent apportera jusqu'à notre lit les parfums du matin et les chansons de l'alouette.

Elle retourna vers le lit ; Henri dormait toujours.

— J'ai froid, dit-elle en tressaillant. Il est temps que je retourne auprès de lui.

Elle alla encore jusqu'à la cheminée, où elle regarda longtemps le portrait de sa mère.

— O mon Dieu ! murmura-t-elle, je vous remercie du courage que vous m'avez donné.

Elle demeura plus d'une demi-heure à contempler Henri avec amour ; à la fin, ne pouvant résister au sommeil, elle l'embrassa doucement sur le front, dénoua ses cheveux, les répandit autour d'elle, pencha la tête sur l'épaule de Henri, lui prit doucement la main et s'endormit avec un long soupir.

XIV

LE RÉVEIL

Quand Henri s'éveilla, le jour commençait à poindre; les premiers feux de l'aurore répandaient dans la chambre, par la fenêtre outr'ouverte, un pâle sillon de lumière; nul bruit au dehors, à peine entendait-on les rumeurs naissantes de la nature. Il n'osait respirer, de peur de réveiller Marie; il entrevoyait sa tête dans l'ombre, à demi cachée dans un pli d'oreiller et à demi voilée par sa longue chevelure.

Il attendit avec une douce impatience que le premier rayon du soleil vînt éclairer ce profil adoré, si sévère et si charmant.

Jamais rêves plus doux n'avaient égaré son âme : cette amante qu'il n'espérait pas posséder, même aux plus folles ardeurs de son amour, elle était là, sans résistance, toute à lui, plus belle que jamais; cet horizon, formé des murs d'une prison qui n'avait pu glacer son cœur s'était abattu sous ses mains; maintenant un horizon plein de soleil et d'espace se déroulait sous ses yeux ravis. Il n'était qu'au lendemain du premier beau jour, à l'aurore du bonheur, au printemps de l'amour.

Cependant il y avait dans cet amour un fond d'amertume dont il ne pouvait se défendre, une volupté triste et douce comme la mort, fatale et attrayante, pleine d'enivrements et d'inquiétudes.

Un rayon de soleil frappa soudain la fenêtre et descendit jusqu'au pied du lit.

— Voilà le soleil qui se lève, je puis éveiller Marie, dit Henri en détournant d'une main légère les longs cheveux de sa femme, car c'était sa femme.

Il se pencha au-dessus d'elle, et, tout enivré déjà du baiser qu'il voulait lui prendre, il appuya ses lèvres émues sur les lèvres de Marie.

Mais au même instant il eut un mouvement d'effroi, il détacha ses lèvres glacées.

— Marie! Marie! s'écria-t-il tout pâle et tout atterré.

Il ne fut pas longtemps à douter de son malheur, il vit bien qu'elle était morte.

Il lui prit les mains, il la souleva dans ses bras, il l'appuya sur son cœur.

Il cria, il pleura, il pria.

Il fit tout ce que lui inspira la passion la plus tendre, la douleur la plus désespérée. Marie était morte, ses baisers et ses larmes n'y pouvaient rien.

Durant plus d'une heure il demeura penché au-dessus d'elle, l'œil hagard, sanglotant sourdement, la couvrant de ses beaux cheveux, lui parlant de sa tendresse.

— Où suis-je donc? se demanda-t-il tout à coup, ce que je vois n'est qu'un songe!

Il leva les yeux; il vit sourire les fraîches paysannes de la tapisserie et les amours bouffis des dessus de portes; il vit sourire le ciel bleu par la fenêtre. Il croyait rêver encore, tout dépaysé par l'ameublement de la chambre. Mais il entendit bientôt dans le corridor deux servantes du château qui parlaient à voix basse.

— O mon Dieu! reprit-il en se jetant hors du lit, c'est donc fini! Que vais-je faire, moi? pourquoi est-elle morte? comment est-elle morte?

Comme il venait de s'approcher de la cheminée, il découvrit la lettre que Marie avait écrite autant avec ses larmes qu'avec l'encre fatale : il saisit cette lettre avec un douloureux éclair de joie curieuse ; il la déchiffra d'un œil troublé, tout défaillant, comme s'il allait mourir lui-même ; chaque mot de ce cruel adieu le frappait au cœur d'un coup mortel.

« Que vous écrire, Henri? je vais mourir. Mourir
« quand, après tant de tortures, grâce à vous, j'allais
« revivre de ma belle vie ! Mais ne vais-je pas revivre
« là-haut en vous attendant? Oui, mourir, car je le
« puis à cette heure que votre noble amour m'a revê-
« tue de ma robe de lin, à cette heure qu'une larme
« de vos yeux est tombée sur mon cœur. Oh! Henri,
« pardonnez-moi ; n'allez pas maudire celle que vous
« avez bénie ! ne regrettez pas de m'avoir aimée, car,
« avec votre amour, je vais paraître devant Dieu, qui
« accueillera la pauvre repentante dans sa miséricorde.
« J'ai tant souffert en ce monde, qu'il m'en sera tenu
« compte dans l'autre. Mais vous êtes mon premier
« sauveur, vous. Il a fallu tout votre noble amour
« pour attendrir les juges d'ici-bas ; ils ont pardonné à
« celle qui inspirait une si grande passion. Ah! pour-
« quoi ne pas vivre dans toutes les joies bénies de cet
« amour? Non, non, j'ai toujours été fatale à qui m'a

« aimée. Il faut mourir, car qui sait si bientôt vous ne
« verriez pas le fond de l'abîme où vous êtes descendu
« pour moi ? Alors je ne serais plus pour vous qu'une
« chaîne de fer. Je pourrais répondre à votre douleur :
« *Vous l'avez voulu;* mais non, j'ai pitié d'un noble
« cœur égaré. Qu'aurais-je à vous donner pour tant
« d'amour ? une âme flétrie, toujours inquiète des éga-
« rements du passé. Hélas! je vous ai aimé, je meurs
« en vous aimant, mais je sens bien que déjà je n'ai
« plus la force d'aimer. Il a fallu que votre âme vînt
« jusqu'à mon cœur pour y ranimer le feu divin.

« Sachez-le bien, Henri, dès que vous avez parlé de
« m'épouser, j'ai songé à mourir; je n'ai pas voulu
« que cet amour durât plus qu'un rêve; vous m'avez
« enseigné la mort. Mais j'y ai songé avec une vraie vo-
« lupté : mourir dans votre amour, mourir regrettée
« par un grand cœur, moi, maudite de tout le monde,
« que pouvais-je espérer de plus beau ? Vous m'avez
« donné votre nom, notre mariage a été pour moi
« un autre baptême, le baptême de la rédemption.
« C'est là tout ce que j'attendais de la vie, avec un bai-
« ser de vos jeunes lèvres sur mon front maudit... J'ai
« pris de l'opium il n'y a qu'un moment, et déjà je me
« sens tout abattue... O mon Dieu! donnez-moi la force
« de bien mourir. Henri, Henri, je n'ose plus retour-
« ner auprès de vous, je vous glacerais. Pauvre enfant !
« voilà une triste nuit des noces. Je n'ai plus longtemps
« à vivre : adieu, adieu! Cette lettre est mon testa-
« ment; ma volonté est que vous viviez sans me plain-
« dre, mais pour défendre ma mémoire. Pauvre Henri,

« quand vous allez vous réveiller, vous serez seul, seul
« en face d'une morte. Je vous demande un dernier
« baiser sur ces longs cheveux que vous aimez tant.
« Ensevelissez-moi vous-même avec le portrait de ma
« mère. Adieu, toutes mes sauvages passions se ré-
« veillent en moi, mais je veux les enchaîner dans la
« mort... Si je m'écoutais, je courrais à vous et je vous
« dirais : *Tu dors et je t'aime*. Mais je ne veux pas que
« tu assistes aux convulsions de l'agonie. J'aurai la
« force de mourir comme si je m'endormais, pour être
« belle jusque dans la mort.

« Marie. »

Henri relut vingt fois cette lettre en se jetant la tête contre les murs.

Marie fut enterrée au château de Montreuil. Après quelques jours de sombre tristesse, Henri retourna dans sa famille. Il ne se consola pas. Il revint à Paris au bout d'un an pour vivre de plus près dans ses tristes souvenirs. Il mourut peu de temps après. A ses derniers jours, il reprit assez de force pour aller au château de Montreuil cueillir un peu d'herbe amère sur la tombe de Marie.

— Hélas ! dit-il avec un sombre désespoir, ce n'est pas moi qu'elle attend là-haut, c'est Montbrun !

IX

L'ARBRE DE LA SCIENCE

※
※ ※

J'aurais beau faire pour me détacher d'hier, aujourd'hui n'existe pas encore pour moi, quoique le soleil marque midi. Ce qui prouve que le temps n'est qu'un paradoxe.

Le Temps avec ses ailes! quelle pauvre invention des poëtes! le Temps est un rêveur qui va, qui vient, tantôt sur le vent, tantôt sur la carapace d'une tortue. Celui qui le premier s'est avisé de mesurer le Temps est un insensé. Est-ce qu'on mesure Dieu? est-ce qu'on mesure le monde invisible? Or le temps, c'est Dieu dans le monde invisible.

O Temps! mon ami, tu as beau m'apparaître avec tes ailes, je me moque de tes airs effarés. Celui de nous deux qui suit l'autre, c'est toi. Couche-toi donc à mes pieds, car je ne veux pas marcher aujourd'hui; je veux vivre d'hier tout mon soûl. Arrache une plume de tes ailes, et donne-la-moi pour écrire une page que je te forcerai d'emporter sur ton dos; car je parlerai de l'amour.

***

A la guerre de l'amour, ce n'est pas le plus brave qui prend le drapeau; c'est le plus savant. La tactique triomphe plutôt que la force.

Il n'y a qu'en Arcadie que l'amour a raison de l'amour.

***

N'est-ce pas Boileau qui a dit :

> La femme est un esclave et ne sait qu'obéir.

Mais la femme n'obéit qu'à l'amour.

***

Les coquettes ont peur des hommes qui ne les voient pas à travers le prisme de l'amour. Elles ne se laissent bien regarder que par des yeux amoureux. Les amoureux sont comme ces illuminés qui s'affolent, au bal de l'Opéra, du masque, et non pas de la femme. Quand tombe le masque, il n'y a plus de femme!

***

Conversation au Château des Fleurs.

Monsieur ***. Madame, au nom de l'amour, je vous arrête.

Madame ***. Pourquoi faire?

Monsieur ***. Je ne sais pas.

Madame ***. Eh bien, offrez-moi un cigare !

Monsieur ***. Qu'est-ce que tu fais ici ?

Madame ***. Je cherche.

Monsieur ***. Un homme, comme Diogène ?

Madame ***. Non, cinq louis, pour n'être pas saisie demain au lever de l'aurore.

On va, on vient, on s'assied, on fume.

Monsieur ***. Adieu, ma chère.

Madame ***. C'est fini ?

Monsieur ***. Oui, ce n'est pas la peine de commencer.

Madame ***. Eh bien, donne-moi un louis.

Monsieur ***. Le voilà.

Madame ***. Merci. Je t'ai donné une heure de mon temps ; nous sommes quittes.

Monsieur ***. L'amour tient d'une main une bourse et de l'autre une montre.

*
* *

Conversation dans les coulisses.

Un ambassadeur en non activité, qui n'a pas été destitué de sa profession d'homme à bonnes fortunes, veut emporter dans sa retraite prématurée les portraits un peu trop décolletés de toutes les femmes qui ont posé devant lui, — ou devant lesquelles il a posé. — Je ne suis pas assez bon mathématicien pour en faire le dénombrement.

Un de ces soirs, M. l'ambassadeur envoie un ministre

plénipotentiaire chez mademoiselle ***, de la Comédie-Française, — devant laquelle il a posé, — chargé de tous ses pouvoirs à l'effet de la peindre en pied, car le ministre plénipotentiaire est un jeune peintre.

— Mademoiselle, je suis chargé par un ci-devant ambassadeur...

— Ah! oui, je connais. Dites-lui donc qu'il reprenne du service; je n'aime pas les gens qu'on met à la retraite.

— Mademoiselle, le ci-devant ambassadeur ne veut pas quitter Paris sans emporter quelque chose de vous.

— Quelque chose de moi! qu'est-ce donc?

— Votre portrait en pied.

— Mon portrait en pied! il sait bien qu'il est gravé; je lui donnerai trois francs pour en acheter une épreuve.

— Il a celui-là, il en veut un plus intime.

— Qu'est-ce à dire?

— Vous comprenez, un portrait un peu moins habillé, comme ceux des grandes dames des trois siècles derniers, qui se faisaient perdre en Hébé, en Daphné, en Diane, ou toute autre divinité, dans l'intérêt du culte de l'amour.

— Et vous venez me proposer cela en plein théâtre, — le théâtre, l'école des mœurs! — Personne ne m'a jamais vue en divinité.

— J'avais pensé, mademoiselle, que vous trouveriez cela tout simple. Que voulez-vous, entre artistes...

— Entre artistes! est-ce que vous croyez parler à du marbre de Carrare?

⁎
⁎ ⁎

L'amour le plus doux n'est-il pas souvent celui qu'on ne saisit pas; la vision qui fuit dans la brume matinale; la pêche qui rit et qu'on ne cueille pas, tant elle est belle à voir sur l'espalier?

Je me rappelle un pareil amour entrevu comme un rêve.

Il y a des maisons qui grimacent, il y en a qui sourient.

Comme elle souriait, cette maison blanche et rouge — pierre et brique — où j'ai vu apparaître une jeune fille à la fenêtre!

Cette jeune fille était belle de toutes les beautés.

Vision du monde où l'on a vécu avant de vivre sur la terre, vision du monde où l'on entre par la porte d'or des songes.

Et mon âme a dit à mon corps :

— C'est là que ton bonheur est enfermé.

Mais pourquoi jeter des pommes dans le paradis? Mes pieds n'ont même pas touché le seuil de la maison qui sourit par la fenêtre.

Douce fenêtre! charmant cadre à ce portrait du bonheur espéré! — du bonheur perdu!

⁎
⁎ ⁎

L'amour, comme l'art, c'est le mirage, l'impossible, le paradis perdu, le premier sourire d'Ève, la première larme de Madeleine.

★
★ ★

Madame la duchesse de C*** égaye les vertus les plus sévères par un langage çà et là réveillé de sel gaulois. Elle a une filleule qui n'a pas de dot et qui ne veut pas rester vieille fille, et qui, en conséquence, s'habille avec une coquetterie un peu bruyante. — Allez, allez, ma fille, lui disait la duchesse de C*** en la voyant partir pour le bal, déployez toutes les armes de la beauté et de la séduction, car vous savez le proverbe : *Tout chemin mène à l'homme.*

★
★ ★

Il devient impossible à l'amour d'aller à pied dans Paris, à travers le flot d'omnibus et de fiacres, de charrettes et de coupés. Babel est en travail et en plaisir. Quelle satire ferait aujourd'hui Boileau devant toute cette éloquence de la vie qui enfante et qui s'épanouit! Au lieu d'une satire, il ferait une ode.

Aux Champs-Élysées, on se croirait tous les jours à la promenade de Longchamp. C'est un cercle en plein vent, où l'on fait piaffer ses chevaux et où l'on rencontre sa maîtresse. A cette comédie des vanités parisiennes, il y a beaucoup de spectateurs à deux sous — le prix d'une chaise — qui, en voyant toutes les élégantes voitures leur passer sous le nez, peuvent se dire, comme mon frère, Édouard Houssaye, s'ils sont des philosophes : « Entre ceux qui, à Paris, vont à pied, et ceux qui vont en voiture, il n'y a que la différence du marchepied. » Il est vrai que mon frère n'est pas un philosophe à pied.

Ah! le marchepied! Il y a un livre à faire là-dessus. C'est le point de départ d'un pays à un autre, de la misère au luxe, de l'insouciance aux soucis. C'est le trait d'union de celui qui n'est rien à celui qui est tout. La question, c'est d'y mettre le pied. Devant la roue dorée de la Fortune, il y a un marchepied; mais le moyen d'y monter sans se faire rouer par le train d'enfer dont va la Fortune?

Mais, après tout, parmi ceux qui sont en voiture, combien qui voudraient aller à pied, si l'amour était du voyage!

* * *

Mademoiselle de la Vallière avait dit : « *Ah! s'il n'était pas roi!* » « *Ah! si j'étais la reine!* » dit madame de Montespan.

Mademoiselle de la Vallière n'aimait que son amant dans le roi, et madame de Montespan n'aimait que le roi dans son amant.

Mais, quand madame de Montespan est venue, peut-être n'y avait-il plus que le roi : Louis s'était évanoui dans la dernière étreinte de mademoiselle de la Vallière.

Toute la poésie du règne, j'ai voulu dire la jeunesse, était partie pour le couvent des Carmélites. Madame Henriette avait emporté à son lit de mort la joie de Saint-Germain et de Fontainebleau; mademoiselle de la Vallière emporta l'amour de Versailles, et tout s'en alla en oraisons funèbres. *Madame se meurt! Madame est morte!*

C'est-à-dire : Vous ne verrez plus les mascarades galantes ; vous n'entendrez plus ces belles conversations qui commençaient avec un madrigal de l'*Astrée* et qui s'achevaient par un éclat de rire de Molière ; vous n'assisterez plus à ces chasses où, dans les halliers retentissants, chaque Endymion eut sa Diane ! Plus de fanfares et plus de cavalcades ! Plus d'île enchantée où vivaient les romans de l'Arioste et les contes du *Décaméron !* — *Mademoiselle de la Vallière se meurt ! Mademoiselle de la Vallière est morte !* ou plutôt, elle le crie elle-même, « elle a jeté sa vie dans le cercueil de la pénitence ! »

C'en est fait ! Le roi Apollon ne poursuivra plus Daphné sur les prés semés de violettes ! Racine ne chantera plus les Andromaque et les Bérénice, ces la Vallière métamorphosées, ces plaintives figures qui osent chanter au roi lui-même les faiblesses de Louis de Bourbon ! Si Mignard veut encore peindre l'amour, il ne peindra plus que l'amour de Madeleine repentie, et sa coupole du Val-de-Grâce portera témoignage pour sœur Louise de la Miséricorde !

Si vous avez admiré cette fresque de Mignard, n'avez-vous pas reconnu la maîtresse du roi dans la pécheresse qui s'agenouille aux pieds de Jésus, noyée dans ses beaux cheveux blonds ?

*
* *

La vertu est comme la beauté. On ne sait où elle commence ni où elle finit.

⁎⁎⁎

Madame de Gué, mère de madame de Coulanges, disait toutes ses prières en latin. Madame de Coulanges lui dit un jour : « Ma mère, vous feriez mieux de prier en français. — Oh ! non, ma fille, quand on entend ce qu'on dit, cela amuse trop. »

C'est la force de l'amour de toujours parler en hébreu.

⁎⁎⁎

Si l'amour aime l'hébreu, il n'aime pas le latin.

L'autre nuit, au bal de l'Opéra, un grave et austère savant de la Sorbonne citait saint Jérôme pour décider une jolie coquette à se démasquer : « *Speculum mentis est facies, et taciti oculi mentis fatentur arcana.* » C'est-à-dire, en langue vulgaire : Ne me parle pas, madame, mais montre-moi ton nez. — Tu sais le latin, lui dit la dame ; tant pis : le latin, c'est le masque de l'esprit. Quand on n'a pas de figure, on met un masque.

⁎⁎⁎

La femme ne veut rentrer au paradis que pour descendre ensuite au paradis perdu.

X

LE BOUQUET DE VIOLETTES

ET

LE BOUQUET DE FLEURS D'ORANGER

I

Ce jour-là, mon ami Henry de Roseray s'ennuyait d'avoir le cœur oisif depuis une grande semaine.

On était aux belles matinées d'avril; on rencontrait à chaque pas un rayon de soleil, une belle femme et un bouquet de violettes. Vous savez ce bien-aimé soleil d'avril qui, après avoir fait longtemps mauvais visage aux Parisiens, redevient tout d'un coup, comme par caprice, si souriant et si doux; cette femme, plus charmante encore que belle, qui a mis de côté la fourrure et les robes d'hiver, qui a retrouvé sa jeunesse et sa grâce avec la robe du printemps; ce bouquet de violettes, enfin, si bien planté au corsage, qu'on le voudrait cueillir d'une main religieuse, si ce n'est d'une lèvre profane.

Henry demeurait quai Voltaire; ses fenêtres regardaient la Seine. A son réveil, un rayon de soleil, traversant ses rideaux, vint trembler sur les bruyères roses de sa jardinière. Ce gracieux tableau ranima ses souvenirs amoureux; après les souvenirs, les espérances traversèrent son imagination comme une troupe folâtre de belles filles qui vont à la fête voisine. Il se leva en chantant un air de la *Norma*. Il ouvrit une fenêtre et vit passer des femmes en écharpe qui ne pensaient pas à lui ; mais, s'imaginant voir l'image vivante de ses rêveries, il descendit bientôt, résolu de ne rentrer au logis qu'avec quelque chose dans le cœur.

Il était près de onze heures du matin: Où aller? A coup sûr le hasard est un lutin malveillant qui conduira les belles femmes au nord si vous allez au midi. Henry suivit le quai tout simplement, non pas du côté de l'Académie, où il n'y a que des livres, mais de l'autre côté, vers le pont Royal, où il passe toujours une jolie femme. Henry, comme vous voyez, était un homme d'esprit qui cherchait la science à la façon de notre première mère. Les sots auront beau dire, les plus ignorants sont ceux qui lisent le plus, car ceux-là n'ont pas le temps d'aimer : il y a plus à apprendre dans le cœur d'une femme que dans mille volumes. Maudit soit Gutenberg! le bal de l'Opéra est la seule bibliothèque à mon gré.

Outre que mon héros était un homme d'esprit,

c'était un homme à la mode. Cela vous semble fabuleux ; car que deviendraient les sots s'ils laissaient aux hommes d'esprit le privilége de la mode? Il faut bien dire que Henry de Roseray n'était pas à la mode pour son esprit, mais un peu pour sa figure, passablement pour ses habits, beaucoup pour sa grâce à valser et à monter à cheval. En y regardant de plus près, on lui découvrait d'autres qualités encore : le pied du cavalier, le regard noble, la lèvre efféminée, la main fine et blanche à tel point qu'il ne mettait de gants que pour le soleil. Il n'était pas du club jockey, mais, en revanche, il n'était pas auditeur au conseil d'État. Il avait failli être avocat, circonstance aggravante! mais pour passer son examen il m'a demandé gravement où était l'École de droit. Il se laissait vivre avec insouciance, grâce à vingt mille livres de dettes que son père payait tous les ans sans rien dire, en vrai philosophe : cependant son père était député.

Ce matin-là, le père et le fils suivirent le même chemin ; mais le fils n'eut garde d'aller à la Chambre.

— Où vas-tu? lui demanda le père à l'angle du pont Royal.

— Je ne sais pas, répondit-il.

— Hélas! dit sentencieusement le député, où allons-nous? Car l'abîme des révolutions est encore béant.

Vous devinez qui du père ou du fils perdit sa journée? Ce fut le député.

Au bout du pont Royal, Henry s'arrêta tout émerveillé devant une jolie fille, pimpante et fraîche, qui venait d'acheter un bouquet de violettes. Par malheur pour elle, elle n'en était plus à son premier bouquet.

— D'où vient-elle? où va-t-elle? qui est-elle? se demanda Henry. — Qu'importe? reprit-il, elle est jolie, elle est svelte, elle est blanche; si elle entre aux Tuileries, je vais me promener avec elle.

Elle entra aux Tuileries; ce n'était pas là son chemin; mais comment ne pas entrer dans le jardin, quand il y a si gai soleil et quand on respire un bouquet de violettes? Une fois entrée, elle regarda vers l'horloge pour voir... pour voir si Henry la suivait toujours. Il la suivait lentement, en homme qui ne sait pas encore quel parti prendre, ou peut-être en homme qui craint une rencontre inopportune.

— Déjà onze heures! dit la jolie fille au bouquet de violettes.

Et elle ralentit son pas pour laisser plus de loisir à Henry; elle venait, je crois, de la rue des Saints-Pères, elle allait dans la rue Vivienne.

— J'aurais bien fait, reprit-elle, de passer le pont des Saints-Pères.

Pourquoi n'avait-elle pas, en effet, pris le chemin le plus court? Parce que, en passant par le pont Royal, elle avait eu pour le même prix son joli bouquet de violettes.

Il y avait beaucoup de monde aux Tuileries, non pas encore les promeneurs, mais les allants et venants. L'amour aime le silence et la solitude, comme disent les poëtes; notre jolie fille, curieuse sur ce chapitre, fit tout d'un coup un zigzag gracieux et s'avança indolemment sous les marronniers déserts. Alors Henry la suivit d'un peu plus près. Enfin il l'aborda sous le septième marronnier, n° 8,313, un chiffre amoureux.

— Je vous sais gré, madame, d'être venue sous ces arbres, car j'ai passablement de belles choses à vous dire.

Elle fit semblant de ne pas entendre.

— En premier lieu, je vous dirai que vous êtes jolie : j'en suis bien aise pour vous comme pour moi. Qu'en dites-vous ?

— Je suis sourde et muette, répondit en souriant la jeune fille.

Elle marcha un peu plus vite.

— Si je vous parle ainsi, reprit notre héros, ce n'est pas, comme dirait un niais, parce que je crois vous avoir vue quelque part, c'est parce que je ne vous ai jamais vue. Je suis pour l'amour impromptu ; l'amour qui n'est pas une surprise est une phrase de M. de la Palice. Vous avez trop d'esprit pour ne pas penser comme moi et avec moi, n'est-ce pas ?

Un silence assez fatal suivit ces paroles.

— Vous avez bien tort, en vérité, de ne pas me répondre ; il me semble que vous n'êtes pas de celles qui cachent leurs dents.

La fauvette, à ces mots, ne se sent pas de joie.

Donc la jolie fille, jusque-là sur la défensive, perdit beaucoup de terrain pour montrer ses dents blanches. Elle parla peu cependant, mais assez pour avertir Henry qu'elle passait souvent vers onze heures dans le jardin des Tuileries. C'était un rendez-vous pour le lendemain. Henry ne voulait pas attendre si longtemps; mais tout d'un coup elle lui échappa, comme un oiseau, dans un groupe de promeneurs, en murmurant :

— *Attendez-moi sous l'orme.*
— A demain donc! dit-il.

Après une petite promenade sous les arbres, il alla s'asseoir devant le café et demanda je ne sais quoi avec un journal. Il voulut lire un article sur la question d'Orient ; mais le moyen de s'occuper de lord Palmerston, quand il fait un si beau soleil ! Le moyen de lire un premier-Paris, quand on a encore devant les yeux l'image souriante d'une jeune fille qui prend le pont Royal pour avoir un bouquet de violettes !

A côté de Henry vinrent bientôt s'asseoir un capitaine d'artillerie, une vieille dame, une jeune fille, une femme de chambre et un chien anglais. Le capitaine avait l'air, de prime abord, d'un homme insouciant et frivole; un mauvais physionomiste eût découvert qu'avant tout ce capitaine aimait ses moustaches. Mais, en regardant de plus près, on eût deviné qu'il avait au fond du cœur quelque ardente pensée d'amour ou d'ambition.

La vieille dame était sa mère. Quoique d'origine anglaise, elle rappelait assez bien ces pauvres vieilles marquises du règne de Louis XVI, qui sont arrivées jusqu'à nous toutes pâlies et toutes brisées par les révolutions. Elle avait encore, sur ses lèvres mille fois fanées, je ne sais quel sourire plus gracieux que tendre, ce sourire qui vous arrête çà et là tout rêveur, quand vous regardez sur les quais un vieux pastel de La Tour, ou une vieille toile de Fragonard.

La jeune fille était sa nièce. Il y avait six mois à peine que miss Jenny Murray habitait Paris. Née à Londres, elle n'avait quitté cette ville qu'à la mort de sa mère, veuve depuis longtemps. Jenny aurait pu se marier à Londres, mais il lui était venu là-bas je ne sais quel écho trompeur du monde parisien; elle avait dans l'esprit je ne sais quoi de romanesque, je ne sais quelle petite fleur bleue qui ne pouvait s'épanouir sur les bords embrumés de la Tamise; elle était venue avec quelque vingt-cinq mille livres de revenu demander un peu de soleil et un peu d'amour à la France. Mais, par malheur, il n'y avait que bien peu de soleil dans le vieil et triste hôtel de sa tante. Pour l'amour, il s'en était depuis longtemps exilé. Le capitaine d'artillerie venait bien de temps en temps de Vincennes avec un cigare et un madrigal sur les lèvres; mais ce n'était pas là un amoureux romanesque comme en rêvait la délicate Anglaise.

En s'asseyant, elle regarda au travers de son voile Henry de Roscray. Elle le trouva fort à sa guise. Mais, se dit-elle tout bas, celui-là doit être, comme mon cousin, très-préoccupé de ses moustaches. D'ailleurs, il lit un journal au lieu de me regarder, c'est encore un cœur mal fait.

— My dear, dit-elle tout haut en se tournant vers le capitaine, the sun...

— Je vous ai déjà dit, ma belle cousine, que j'aimais la langue française; quand vous me parlez anglais, je suis obligé de me servir d'interprète à moi-même, si bien que j'écoute de toutes mes oreilles, mais pas de tout mon cœur. Je sais, d'ailleurs, que les femmes ont bien assez d'une langue pour déguiser leur pensée ; n'est-ce pas, ma cousine?

Henry de Roseray, qui avait un peu entendu, laissa tomber son journal à cet instant.

— Ma foi, mon cousin, si les femmes déguisent leur pensée, la faute en est aux hommes ; mais nous n'en sommes pas là-dessus, Dieu merci ; je voulais simplement vous parler du soleil...

— De la lune et des étoiles, interrompit en riant le capitaine. Que voulez-vous prendre, cousine? un sorbet, une limonade, une orange?

— Rien qu'un rayon de soleil, mon cousin.

— Oh! la belle romanesque! Milton vous eût mise dans son *Paradis perdu*.

— N'y sommes-nous pas tous, dans le Paradis perdu?

Pendant qu'elle disait cela avec un sourire désenchanté, le capitaine demanda des oranges. Henry de Roseray lança un regard byronien à la jeune Anglaise. Si ce regard fut perdu pour lui, il ne fut pas perdu pour elle ; car ce fut dans ce regard ardent que Henry vit toute la splendeur et toute la grâce de Jenny. Vous devinez bien ce qu'il y a de charme adorable dans ces blondes figures d'Angleterre, animées par l'entrain de Paris, ces traits si purs, qui semblent formés par une main divine, ces couleurs si délicates, qui semblent le reflet des roses et des lis cultivés par les anges ; et puis ces yeux, qui vous parlent des joies du ciel en attendant les joies de la terre; enfin, cette nonchalance du cygne, qui appartient tour à tour à la tendresse et à la volupté.

— Quel dommage que ce soit là une rose du Bengale! dit Henry en retombant de son admiration.

A peine achevait-il ces paroles, qu'un de ses amis vint lui tendre la main.

— Enfin je te rencontre à propos! dit le survenant en lorgnant la jeune Anglaise.

Cet ami s'appelait Hector Rivière (quelquefois Hector de la Rivière, ce qui ne faisait de tort à personne, hormis à lui-même).

Henry se leva et suivit Hector. Il se retourna bientôt pour jeter un dernier regard sur miss Jenny. Elle s'était penchée à l'oreille de sa femme de chambre, mais sans perdre de vue notre héros.

— C'est toujours, dit Henry, avec un doux et triste sentiment que je quitte, sans espérance de la revoir, une belle femme à peine entrevue, une rose dont je n'ai pas respiré le parfum : il est vrai que celle-ci est une rose de Bengale.

— Une rose de Bengale? dit Hector d'un air surpris...

— Oui, c'est une Anglaise, un beau corps sans âme, ou plutôt une âme sans amour.

— Ce que tu dis là est insensé, Henry; si les Anglaises n'ont rien dans le cœur, c'est la faute des Anglais, qui ne savent pas cultiver la fleur délicate de l'amour. Dieu a semé cette fleur-là dans toutes les âmes, laissant aux hommes le plus beau privilége, celui de l'arroser d'une larme et de l'animer d'un regard.

Henry regarda Hector des pieds à la tête.

— Tu ne me croyais pas capable, lui dit Hector, d'un semblable galimatias sentimental? Tu ne me connais guère, ô mon ami! et je me connais bien moins encore. Mais je veux surtout combattre ta pensée, à savoir qu'il est triste de quitter à jamais une belle femme qu'on rencontre à la promenade, au bois, au théâtre, au bal, je ne sais où. C'est encore une de tes erreurs : le hasard fait bien ce qu'il fait. Il ne se passe pas de jour qu'on ne s'amuse à ces charmantes rencontres : une belle vous apparaît comme un astre impromptu ; vous savez d'avance que vous n'avez qu'un seul instant à passer sous ses beaux yeux. Vous vous dépêchez de l'aimer de toutes vos forces. Comme elle sait qu'elle n'a rien à risquer, elle y met un peu de bonne volonté et un peu de coquetterie ; elle est alors, comme par miracle, plus belle que jamais ; vos yeux se disent mille pensées adorables qui vous vont au cœur. Va, moi qui te parle, j'en ai aimé plus d'une comme cela, que j'ai même regrettée, bien entendu, plus qu'une passion de six mois. Hier encore, je n'ose dire où, dans un omnibus qui avait passé, il est vrai, par la rue Laffitte... Ah! la jolie femme! Mais n'en parlons plus... Oui, mon cher, l'amour n'a pas des ailes pour rien ; c'est en voltigeant çà et là qu'il atteint son but.

— Tu te trompes, dit Henry ; c'est en voltigeant çà et là qu'il voyage, mais il n'arrive à rien.

— Tant mieux, s'il n'arrive pas. Arriver à quoi, s'il vous plaît?

Ils entrèrent au café Anglais.

II

En bon physionomiste, Henry de Roseray s'était trompé tout à fait sur le caractère de la jeune Anglaise. Rose de Bengale, avait-il dit, fleur sans parfum, femme sans amour : l'erreur était grande. Miss Jenny avait dans son petit cœur anglais un petit volcan d'Italie. Elle avait lu des romans; elle passait les heures les plus douces à rêver une vie romanesque. Libre de sa main et de sa fortune, elle avait depuis longtemps juré qu'elle prendrait pour compagnon de route ici-bas un homme selon son cœur ; il fallait être blond de cheveux et de barbe, assez grand, avec un joli pied et une main fine ; avoir plus d'esprit que de beauté, cependant la beauté ne devait pas être hors de concours; ne pas être bavard ni trop empressé, plutôt grave que léger, mais grave avec un éclair de franche gaieté; par-dessus tout, il fallait être original. J'ai bien peur que Henry de Roseray ne soit le modèle du portrait caressé en rêves. Qui sait si ce n'est pas la destinée de Jenny qui a entraîné notre héros sur les pas de la jolie fille au bouquet de violettes pour le conduire sous les yeux distraits de la jeune Anglaise?

Le lendemain, comme Henry s'habillait pour aller aux Tuileries, à peu près à la même heure que la veille, un Auvergnat lui remit une lettre. Comme vous et comme moi, il perdit une minute à vouloir deviner de qui lui venait cette lettre, sur le cachet, l'écriture et le parfum; mais pas d'armes sur le cachet, une écriture sans caractère, pas le plus léger parfum. Pourtant, en la respirant, il pensa que le souffle d'une femme y avait passé. Enfin, il brisa le cachet et lut cette énigme :

« A onze heures comme hier ; le jardin est grand, « mais on se trouve sans se chercher. »

Il ne comprit pas. Il pensa d'abord que ce ne pouvait être que de la jolie fille au bouquet de violettes; mais qui pouvait lui avoir appris son nom et enseigné sa demeure? car sur l'enveloppe il y avait bien : *Monsieur Henry de Roseray, quai Voltaire.* Cependant, dit-il, je n'avais pas écrit sur mon chapeau, comme dans la fable : *C'est moi qui suis Guillot.* Qu'importe, après tout, d'où cela me vienne ? il y a trois étoiles pour signature, c'est d'un augure sentimental et poétique.

Il partit pour les Tuileries; mais, par un contre-temps fâcheux, il y fut surpris par une petite averse.— Allons, dit-il avec dépit, voilà mes espérances qui tombent dans l'eau.

Il revint sur ses pas en maudissant le climat parisien; et, ne sachant comment bien perdre son temps, il rejoignit son père à la Chambre. Il sortit bientôt, fatigué de voir tant de médiocres avocats sans causes.

Le lendemain, il se promenait, dès dix heures, aux Tuileries ; un vent léger agitait les branches déjà touffues des marronniers ; çà et là une chanson d'oiseau traversait le silence un peu bruyant des ombrages. Dans les parterres, les jacinthes s'épanouissaient à côté des tulipes : les roses printanières semblaient n'attendre qu'un jour pour la floraison ; dans les bassins, les hirondelles revenues passaient toutes joyeuses, effleurant du bout de leurs ailes les cygnes surpris et les étoiles blanches des jasmins ; c'était partout, sous ce beau ciel, dans ce jardin en fleur, un tableau de la vie plus ardent et plus charmant que jamais.

Il attendit. — Elle passa ; — elle passa, plus pimpante et plus jolie encore que l'avant-veille, avec un doux sourire sur la lèvre, un rayon d'amour dans les yeux : cependant Henry fit la grimace au passage; pourquoi? Elle ne passait pas seule. — *Attendez-moi sous l'orme*, dit-elle encore.

— Qu'elle aille se promener ! s'écria Henry.

Il se promena lui-même. Il s'empara, sans y penser, de la première chaise venue contre la terrasse des Feuillants. Comme son regard errait à l'aventure, il découvrit tout d'un coup, avec une douce surprise, la vieille tante de miss Jenny Murray.

— A merveille, dit-il, voilà de quoi distraire mon regard pendant l'entr'acte.

La vieille tante n'était pas seule, bien entendu; à côté de sa tête, qui hochait un peu, se dessinait le ravissant profil de la jeune Anglaise. Elle faisait semblant de regarder au loin; mais la vérité, c'est qu'elle voyait très-bien Henry.

Elle secouait indolemment un petit bouquet de myosotis; de temps en temps elle le respirait avec un soupir céleste, comme si ce bouquet fût un souvenir des anges; or, à force de le respirer et de le balancer, il tomba à ses pieds un peu du côté de Henry : c'était là qu'il l'attendait. Il s'empressa de le ramasser; il l'offrit à Jenny avec une grâce parfaite; mais Jenny, jouant merveilleusement la distraction, eut l'air de ne pas voir le geste de Henry. Il prit son parti sans balancer, il garda le bouquet. C'est toujours un bouquet, dit-il, je n'en espérais pas autant d'une Anglaise. Le myosotis est la fleur du souvenir. Dieu veuille que je me souvienne de celle-là toute la durée de son bouquet! Mais ce serait à coup sûr perdre mon temps que de rester dans cette atmosphère septentrionale; allons un peu plus loin.

Il se leva et fit un tour dans la grande allée. Quand il passa devant miss Jenny, elle inclinait sa blonde tête sous je ne sais quelle rêverie mélancolique. — Comme les apparences sont trompeuses, dit-il, une Française pareillement inclinée rêverait à son amant, à coup sûr; mais une Anglaise! elle pense à prendre du thé.

Il s'éloigna pour chercher fortune.

En rentrant vers minuit, sans avoir rien trouvé, on lui remit une lettre de mademoiselle ou de madame Trois-Étoiles.

« Je suis déjà oubliée, n'est-ce pas? j'ai passé sur
« votre âme comme une hirondelle sur les fleurs. »

Le lendemain, Jenny vint, de son pied léger, jusque dans son salon. Il tomba ébloui et atterré sur son divan.

— Est-ce bien une femme ou une vision? se demanda-t-il. C'était une femme et une vision ; elle ne lui dit pas un mot. Elle apparut et disparut comme par enchantement.

Il ouvrit une fenêtre sur la cour, en se rappelant que quinze jours auparavant il avait lorgné sa voisine, la femme d'un consul, depuis dix ans à son poste, je ne sais où, ni elle non plus. Mais, au lieu de regarder par les clairs rideaux de cette dame, le hasard entraîna son regard sur la balustrade d'une grande fenêtre où un chien dormait avec délices sous un rayon de soleil.

— C'est bien étonnant, dit Henri ; il me semble que j'ai déjà rencontré ce chien-là quelque part ; j'ai vu hier dans la cour une charrette pleine de meubles : c'était sans doute pour l'emménagement de ce chien.

Comme Henry avait son journal à la main, il l'ouvrit par mégarde et y jeta un regard distrait ; mais bientôt il y prit goût au point qu'il ne vit pas de prime abord une jolie fille passer sur la balustrade, à côté du chien :

— Oh! oh! dit tout à coup Henry, voilà une voisine dont je ne me doutais guère.

Or la jeune fille qui venait de passer sur la fenêtre était tout simplement Jenny.

Après s'être appuyée un instant sur la balustrade, elle se pencha sur le chien et le caressa gentiment. Le chien, qui sommeillait encore, se réveilla tout à fait, comme par reconnaissance.

— Les belles mains! dit Henry.

A cet instant la femme de chambre apparut, transportant une jardinière toute pleine de pâquerettes et de myosotis. Jenny se releva et respira au-dessus de ce joli jardin. Elle avait entrevu Henry, elle ne savait trop quelle figure faire. Elle pensa à rentrer; mais il y avait là son chien, ses fleurs, du soleil ; et puis elle aurait eu l'air de s'en aller à cause de lui. Elle demeura, elle cueillit une pâquerette en murmurant : *A little, much, passionately, non at all.* Elle rejeta la fleur avec dépit et leva un regard au ciel. Il faut dire que la fenêtre de Henry était dans le chemin du ciel.

Elle rentra dans le salon, suivie de son chien. La femme de chambre demeura un instant encore, comme pour étudier la physionomie de Henry; mais il ferma sa fenêtre avec insouciance. Cependant, une heure après, il y revint par curiosité, rien que par curiosité.

— Quel joli profil! quel teint adorable! dit-il en allumant un cigare. Mais je voudrais bien avoir des nouvelles du bouquet de violettes. Dirai-je donc longtemps encore comme le poëte : Le désert est dans mon cœur?

Il oublia peu à peu que Jenny était sa voisine; il finit par ne plus ouvrir sa fenêtre sur la cour; il reprit plus que jamais son insouciance vagabonde et ses amours en plein vent.

Près d'un mois après le matin où Henry avait vu Jenny à sa fenêtre en compagnie de son beau chien, il fut très-surpris de la rencontrer à une soirée de madame de T... Jenny dansait comme un ange ; il dansa avec elle par caprice plutôt que par entraînement. Il se contenta de danser ; il ne trouva pas un mot galant à dire. Cependant, à la fin du quadrille, il allait parler de je ne sais quoi, quand le capitaine d'artillerie le regarda avec un certain air de bravade qui ne lui fit pas peur, mais qui l'arrêta court dans son éloquence. Jenny, qui avait de la bonne volonté à son égard, le trouva spirituel. Un danseur qui ne dit rien du tout a mille fois plus d'esprit que celui qui dit quatre paroles. Cependant un homme d'esprit qui cause en dansant a beaucoup de chances pour toucher le cœur de sa danseuse ; la parole glisse amoureusement sur les ailes de la musique. Mais tout l'esprit doit, selon madame de Staël, se borner à ceci ou à peu près : Vous avez le plus beau bouquet ; ou bien : Vous dansez comme un ange.

Le même soir, Henry se retrouva en face du capitaine à une table de whist. Le capitaine avait une franchise un peu rude qui plut à Henry ; il le jugea brave et sincère.

— J'en suis bien aise pour cette jeune Anglaise, dit-il d'un air distrait.

Madame de T... recevait son monde tous les jeudis. Le jeudi suivant, Henry retrouva Jenny au milieu d'un quadrille ; il dansa encore avec elle dans le plus profond silence. Il remarqua, en la reconduisant, qu'elle était d'une pâleur extrême.

— Peut-être mon silence est-il trop éloquent, murmura-t-il. C'est ennuyeux de parler en dansant, ce n'est guère plus amusant de danser sans rien dire ; je ne reviendrai plus ici.

Il ne retourna plus aux soirées de madame de T...

Il ne revit plus Jenny que de loin en loin, quand il prenait le loisir d'ouvrir sa fenêtre sur la cour.

— C'est étonnant comme cette jolie petite fille a pâli, disait-il à chaque rencontre. Pourquoi diable n'épouse-t-elle pas son cousin?

Un matin, à son réveil, le domestique vint l'avertir qu'un monsieur tout noir demandait gravement à lui parler en tête-à-tête.

— Tout noir, dit-il, c'est un corbeau de mauvais augure; cela menace d'être gai. Dites-lui d'entrer, Jean. Mais emportez donc ces chiffons de femme.

Le domestique ramassa çà et là, sur la cheminée, sur un fauteuil, sur un tapis, un petit gant de Suède, une broche, un mouchoir de batiste. Ce domestique, qui avait assez le style d'un roué coquin, pria l'homme noir d'entrer, tout en respirant l'ambre du mouchoir.

L'homme noir entra en silence et s'inclina d'un air digne et sévère au-dessus du lit de Henry. Notre héros se souleva et lui rendit son salut de l'air du monde le plus comiquement sérieux.

— J'ai deux mots à vous dire, monsieur Henry de Roseray. Je suis un oncle outragé.

— Je vous écoute, monsieur.

— Sans préambule oiseux, j'arrive droit au fait; je ne viens pas ici pour faire des phrases; les beaux mots me vont mal; je ne suis pas avocat, grâce au ciel!

— J'en suis bien aise pour vous et pour moi, monsieur.

— Je hais les beaux discoureurs qui se donnent toutes les peines du monde pour embrouiller leur pensée; il faut les suivre dans des détours sans nombre, au risque de se perdre et de ne pas se retrouver. Je ne suis pas de cette école fâcheuse ; à quoi bon se fatiguer vainement l'esprit et la poitrine ? Pourquoi perdre du temps à parler pour ne rien dire ? Tous les chemins vont à Rome ; mais, pour aller à la raison et à la vérité, il n'y a qu'un chemin, le chemin du naturel.

Pendant ce début si rapide et si simple, Henry étudiait la physionomie de cet homme grave. C'était un homme de cinquante ans à peu près ; vain et sentencieux, il y avait en lui l'étoffe d'un procureur du roi subalterne ou d'un avocat obscur ; sa figure, depuis longtemps éteinte, retrouvait çà et là un accès d'orgueil qui la ranimait pour un instant. Il s'écoutait parler, même quand il ne parlait plus. Il écoutait les autres avec laisser aller et avec distraction. Bon homme au fond, mais se gardant bien de se laisser deviner. Il était vêtu avec une sévérité lugubre, tout noir des mains aux pieds. Il faut tout dire : c'était un médecin.

Après un silence prétentieux, il reprit la parole, toujours d'une voix glaciale, toujours répétant deux ou trois fois sa phrase sacramentelle :

— En un mot, monsieur Henry de Roseray, je vais, sans perdre de temps, vous apprendre de quoi il est question, car, enfin...

— Mais, monsieur, j'écoute avec impatience ; vous promettez d'aller comme sur un chemin de fer, mais nous avons bien de la peine à nous mettre en route. Voyons, ai-je commis un petit délit ? Ai-je oublié de payer un billet ? Suis-je découvert pour la garde na-ti-o-nale ?

— Il s'agit bien de tout cela, monsieur ! Si je viens

ici, ce n'est pas pour si peu de chose. L'honneur, votre honneur et le mien, sont en jeu.

— En vérité ! je voudrais bien savoir ce qu'ils ont à démêler ensemble ?

— Vous ne le saurez que trop tôt, monsieur. Mon silence devrait parler. Il est des choses qui se devinent, des mystères qu'on soulève d'un rien, des secrets...

— Enfin, monsieur, quel est votre secret ?

— Mon secret, c'est le vôtre ! Descendez en vous-même, consultez votre cœur.

— Mon cœur n'a pas grand'chose de bon à me dire.

— C'est là que je vous attendais, monsieur ; votre cœur doit trembler devant votre raison, qui est son juge : car enfin, monsieur, vous avez séduit une jeune fille, un ange de candeur et de vertu, une héroïne de sagesse, un ange sans défense qui s'est confié à l'amour comme à Dieu. Vous comprenez, monsieur, que je ne viens pas ici pour faire des phrases.

— Le nom de l'ange en question, s'il vous plaît ?

— C'est cela : vous avez profané tous les noms du calendrier, votre cœur est devenu un almanach... Mais ici ce n'est plus un nom comme les autres : miss Jenny Murray ! Qu'en dites-vous ?

— Je ne connais pas.

— Quelle indignité ! dit le médecin en frappant du pied ; on séduit d'abord, sauf à ne pas connaître ensuite ! Voilà bien les hommes d'aujourd'hui, ma pauvre nièce !

— Monsieur, je suis à peu près un homme de bonne foi, je ne cache pas ma vie : j'ai le cœur en plein vent ;

eh bien, il faut m'en croire : je ne connais pas miss Jenny Murray. D'après le portrait que vous m'en faites, j'ai lieu de regretter de ne pas la connaître.

— En vérité, monsieur, on ne trompe pas avec plus d'hypocrisie. La pauvre fille, si elle vous entendait parler ainsi, ah! monsieur, elle en mourrait.

— Il y a un malentendu entre nous. Vous êtes bien sûr que miss Jenny n'est pas folle? Vous ne vous êtes pas trompé de porte dans l'escalier? Il y a peut-être un autre séducteur au même étage.

Le médecin prit son portefeuille. Voyez, monsieur, voyez votre nom écrit de la main tremblante de miss Jenny.

— Ah! mon Dieu, quelle lumière! s'écria Henry.

— Enfin, Dieu soit loué! vous voilà revenu à votre cœur. On a beau faire pour masquer le cœur, le cœur finit toujours par se montrer.

Henry gardait le silence ; cette écriture de Jenny, c'était l'écriture des lettres mystérieuses marquées de trois étoiles; mais il était toujours dans le dédale. Que voulait dire le médecin en parlant de séduction? Henry avait bien des peccadilles sur la conscience; mais il était toujours demeuré dans le domaine de la comédie amoureuse, son amour n'avait jamais dépassé l'éclat de rire ; s'il avait mouillé sa paupière, ç'avait été par des larmes de joie. Or la séduction, c'est le drame, ou tout au moins le mélodrame.

— A propos, dit-il tout à coup en entendant ouvrir une fenêtre, miss Jenny n'est-elle pas une jolie Anglaise, qui habite la maison en compagnie d'une vieille tante, d'un beau et d'un jeune capitaine d'artillerie ?

— Pardieu ! ne le savez-vous pas mieux que moi ?

— Et c'est celle-là que j'ai séduite ?

— Oui, monsieur, vous l'avez séduite indignement !

Henry regarda le médecin dans les yeux.

— C'est étonnant, dit-il, vous n'avez pourtant pas trop l'air d'un fou.

— Je subirai sans me plaindre toutes vos impertinences ; je suis ici pour défendre une cause sacrée ; j'irai jusqu'au bout de mon rôle. Quand je me suis mis en route, c'est pour arriver à quelque chose.

— Si vous y tenez, je veux bien encore vous croire raisonnable : cela ne coûte rien ; mais, pour la peine, parlons un peu raison. Vous me croyez donc un fier don Juan pour séduire une jolie Anglaise à la barbe d'un capitaine d'artillerie ? Vous savez s'il a des moustaches terribles, celui-là !

— Prenez garde, monsieur, n'allez pas par quatre chemins ; reconnaissez et réparez votre faute, ou bien vous les verrez d'un peu plus près, ces moustaches terribles !

— Je n'y tiens pas, mais cela m'est égal.

— Si je ne puis vous faire entendre raison, celui-là en viendra à bout ; mais ce ne sera plus par les armes du sentiment et de la dignité.

— Mon cher monsieur, parlons d'autre chose. Fumez-vous ? voici des cigares.

— Il s'agit bien de cigares ! Peut-on masquer ainsi son cœur ; après tout, pourquoi tant de dédain pour une fille qui est riche et belle ? pourquoi...

— Cela dépasse les bornes! je vous déclare, monsieur, que, si vous n'en finissez pas, je vais, sinon vous conduire à la porte, du moins m'en aller moi-même. Après cela, vous divaguerez tout à votre aise. Les murs ont des oreilles, vous parlerez aux murs.

Le médecin leva la tête avec dignité.

— Adieu, monsieur; je ne dirai plus un mot, je n'essayerai plus de ramener votre cœur dans le bon chemin; je vais dire à celle que vous avez séduite, je vais lui dire ce que vous êtes. La pauvre fille en mourra! elle qui avait bâti tant de châteaux sur votre amour! Ah! bâtir sur l'amour, c'est bâtir sur le sable. Mais un autre viendra, monsieur, un autre qui ne sera pas médecin, vous comprenez... ce sera le capitaine... son épée sera sans doute plus éloquente que ma parole.

Le brave médecin sortit comme un tyran de mélodrame.

— Je n'y comprends rien, dit Henry en s'habillant. A-t-elle rêvé que je la séduisais, ou bien rêvé-je moi-même? Enfin, c'est toujours une aventure de plus. — Voyons, reprit-il en allumant un cigare, je veux sortir de ce labyrinthe. En premier lieu, il faut que ma mémoire retrace tout ce qui s'est passé dans mon cœur depuis six mois. C'est un abîme, on s'y perd. Je vois à peine confusément un joli pied par-ci, une main blanche par-là; un voile bleu, une amazone qui passe aux Champs-Élysées, une valseuse qui penche sa tête sur mon épaule, un cachemire bien porté, une écharpe mal portée, un coupé où j'ai passé une heure en belle compagnie, un bouquet ramassé pendant une contredanse. A propos! qu'est devenu ce joli bouquet de violettes qui n'avait coûté qu'un sou sur le pont Royal? bienheureux bouquet! celui-là a eu un tombeau digne de lui. Quel joli corsage!

Et, après avoir ainsi évoqué tous ses souvenirs d'amour, Henry tomba dans une rêverie charmante où il respira tout à son aise le parfum du beau temps passé.

— Donc, poursuivit-il en allumant un autre cigare, j'ai suivi dans les Tuileries ce joli bouquet de violettes, je l'ai abordé sous le marronnier le plus touffu, je lui ai dit ma façon de penser, qui n'est pas la façon de penser de tout le monde. Or tout cela m'a fait aboutir à quoi? à rencontrer une Anglaise sentimentale, qui veut à toute force m'épouser. Par Dieu ! voilà une idée qui ne me serait pas venue! que lui ai-je donc fait pour encourir ainsi sa disgrâce? « Premier point : je suis allé m'asseoir près d'elle ; elle a laissé tomber des myosotis, *souvenez-vous de moi*. Moi qui n'entends rien à l'anglais, j'ai ramassé le bouquet par mégarde, et je me suis bien gardé de me souvenir d'elle. Deuxième point : j'ai rencontré miss Jenny dans un bal, j'ai dansé avec elle ; mais, ce bal m'ennuyant beaucoup, je n'y suis pas retourné. En additionnant, il y a un total qui équivaut à une séduction! J'avoue que jusqu'à présent je m'y étais pris d'une tout autre manière. »

III

Ce matin-là, comme Henry chiffonnait une douzaine de cravates printanières, on vint lui annoncer une autre visite : M. d'Harcourt.

— A merveille, dit-il, voilà donc les moustaches du capitaine d'artillerie.

Ce M. d'Harcourt n'était rien moins que le capitaine d'artillerie en question. Il salua à peine, s'avança fièrement vers Henry et lui jeta un regard de dédain. Henry eût répondu à ce regard s'il n'eût dès l'abord découvert une profonde tristesse dans la figure du capitaine.

— Décidément, dit-il, il y a quelque chose de sérieux, voyons ! Mais j'ai beau chercher dans mes souvenirs, je n'y puis rien trouver de grave à propos de la miss Jenny susdite.

— Monsieur, dit le capitaine d'une voix brève, si vous avez eu de la peine à comprendre notre vieil ami le médecin, je pense que vous me comprendrez au premier mot : il faut épouser ma cousine ou nous couper la gorge.

— Nous nous couperons la gorge tant qu'il vous plaira ; mais, avant tout, je voudrais bien savoir pourquoi.

— Vous le savez mieux que moi, monsieur, dit M. d'Harcourt avec amertume.

— Mais, monsieur, à coup sûr il y a un malentendu ; je ne sais le nom de miss Jenny que depuis une heure.

— Le nom ne fait rien à l'affaire. Vous avez séduit une jeune fille, vous allez l'épouser ou nous allons nous battre.

— Voyons, la main sur le cœur : si miss Jenny a été séduite par quelqu'un, c'est par vous-même. Or j'ai bien assez de mes œuvres sans reconnaître celles des autres.

— Mais pouvez-vous parler de cette façon quand j'ai vu se nouer et se dénouer cette fatale passion ? Vous aviez vos raisons pour ne plus retourner chez madame de T...

— Monsieur, je n'y suis pas allé plus longtemps parce que je m'y ennuyais, voilà tout le mystère. Mais j'y suis allé assez de temps pour voir sur quel pied vous étiez avec miss Jenny.

— Monsieur, si j'avais été sur un si bon pied avec ma cousine, je ne viendrais pas vous trouver.

M. d'Harcourt se promena à grands pas, la tête pensive et inclinée.

— Sachez-le donc, dit-il tout à coup, car je le confie à tout venant, tant j'ai le cœur plein ! j'aimais ma cousine avec la tendresse dévouée d'un frère et la passion dévorante d'un amant. Depuis quatre ans, cet amour m'est venu peu à peu ; d'abord je m'en doutais à peine ; aujourd'hui c'est mon âme, c'est ma vie. Et vous, un inconnu, vous, un étranger, vous êtes venu prendre ma place au soleil ! car c'est vous qu'elle aime, vous qui ne l'avez aimée ni respectée. Ah! mon Dieu! j'en perdrai la tête; mais au moins je serai vengé! Et pourtant, si je vous tue, je la tuerai du même coup! La pauvre fille est à moitié morte déjà; elle vous appelle à grands cris. — Voyons, suivez-moi chez ma mère, nous nous entendrons mieux là qu'ici. Et je vous en supplie pour vous et pour elle surtout, gardez-vous bien d'éveiller ma colère jalouse! votre vie ne tient à rien.

— En vérité, monsieur, je ne sais plus que penser: vous parlez avec l'accent d'un cœur ému, avec tous les dehors de la bonne foi; je vois bien que vous êtes en proie à une vraie douleur; mais, je le répète, je ne suis pour rien dans cette douleur. Croyez-vous que miss Jenny n'ait point par hasard un accès de folie?

— Folle! ma cousine, folle!

Le capitaine saisit la main de Henry.

— Venez! venez! vous verrez si elle est folle, la malheureuse enfant!

Il entraîna Henry, bon gré, mal gré.

— Allons, dit notre héros en se résignant, le mystère va peut-être se dévoiler en face de miss Jenny.

L'appartement de la vieille madame d'Harcourt s'ouvrait dans un autre escalier. Ils descendirent donc, traversèrent la cour et remontèrent. Pendant ce trajet, qui se fit en silence, Henry renoua sa cravate, repoussa ses cheveux en arrière et peigna sa barbe. Tout en ne voulant pas avoir séduit Jenny, il ne voulait pas se résigner à n'être pas séduisant. Par cela seul, un meilleur physionomiste que le capitaine eût bien vu qu'il n'avait pas séduit Jenny : un séducteur arrivé au but ne fait pas tant de façons.

— Suivez-moi toujours, dit M. d'Harcourt en entrant.

Il traversa une antichambre, un petit salon, et frappa du doigt à une porte de chambre à coucher.

La femme de chambre vint ouvrir.

— Ah ! c'est vous, monsieur d'Har...

Elle n'acheva pas ce mot, tant elle fut surprise par la présence de Henry de Roseray. Elle annonça M. d'Harcourt et un autre monsieur. Le capitaine fit passer Henry en avant. Du premier regard, Henry vit les rideaux du lit ; au même instant, les rideaux furent soulevés, et il aperçut une pâle figure qui reposait sur l'oreiller. C'est à peine s'il reconnut Jenny, tant la douleur l'avait ravagée ! Elle ouvrit de grands yeux égarés, elle poussa un cri de joie et de surprise, elle tendit les bras vers lui.

— Ah ! c'est vous, dit-elle d'une voix étouffée, c'est vous, enfin ! je vous attendais.

Henry, presque entraîné par cette voix, s'approcha du lit. Le capitaine le suivit comme un loup qui suit sa proie. Jenny, voyant ce regard de colère, murmura tristement :

— Allons, mon cousin, un peu de pitié pour moi. Que voulez-vous ? il n'y a plus à revenir là-dessus.

Elle tendit une main à M. d'Harcourt et l'autre à Henry. Le capitaine pressa la petite main blanche en soupirant ; Henry ne savait que faire de celle qu'il avait prise.

16.

— Méchant! dit Jenny, c'est donc ainsi qu'on se revoit après une si douloureuse absence! Mais vous ne savez donc pas tout ce que j'ai souffert? Ma pauvre vieille tante en mourra. Ah! Henry! Henry! vous ne m'avez pas aimée, n'est-ce pas? vous m'avez trompée comme tant d'autres. De grâce, Henry, dites toute la vérité, dites-moi que je meure ou que je vive; ne me laissez pas plus longtemps à la torture. Henry, vous ne m'avez pas aimée, n'est-ce pas?

— Eh bien, dit le capitaine, avisez-vous un peu de lui dire que vous ne l'avez pas aimée!

En ce moment, le vieux médecin et le père de Henry entrèrent dans la chambre.

— Oui, monsieur, disait le médecin, un homme d'honneur comme vous comprendra tout d'un coup, sans préambule ni paroles oiseuses, en un mot et sans détour, qu'il n'y a qu'une chose à faire, un mariage.

— Monsieur, dit le député en s'adressant à son fils, vous savez ma façon de penser sur ces choses-là. Je vous l'ai dit maintes fois : prenez garde à ce que vous faites; la première fille venue qui viendra se plaindre devant moi sera accueillie par un juge intègre, qui vous condamnera sans délai à l'épouser. On ne se joue pas ainsi de l'honneur des familles; les vrais représentants du pays (ici le député leva un peu la tête) doivent marcher droit pour donner l'exemple. Vous comprenez ce qui vous reste à faire. Vous n'irez pas par quatre chemins. Heureusement pour tout le monde qu'ici ce n'est pas la première venue. Je vois avec plaisir que nous avons affaire à une famille honorable.

Le député s'inclina devant miss Jenny, devant le capitaine et devant le médecin.

— Mon père, dit Henry, qui gardait toujours la main agitée de miss Jenny, je partage vos idées sur ce point d'honneur; mais ici, je le dis tout haut, on se moque de nous.

Jenny retira sa main et jeta un cri perçant; M. d'Harcourt, frappant du pied, saisit violemment le dossier d'un fauteuil pour ne pas saisir Henry.

— Vous le voyez, monsieur, dit le médecin au député, perverti jusqu'au fond du cœur! Peut-on comprendre une pareille conduite? Votre fils séduit miss Jenny au moment même où elle devait épouser son cousin, qui l'adorait; miss Jenny est belle et riche (car, ne vous trompez pas, elle possède à coup sûr plus d'un demi-million); miss Jenny l'aime plus que la vie, puisqu'elle veut mourir s'il persiste dans son horrible refus; eh bien, l'ingrat n'est pas touché le moins du monde!

— Tout cela est bien étrange, se disait Henry; il y a ici quelqu'un de fou, moi, elle, à moins que tout le monde ne soit fou.

Il se mit à réfléchir assez raisonnablement; mais comment voir clair dans ce dédale? Jenny avait-elle été séduite par son cousin? mais alors, qui l'empêchait d'épouser son cousin, qui avait l'air d'être de bonne foi dans son amour? avait-elle été séduite par un autre? Henry voyait avec horreur se dessiner quelque figure de subalterne, quelque professeur ambulant, quelque mauvais maître de musique. Après tout, c'était bien dommage; car Jenny, avec sa fortune et sa beauté, avait autant de droit que toute autre à devenir sa femme, seulement il ne comptait pas sitôt en passer par le mariage.

Pendant qu'il raisonnait ainsi, la pauvre Jenny cachait ses larmes sur l'oreiller.

— Quoi! dit tout à coup le capitaine en se frappant le front, vous n'êtes pas attendri par ce spectacle? Mais c'est la douleur qui se débat avec la mort ! Voyons, achevez-la, dites encore un mot, dites, dites.

— Je n'ai plus rien à dire, murmura Henry.

Jenny lui jeta un regard désespéré. Il fut touché jusqu'au cœur; il se pencha sur elle, lui reprit doucement la main, et lui dit à l'oreille :

— De grâce, expliquez-moi cette énigme.

Peut-être allait-elle lui répondre ; mais, M. d'Harcourt s'étant approché, elle murmura :

— Henry, de grâce, n'oubliez pas ainsi que je vous ai tout sacrifié; ce n'est pas la mort que je vous demande, c'est l'amour, c'est la vie! souvenez-vous de vos serments et de ma faiblesse !

— Eh bien, Henry, dit tout à coup le député, qui ne détachait pas ses yeux de Jenny, j'espère que cette voix-là te fera entendre raison.

Henry était presque fasciné par le regard de la jeune fille. Comme elle vit qu'il chancelait dans sa résolution, elle souleva la tête et dit d'une voix mourante :

— Henry! Henry! de grâce, un baiser, un seul baiser, et que je meure aussitôt!

Cette fois il fut entraîné malgré lui ; il prit dans ses

mains tremblantes l'adorable figure de Jenny; il la baisa sur le front avec égarement.

— Henry! je vous aime, Henry!

A peine Jenny eut-elle dit cela qu'elle tomba évanouie.

— Enfin, dit le médecin, tout est pardonné.

Il s'empressa de secourir la jeune fille; Henry se détourna un peu, mais au même instant il revint devant le lit, comme si un charme fatal l'enchaînait désormais à Jenny.

— Tenez, lui dit le médecin, je suis fort en peine de la rappeler à la vie; mes sels n'y font rien; mais, au toucher de votre main, je suis sûr qu'elle va se ranimer comme par enchantement. L'amour est le dieu des miracles.

Henry reprit encore une fois la main de Jenny; elle ouvrit ses grands yeux célestes :

— Ah! c'est toi, dit-elle avec un sourire.

Peu à peu Henry était revenu à sa raison; mais à ce regard, mais à cette voix qui le touchait au cœur, il chancela encore, il fit semblant d'aimer la pauvre fille, et, en vérité, il l'aimait déjà. On a vu des cœurs moins rebelles. Comment ne pas s'attendrir à la vue d'une belle fille qui a l'air de mourir d'amour pour vous? Il y avait bien autour de Henry un mensonge qui gâtait un peu l'aventure; mais, en même temps, il y avait un mystère qui avait bien sa poésie.

Enfin, l'amour a des caprices sans nombre, il s'amuse à nous surprendre, même quand nous le repoussons; l'amour sait mieux que nous le chemin de notre cœur ; il en connaît les détours, il arrive à son but en dépit de toute notre raison. Et puis, ce qui avait surtout égaré Henry, c'était je ne sais quel air de bonne foi dans le regard de Jenny.

— Miss Jenny coupable, dit-il, n'oserait pas me regarder ainsi ; elle a toute la candeur de l'amour.

Il en était là de ses réflexions quand elle lui dit avec un divin sourire :

— Ah ! c'est toi !

Il laissa parler son cœur, il répondit sans penser à ce qu'il disait :

— Oui, c'est moi, je suis là pour ne plus vous quitter. Oubliez le mal que je vous ai fait, vivez pour moi comme je vais vivre pour vous.

— Ah ! dit-elle en levant les yeux au ciel, Dieu vous récompensera.

— Ainsi tout est dit, murmura le député.

Il tendit la main à Henry.

— C'est bien, Henry, tu n'as pas oublié mes leçons. —Messieurs, je vous salue, car on m'attend à la Chambre pour ne pas voter les fonds secrets. — Mademoiselle, permettez-moi de vous baiser la main. Je vous demande pardon des chagrins que mon fils vous a causés, mais les chagrins sont à leur terme. A quand le contrat de mariage?

— A ce soir, dit M. d'Harcourt d'un air sombre, car je veux le signer avant... avant de partir.

— Que votre volonté soit faite, dit le député.

— Attendez, mon père, je vais vous conduire un peu

— Vous me quittez déjà ! dit Jenny avec angoisses

— Je reviens tout de suite, répondit Henry en dépassant le seuil de la chambre.

Il accompagna son père jusqu'à la Chambre, dans le dessein de lui dire la vérité. Mais, chaque fois qu'il voulait parler, une main invisible se posait sur ses lèvres : c'était la main du destin ou plutôt de Jenny. S'il parlait, son père se moquait de lui, son père prenait fait et cause pour lui et retirait sa parole. Alors il ne fallait plus songer à Jenny ; il achevait de briser un pauvre cœur qui avait déjà de l'écho dans le sien ; il abandonnait une femme qui serait peut-être la joie de sa vie.

— Avant tout, il faut que je la revoie, dit-il.

Il quitta brusquement son père après quelques vagues paroles ; il revint sur ses pas et retourna chez madame d'Harcourt.

— Demandez à mademoiselle Jenny si je puis lui parler, dit-il à la femme de chambre qui vint ouvrir.

Cette jeune fille revint aussitôt et le pria de la suivre dans la chambre de miss Jenny.

— Je vous attendais, dit-elle en soulevant sa main.

Une vive rougeur colora son front.

— Enfin, passa Henry, je vais savoir à quoi m'en tenir.

Dès que la femme de chambre se fut éloignée, il dit à Jenny d'une voix émue :

— Depuis ce matin, je suis dans le feu des pieds à la tête ; il y a en moi de l'amour, de la colère, de la jalousie, que sais-je ? A coup sûr, mademoiselle, avant ce soir je serai plus malade que vous ; mais, en vérité, la mort n'est pas ce qui peut m'arriver de plus triste. De grâce, quel est le mystère qui m'entoure si bien?

Jenny détourna la tête et répondit en rougissant encore :

— Le mystère, vous ne le devinez donc pas? Le mystère, c'est l'amour.

A ce mot, la voix de la jeune fille mourut sur ses lèvres.

— Voilà, reprit-elle, le seul mot que je puisse dire aujourd'hui. Si votre cœur sans confiance ne plaide pas pour moi, qu'il n'en soit plus question. Vous l'avez dit, la mort n'est pas toujours ce qui peut nous arriver de plus triste... J'entends la voix de mon cousin, silence !

M. d'Harcourt entra soudainement.

— Ma cousine, je pars demain pour Nancy... A moins qu'il ne faille... Le contrat de mariage se signe toujours ce soir?

— Oui, dit Henry, résigné à tout.

Il sentit une larme de Jenny arroser sa main.

Il serait trop long de vous raconter mot à mot les angoisses de Henry durant le reste de l'après-midi. Il passa une heure avec la vieille madame d'Harcourt, qui lui raconta en pleurant l'amour et la douleur de son fils ; il passa une heure dans la chambre de Jenny en compagnie du vieux médecin ; il dîna seul ; il se promena sur les quais et retourna vers huit heures, pâle et abattu, pour le contrat de mariage, presque décidé à créer des obstacles. Mais, en voyant la pâle, douce et triste figure de Jenny :

— Allons, dit-il, qu'ils fassent de moi ce qu'ils voudront.

Le contrat de mariage se rédigea en silence; il n'y eut point de débats pour les intérêts : tout le monde était d'accord là-dessus, — même le notaire. — La vieille madame d Harcourt pleurait au pied du lit, le capitaine se promenait à grands pas; le député, le médecin et plusieurs amis échangeaient quelques paroles sur la séance de la Chambre, sur le beau temps, sur la forme des contrats de mariage; Henry et Jenny se regardaient souvent.

Le notaire présenta gracieusement la plume à Jenny pour la signature; elle signa en jetant un regard de crainte et d'espérance; Henry signa sans y regarder à deux fois, mais pourtant d'une main agitée. Quand ce fut le tour du capitaine, il murmura entre ses dents :

— J'avais cependant dit que ce ne serait pas avec une plume et de l'encre que je signerais ce contrat de mariage.

Quand il eut signé, il embrassa sa vieille mère avec effusion.

— Adieu, lui dit-il; ce n'est pas demain qu'il faut partir, c'est aujourd'hui.

Il prit son chapeau et sortit aussitôt, plus pâle que sa cousine. Il sortit sans lui dire un mot, sans la regarder.

Henry resta bientôt seul avec madame d'Harcourt, à côté de Jenny. Après avoir bien pleuré, madame d'Harcourt s'assoupit dans son fauteuil.

— Enfin, nous sommes seuls! dit Henry après un

silence. Vous allez me dire, maintenant que j'ai fait preuve de bonne volonté (il appuya sur ce mot avec un peu d'amertume), vous allez me dire le secret.

— Mon Dieu ! dit Jenny, vous ne comprenez donc pas que je vous aimais et que je ne l'aimais pas. Il est parti, je puis vous le dire, je puis le plaindre. Hélas ! il m'aimait tant, que, sans le mot de séduction que je lui ai jeté au cœur, il ne se fût jamais résigné à me voir aller à un autre. Pardonnez-moi ce mensonge. C'est moi plutôt qui suis coupable de séduction, n'est-ce pas, méchant aveugle ? Mais j'avais beau faire pour arriver à votre cœur !

— Que n'ai-je pas compris tout de suite ? s'écria Henry avec joie, je n'eusse pas fait tant de façons pour vous épouser, car je vous aimais.

Et voilà comment celui qui poursuivait un bouquet de violettes trouva un bouquet de fleurs d'oranger.

IV

Six mois après, vers les beaux jours d'automne, M. Henry de Roseray se promenait avec sa femme dans la grande allée des Tuileries ; la lune de miel argentait encore leur ciel de lit, à en juger par leurs regards tendrement amoureux.

Depuis une demi-heure ils parlaient de M. d'Harcourt, qu'ils n'avaient pas revu depuis le contrat de mariage.

— Mon Dieu! dit tout à coup Jenny, n'avez-vous pas vu sous les marronniers?

— Qu'est-ce donc? demanda Henry.

— Voyez!

Henry vit alors son cousin, qui promenait à son bras, devinez qui? — La jolie fille au bouquet de violettes que nous avons vue au début de ce conte? — C'était elle, en effet, mais plus jolie encore.

— Tout cela est bien étonnant, dit-il avec un soupir de regret à sa folle jeunesse. Si j'avais fait un pas de plus dans les Tuileries le jour du bouquet de violettes, qui sait si les rôles ne seraient pas changés?

Qui sait si les rôles ne changeront pas?

Henry de Roseray avait voulu lire le roman de la vie, et il n'en pouvait plus feuilleter que l'histoire.

Mais dans l'histoire ne retrouve-t-on pas le roman?

XI

L'ARBRE DE LA SCIENCE

⁂

Quand Dieu fit la femme aux dépens de l'homme, il créait du même coup la femme et l'amour. En effet, l'homme est attiré vers la femme comme à un autre lui-même et comme à un bien perdu. Il veut ressaisir sa force primordiale, il veut s'enchaîner à cette autre vie qui est encore la sienne. La femme, de son côté, trouve que Dieu ne lui a pas donné tout ce qu'il y avait de grandeur et d'héroïsme dans l'homme. Elle essaye de conquérir ce qui lui manque ou de se donner tout entière, comprenant bien qu'elle n'est que la doublure de l'étoffe primitive qui habille l'idée de Dieu.

La doublure ne vaut-elle pas l'étoffe?

⁂

Dans le mariage, l'harmonie vient des contrastes. On ne fait pas un accord avec une seule note, ni un

L'AMOUR COMME IL EST

tableau avec une seule couleur. A toute âme brune il faut une âme blonde, la force aime la grâce, l'esprit se repose dans le sentiment.

⁂

Peut-on admettre un instant avec le philosophe grec que les hommes s'endorment du sommeil éternel, en gardant le sentiment de leur vie ? Les méchants dorment d'un sommeil inquiet, les bons « d'un sommeil de miel, comme s'ils reposaient sur le versant de l'Hymette. » Les passionnés emportent dans le tombeau la fièvre de l'amour inapaisé ; les ambitieux, l'horreur du néant. S'il n'y a pas de seconde vie, la mort rend ainsi la justice des châtiments et des récompenses ; elle a des sommeils couronnés de roses pour ceux qui lui arrivent les mains pleines de bonnes actions et des sommeils couronnés d'épines pour ceux qui lui tendent leurs mains tachées de sang.

⁂

L'amour des beautés byzantines est doux à cueillir comme les roses sauvages dont la pâle senteur ne pénètre que l'âme ; on a je ne sais quelle chaste joie à se déchirer les mains à ces églantiers qui ont plus d'épines que de fleurs.

⁂

C'est la femme qui perd la femme. Avec l'homme la femme se retrouve.

⁂

Ce n'est pas Adam qui a corrompu Ève.

Aujourd'hui le serpent prend la figure de la femme pour corrompre la femme.

⁂

Quand vous voyez par le monde deux amies inséparables, c'est qu'elles sont aimées toutes les deux dans les mêmes régions, — à moins qu'elles n'aient commis ensemble quelque joli crime. — Le temple de l'amitié des femmes s'élève souvent sur le tombeau de leur vertu. Quand deux femmes sont amies ou ennemies, on peut toujours se demander : « Où est l'homme ? »

⁂

Quand l'amour a le diable au corps il transporte le paradis dans l'enfer ou l'enfer dans le paradis. Il répand sur les flammes vives les lys, les roses blanches et les violettes qui fleurissent aux doigts des madones et des martyres.

⁂

Le masque de l'amour a pris plus de femmes que l'amour lui-même.

⁂

L'amour est comme le poëte, qui trouve toujours des vers nouveaux avec la même poésie.

⁎⁎⁎

L'amour est plus grand encadré par l'art que par la nature, comme la religion, qui est plus belle avec Palladio, Michel-Ange, Raphaël et Mozart que dans une église rustique.

⁎⁎⁎

Il en est des passions amoureuses comme des chimères de l'esprit. Je me suis toujours représenté ces adorables figures du monde idéal comme des belles filles embarquées sur une mer orageuse et côtoyant le rivage où on les appelle sans jamais vouloir aborder, parce que leurs pieds de neige ne sauraient toucher la terre. Elles passent, elles passent, et sourient à ceux qui tendent les bras vers elles; mais, comme elles sont à tous, elles ne sont à aucun; elles sourient, mais elles fuient, comme le soleil dont le rayon ne s'arrête jamais, même sur la treille toute de pourpre et d'or qu'il a nourrie de son feu, de son sang et de ses larmes.

⁎⁎⁎

Les songes sont des comédiens qui nous jouent à nous-mêmes nos passions. Mais la vie la plus sérieuse n'est qu'une série de songes qui représentent une comédie invraisemblable. La mort nous réveille et nous dit le nom de l'auteur.

⁎⁎⁎

L'amour se nourrit de larmes et de sang, dit l'Anthologie, et non de lait et de roses. C'est qu'il a sucé le lait des bêtes féroces quand Vénus l'abrita dans les bois inaccessibles contre les colères de Jupiter.

*
* *

Quand une femme se déshabille, elle est encore vêtue de sa pudeur — si elle est amoureuse.

Quand une femme se donne corps et âme, elle est encore chaste — si son cœur bat.

*
* *

La chercheuse d'esprit qui trouve l'amour ne trouve pas l'esprit. Le chercheur d'amour perd dans son voyage tout l'esprit qu'il a.

L'esprit hait le commerce de l'amour, et l'amour hait le commerce de l'esprit.

*
* *

En amour, il n'y a que les tyrans qui restent sur le trône. Les monarques débonnaires laissent tomber leur sceptre en quenouille.

*
* *

Il y a longtemps que les femmes se peignent la figure; quelques-unes le font avec un art si délicat, elles sont si bien peintes, en un mot, qu'elles ont l'air de ne l'être pas. Elles appellent cela corriger les oublis de la nature. On se peignait, dans l'antiquité : Sapho mettait du blanc pour attendrir Phaon ; Aspasie mettait du rouge pour cacher les ravages de l'amour. A Rome, quand les généraux entraient en triomphe, ils se barbouillaient eux-mêmes en signe de joie. « Pourquoi vous mettez-vous du rouge? » demandait le maréchal de Richelieu à mademoiselle Gaussin ; et, comme la comédienne avait un peu de littérature, elle répondait : « Les généraux mettaient du rouge le jour où ils entraient en triomphe à Rome ; chaque jour n'est-il pas pour moi un jour de triomphe? »

*
* *

Les étrangers s'imaginent toujours que Paris est le pays de la chevalerie, que les hommes y sont galants, comme à la cour des Valois ou des Précieuses, et qu'ils rappellent ces paroles de Tacite, parlant de leurs ancêtres : « Ils croient qu'il y a quelque chose de divin dans les femmes. » Ce n'est plus que le pays du cigare et du cheval. L'opinion sur les femmes a tout à fait changé. Aujourd'hui ils croient qu'il y a quelque chose du démon dans la femme. Opinion aussi digne de créance que la première.

*
* *

La mode a eu ses jours de carnaval ; il fut un temps où les hommes se firent un gros ventre pour se donner un air de majesté, où les femmes se firent des hanches invraisemblables pour se donner un air de grandeur. Les masques eux-mêmes eurent leurs jours de mode. On jugea qu'il était indécent de sortir sans masque. La feuille de vigne d'Ève avait tout envahi; on prenait un masque pour aller dans le monde et pour aller à l'église. Mais bientôt la beauté, qui n'aime pas les verrous, voulut resplendir comme le soleil lui-même: non-seulement le masque tomba, mais avec le masque tout ce qui couvrait les bras et le sein.

De toutes les modes, la meilleure est celle qui habille peu les femmes. Dans l'antiquité, elles n'étaient guère vêtues que de leur pudeur. Aujourd'hui, dans les fêtes parisiennes, la robe descend très-bas et cache des pieds qui ne sont sans doute pas irréprochables, mais elle ne monte pas très-haut : cinquante mètres d'étoffe pour la jupe et cinquante centimètres pour le corsage.

L'antiquité a connu M. de Cupidon — un enfant qui n'était pas né à l'amour. — Les anciens ont élevé des temples à Vénus — Vénus pudique et Vénus impudique, aux chasseresses comme aux bacchantes; — mais ils n'ont pas pénétré dans le divin sanctuaire de l'amour. Nous ne connaissons plus les neuf Muses, mais nous savons par cœur toutes les sublimes strophes de cette muse moderne qui s'appelle la *Passion*. Nous avons moins bâti de temples à l'idée, mais nous avons pieusement élevé l'autel du sentiment.

L'amour se couronnait de roses ou de pampres chez

les anciens ; il se couronne d'épines chez les modernes. Il ne courait que les sphères radieuses du monde visible ; il habite les régions étoilées de l'idéal.

*
* *

Chez Sapho, comme chez Didon, l'amour a toutes les violences, toutes les colères, toutes les fureurs, mais ne s'attendrit jamais jusqu'aux larmes. Elles sont égarées, mais elles ne pleurent pas. Le feu qui les altère, qui les dévore, qui les consume, c'est la volupté de la louve. Ce n'est pas la soif de l'infini qui les attire, ce n'est pas la piété universelle qui ouvre et répand leur cœur sur toutes choses : elles sont dominées par les désirs qu'allume le sang.

La femme que nous a donnée le christianisme ne voudrait pas, au prix de la couronne de Didon ni de la gloire de Sapho, traverser cet enfer de l'amour païen. La femme nouvelle, tout en subissant les morsures des bêtes féroces de la volupté, se détache, d'un pied victorieux, de la fosse aux lions, par ses aspirations vers l'infini. Elle sait que sa vraie patrie est au delà de la forêt ténébreuse qui lui cache le ciel.

*
* *

Oh ! la belle vie que celle qu'on devine à peine, la vie errante et vagabonde comme la source qui jaillit de la montagne, qui traverse la vallée en réfléchissant le ciel bleu, les nuages blancs, les arbres verts, en caressant la verveine et le myosotis, en mêlant sa chanson à celles des brises et des rossignols! Oh! la belle vie que celle dont on soulève à peine le voile, qui ne laisse entrevoir que la blancheur de son cou! C'est le monde rêvé, mais inconnu; le rivage espéré, mais qui fuit toujours.

N'allez pas si vite avec la vie qu'avec votre maîtresse, car la vie dure plus longtemps; ne vous avisez pas de la trop regarder en déshabillé, ne dénouez sa ceinture que dans vos sublimes délires.

Si une agrafe se brise au corsage, si le sein perce le nuage de dentelles, comme l'aurore au mois des roses, ne détournez pas le nuage.

*
* *

L'amour n'est souvent pour la femme que le coup de l'étrier pour son voyage dans le bleu. Elle laisse l'homme en chemin.

J'ai connu un grand poëte qui buvait de l'absinthe pour l'ivresse, et non pour l'absinthe.

*
* *

« Puisqu'il y a un ministre de la guerre, pourquoi n'y a-t-il pas un ministre de l'amour? » disait madame Récamier. Mars dirait à Vénus que cela ferait double emploi. Mais où est Mars?

*
* *

L'amour a-t-il étudié les mathématiques? Quand il veut tromper son monde, il commence par mettre un zéro après une unité et il est dix fois plus amoureux. Le lendemain il met encore un zéro, et il aime cent fois plus que la veille. Et ainsi il va de zéro en zéro jusqu'au jour où la nature, dépouillée du prisme de l'orage, le ramène à l'unité, que dis-je? au simple zéro.

⁂

La Normandie est le pays de la pomme.
La pomme est le fruit d'Ève.
Voilà pourquoi la femme est toujours un peu Normande en amour.

⁂

La femme brune qui prend un amant blond espère dominer par toutes les forces ; mais elle rencontre bientôt son maître. La femme la plus brune est plus blonde que l'homme le plus blond.

⁂

Ce n'est pas à la chevelure, c'est au regard que la femme reconnaît les blonds. La marquise de *** disait en voyant ses convives à table : « Je n'ai ce soir que des bruns. » On se récria en regardant les blonds : « Chut! dit-elle, *car les blonds ne sont pas ce qu'un vain peuple pense.* »

N'est-ce pas Roqueplan qui a dit que Dieu avait donné la femme blonde aux peuples du Nord pour les consoler de l'absence du soleil?

⁎ ⁎ ⁎

Quarante-quatre ans! Comme cela chanté un *De profundis* pour les femmes qui ne se réfugient ni dans l'amour maternel ni dans l'amour de Dieu! J'ai rencontré dans un joli cottage des bords de la mer madame la comtesse de ***, qui commence à se résigner aux frimas. Il faut l'avouer, ses quarante-quatre ans s'inscrivent impitoyablement autour de ses yeux, ces beaux yeux qui ont encore le feu de la jeunesse; l'hiver a déjà neigé sur sa chevelure, cette chevelure d'ébène qui fut le deuil de tant de belles femmes blondes! C'est encore une beauté pourtant, l'ombre et le souvenir de la beauté. Elle est allée, au milieu de la tempête, se faire baptiser par la mer, — baptiser, c'est son mot. — Nul n'a compris ce baptême. Une femme méchante de sa compagnie a dit : « C'est l'extrême-onction. »

⁎ ⁎ ⁎

La poésie a comme la femme la beauté du diable : un air de jeunesse et de passion qui rayonne un instant, mais qui passe comme le rayon d'avril et ne laisse plus sur le front que l'ombre des giboulées. Combien qui ne sont pas morts et qui, après avoir jeté ce premier éclat, sont dévorés tout vivants par l'oubli! Où sont-ils? Ils sont plus morts que les autres, parce que l'épitaphe bruyante des autres rappelle leur nom à toute heure et sert d'annonce à leur vie. Plaignons ceux qui ont eu leur jour de poésie et qui ne sont pas morts sur le soir. Plaignons, plaignons les oubliés, ceux qui n'ont pu suivre leurs frères d'armes dans la mêlée glorieuse et fatale, ceux qui, réfugiés dans quelque province, ont repris le teint fleuri du premier venu. Plaignons ceux-là qui sont leur tombeau à eux-mêmes : *Ci-gît un poëte dans cet homme qui passe.*

* * *

On ne s'explique pas comment les mères d'actrices, qui n'ont jamais été ou qui ne sont plus les mères de l'Amour, accompagnent leurs filles dans les coulisses pour servir d'épouvantail aux amoureux. Il n'y a point de spectacle plus lamentable que celui de ces femmes sans sexe et sans âge, qui seraient à leur place chez elles. La maternité est une chose si sacrée, qu'on souffre de la voir, de gaieté de cœur, venir souiller sa robe dans ces enfers du théâtre.

* * *

On a dit de Prudhon qu'il était le peintre des amours. Ç'a été plutôt le peintre de l'amour, tant sa touche était chastement voluptueuse.

* * *

J'ai sur mon chevalet une de ses figures à mi-corps, grandeur naturelle. C'est une belle femme presque nue qui cache sa gorge avec la main. Le mouvement est d'une grâce à la fois naïve et maniérée. La main est si belle et si légère, que, tout en faisant ombre au sein, elle l'indique plutôt qu'elle ne le cache, puisqu'elle appelle le regard. C'est la supercherie de la candeur. Le sein et l'épaule ont toute la morbidesse inappréciable de l'école de Parme. On ne saurait y reprendre qu'un accent de trop ardente volupté. Mais la tête corrige assez cet accent par sa douceur sentimentale. Elle incline légèrement un beau cou nourri de roses et de lis qui rappelle les nonchalances du cygne. Elle est coiffée avec un goût douteux : les cheveux sont relevés par un ruban rouge qui les réunit à un léger bouquet dont l'éclat est étouffé dans la demi-teinte. L'expression de cette figure appartient tout à la fois au caractère antique et au sentiment moderne. J'y retrouve un peu trop le sourire des femmes du Consulat, peintes par Gérard ; mais, dans tout l'œuvre de Gérard, rien n'est digne d'être comparé à cette figure, qui est sans doute un portrait dont l'original est apparu à Prudhon dans le prisme des visions de Praxitèle.

L'amour est le soleil de l'âme. Pendant la nuit l'âme cherche la lumière dans toutes les étoiles : elle va de la fortune à l'ambition, de la science à la renommée, de chimère en chimère, toujours éblouie et jamais voyante.

Tout à coup l'aube annonce le soleil, les étoiles pâlissent, le soleil se lève.

L'âme inondée de lumière ne voit plus que l'amour, se moque de la fortune et de l'ambition, de la science et de la renommée. Aimer ! aimer ! elle ne conjugue plus que ce verbe sur tous les temps.

⁎⁎⁎

C'est le triomphe de l'amour de s'élever d'un pied dédaigneux au-dessus de tous les orgueils, et de s'estimer plus riche que M. de Rothschild. L'amour bat monnaie comme un roi, et change l'eau en vin comme un dieu.

⁎⁎⁎

La pudeur est sublime, parce que c'est la nature qui se défend. La pruderie est odieuse, parce que ce n'est qu'un masque. Sous la pudeur, il y a une vraie femme; sous la pruderie il n'y a qu'une fausse femme.

⁎⁎⁎

En France les amoureux ne sont pas plus épiques que la *Henriade*. La raison domine toujours la poésie. L'amour écrit de belles strophes, mais ne fait guère de livres. Beaucoup de jolies bourgeoises émancipées ont cru s'élever à la poésie parce qu'elles étaient romanesques, mais elles n'ont parfilé que de la prose poétique.

⁎⁎⁎

Les femmes romanesques aiment les hommes prosaïques. La nature ne veut pas perdre ses droits

⁎⁎⁎

L'amour est un bourreau d'argent. C'est toujours

l'enfant prodigue. Il se nourrit de ses sacrifices, car plus il donne et plus il croit affermir sa conquête. Mais il ne prend hypothèque que sur le sable mouvant du rivage. Si on lui donne la monnaie de sa pièce, ce sera en fausse monnaie.

*
* *

Si l'amoureux aime la solitude, c'est qu'il a un monde dans le cœur.

*
* *

La courtisane mange l'héritage, la femme aimée mange le blé en herbe, — l'avenir ! — Quelle est la plus dangereuse, ô jouvenceau en habit bleu barbeau à à boutons d'or !

*
* *

La scène est eau Château des Fleurs. Musard conduit l'orchestre, Cellarius conduit la danse, l'amour mène le reste.

MADEMOISELLE PAR-CI.

Qu'est-ce que tu es venue faire ici ?

MADEMOISELLE PAR-LA.

Je suis venue détourner les hommes de ton chemin.

MADEMOISELLE PAR-CI.

Allons donc ! tu vois bien que tu marches dans le désert.

MADEMOISELLE PAR-LA.

N'est-ce pas que ces bals du Château des Fleurs sont la mille et deuxième nuit?

MADEMOISELLE PAR-CI.

Oui, mais cela manque de sultans.

UN MONSIEUR *qui passe.*

Dites plutôt que cela manque de sultanes.

MADEMOISELLE PAR-LA.

Ce monsieur doit être un étranger. Tu sais que les étrangers n'ont pas le sou. Un prince allemand m'a proposé cent florins par mois; il m'a dit qu'il n'en fallait pas davantage pour être heureux dans son pays.

MADEMOISELLE PAR-CI.

Et les Anglais! voilà des gens surfaits! J'en ai un qui m'a apporté un service d'argenterie en ruolz.

UN MONSIEUR *qui passe.*

Il a eu raison. Votre cœur, est-ce que ce n'est pas du plaqué? vous êtes quittes.

*
* *

Rivarol pouvait se dire un peu le disciple et le maître de Chamfort : c'est le même esprit mordant et enjoué, la même satire qui ne s'attendrit jamais. Ils ont laissé l'un comme l'autre des fragments épars d'une œuvre éclatante ; mais ce n'est point assez que de savoir sculpter le fronton d'un palais quand le palais n'est point bâti. Quoiqu'ils fussent contemporains de Jean-Jacques Rousseau et de Bernardin de Saint-Pierre ; quoique alors le génie français se fût enrichi de deux sources divines, la rêverie et le sentiment, Chamfort et Rivarol, hommes du passé, niaient les espérances de l'avenir. Ils ne voyaient pas le ciel à travers l'horizon chargé de tempêtes. Ils croyaient que l'esprit humain avait depuis longtemps dit son dernier mot en France, comme en Grèce, sous le siècle des courtisanes. Ils croyaient donc à la mort et à l'oubli. Ils ne vivaient que pour l'œuvre visible de Dieu, comme Horace et les païens, qui abritaient leur philosophie sous les cheveux de Vénus aux pieds de neige et sous les berceaux de pampre aimés du soleil. Cependant, nous qu'ils ont niés, nous croyons à eux ; nous ne sommes pas encore des barbares, et nous reconnaissons volontiers qu'Anacréon et Horace n'avaient pas plus d'esprit dans l'amour.

*
* *

Triste ! triste ! triste ! On ne sait pas par quels défilés périlleux passe la vertu ! A chaque pas une embûche, à chaque carrefour un précipice, et pas un homme de bonne volonté qui lui tende sérieusement la main. Un seul désert, un pain amer, un grabat presque funèbre, voilà l'horizon.

Le travail, dites-vous ? Et que voulez-vous que fassent ces mains blanches que Dieu n'a destinées qu'aux soins de la maison et des enfants ? Le travail la tuera sous sa tyrannie quotidienne. C'est l'homme qui est coupable. Savez-vous ce que fait l'homme quand Dieu lui envoie pour réveiller en lui l'amour du prochain quelque belle fille qui meurt de faim ? Il l'emprisonne dans ses mauvaises passions, il lui vole son honneur comme un voleur de grands chemins, il la dépouille de sa robe de lin et s'en pare comme d'un drapeau pris sur l'ennemi. Et vous croyez que cet homme sera puni pour ce crime de lèse-humanité? Puni! au contraire, la galerie applaudira comme s'il s'agissait d'un Romain enlevant une Sabine.

* * *

La vraie école de Jean-Jacques, ce fut la femme, et on peut dire qu'il s'est toujours souvenu de son maître d'école. La femme tient toute la place dans sa vie et dans ses livres, même quand elle n'y est pas. Depuis le poëte du *Cantique des cantiques*, qui donc, à part le Tasse, un autre fou de génie, qui donc a imprégné son style d'un plus vif sentiment de volupté? C'est le panthéisme de l'amour, qui étreint du même bras l'idéal et la vérité.

* * *

Il en coûte cher quelquefois pour être la maîtresse du roi.

Le roi Louis XV ne donnait pas à sa première maîtresse de quoi acheter des robes, quoiqu'il en chiffonnât beaucoup. La comtesse de Mailly disait : « Mon mari a commencé ma ruine, mon amant l'achèvera. » Le cardinal Fleury n'ouvrait pas les coffres de l'État pour les menus plaisirs de Sa Majesté. L'ambassadeur de Russie, partant pour Pétersbourg, demanda les ordres de madame de Mailly : « Vous m'enverrez une fourrure de trois cents livres, car je suis ruinée. » La czarine, ayant connu cet ordre, dit que ceci la regardait. Elle choisit deux fourrures de quatre-vingt-dix mille livres et dit à l'ambassadeur de les envoyer à la czarine de Choisy « contre argent, » ajouta-t-elle. — « Combien? demanda l'ambassadeur. — Contre trois cents livres; n'est-ce pas le prix convenu? »

Avant et après Louis XV, combien de maîtresses du roi sont mortes de misère pour avoir voulu tenter cette fortune périlleuse !

* * *

Madame de Mailly ne s'était pas enfermée chez les Carmélites, comme mademoiselle de La Vallière ; mais elle vécut pareillement détachée du monde, ne portant pas un cilice, mais jeûnant pour donner aux pauvres tout ce qu'elle avait. Après l'avoir oubliée dans sa misère, car elle avait quitté Versailles avec deux écus, le roi lui fit porter de quoi ne pas mourir de faim. Elle ne songea qu'à vivre cachée. Si elle dînait avec la comtesse de Toulouse où la maréchale de Noailles, les seules amies qui lui fussent restées, c'était pour donner aux pauvres le prix de son dîner. Elle lisait des romans, mais surtout des livres religieux, voulant voir le ciel avant l'heure. Elle ne sortait que pour aller à l'église. Un dimanche matin qu'elle était malade, elle arriva tard à la messe, et dérangea quelques personnes pour gagner sa place. Un homme jeta tout haut ces paroles : « Voilà bien du train pour une ... ! » Elle regarda cet homme sans colère, et lui dit de sa voix la plus douce :

« Puisque vous la connaissez si bien, priez Dieu pour elle. » La maîtresse du roi rentra chez elle, frappée de mort par cette insulte.

L'amour du roi avait tué tour à tour madame de Vintimille, madame de Châteauroux et madame de Mailly. Il restait deux sœurs, madame de Lauraguais, qui se moquait de tout et qui défiait le chagrin; madame de Flavacourt, qui enveloppa sa beauté dans sa vertu et qui brava le roi.

Louis XV porta dans son cœur le deuil des trois sœurs mortes. Il disait que c'en était fait des belles heures couronnées de roses; il croyait que sa jeunesse aussi avait été mise au tombeau. Quand il rencontrait chez la reine madame de Flavacourt, il tombait soudainement au plus profond de la mélancolie, même quand fut venue madame de Pompadour.

Les trois sœurs avaient lu avec lui le roman de l'amour; madame de Pompadour et madame Dubarry ne devaient plus l'amuser que par des contes licencieux.

*
* *

Le marquis de Sainte-Aulaire mourut à cent ans, comme Anacréon, son maître, comme Fontenelle, son ami. Le beau temps que celui où l'on faisait le tour d'un siècle sans révolution, où l'on était général pour avoir passé le Rhin, et académicien pour avoir improvisé quatre vers! Non, ce n'était pas le beau temps. Combien j'aime mieux nos grandes passions, nos folies sérieuses, nos tempêtes et nos naufrages! Ils étaient dans le reflux, nous sommes dans le flux; ils vivaient cent ans, en comptant d'après l'almanach ; nous vivons mille ans, en comptant d'après notre cœur.

Fontenelle disait en mourant : « Depuis bientôt un siècle que je n'ai jamais ri ni pleuré. » Plaignons-les, plaignons-les, ceux qui n'ont jamais ri; plaignons-les surtout, ceux qui n'ont jamais pleuré. Plaignons-les : l'aube nouvelle n'a pas couronné leur front de ses rayons divins; le sentiment, qui nous a rapprochés de Dieu en nous dévoilant les beautés radieuses de l'Évangile et de la nature, ces deux livres immortels de l'amour et de la liberté, n'a pas fait battre leur cœur. En un mot, ils ont vécu sans aimer. Plaignons-les, comme disait du diable sainte Thérèse, cette Sapho chrétienne, qui s'élançait dans l'infini du haut du rocher des passions.

*
* *

Combien de courtisanes qui sont mortes sans avoir fait l'amour !

*
* *

Il y a par le monde un petit diable boiteux qui s'obstine à sauvegarder l'honneur du mari, qui veut que les femmes soient sages en dépit qu'elles en aient. C'est l'eunuque dans le harem. Il entr'ouvre la porte quand l'amoureux va tirer le verrou. Le jour du rendez-vous il attarde l'aiguille de la pendule ou il réveille une heure trop tard. Si le rendez-vous est sous les grands marronniers, il provoque une averse, et, s'il est dans la rue, il déchaîne une bourrasque qui vous jette une cheminée sur la tête.

De là ce chapitre que je n'écrirai pas : *A quoi tient la vertu des femmes de moyenne vertu.*

**

Pour savoir l'âge d'une femme, il faut le lui demander, et le demander à son amie. Elle dira trente ans, l'amie dira quarante, et on prendra le terme moyen.

**

Près de Padoue, au sein de ce riche pays
Où le pampre s'étend sur le blé de maïs,
(Que n'ai-je vos pinceaux, Titien ou Véronèse,
Pour ce divin tableau digne de la Genèse!)
Une femme était là, caressant de la main
Un bambino couché sur l'herbe du chemin :
Plus souples et plus longs que les rameaux du saule,
Ses cheveux abondants tombaient sur son épaule;
Elle était presque nue, à peine un peu de lin
Lui glissait au genou; plus d'un regard malin
Courait, comme le feu, de sa jambe hardie
A sa gorge orgueilleuse en plein marbre arrondie.
Elle se laissait voir, naïve en sa beauté,
Sans songer à voiler sa chaste nudité;
Dieu l'avait faite ainsi, comme il avait fait Ève,
Un matin qu'il voulait réaliser un rêve :
Pourquoi cacher au jour ce chef-d'œuvre charmant,
Créé pour être vu par le peintre et l'amant?
A la fin, devinant qu'on la trouvait trop belle,
Elle voulut voiler cette gorge rebelle;
Elle étendit la main, mais le voile flottait.
Son front avait rougi; de femme qu'elle était,

Elle redevint mère : — avec un doux sourire,
Un sourire plus doux que je ne saurais dire,
A son petit enfant elle donna son sein.
O sublime action ! Les anges par essaim,
Chantant Dieu, sont venus pour voiler de leurs ailes
La fière volupté de ces saintes mamelles.

*
* *

Les femmes placent leur amour dans le cœur des hommes à fonds perdu ou à cent pour cent. Les hommes ne hasardent pas le capital, mais dédaignent les intérêts.

*
* *

L'amour est encore la plus belle invention des anciens pour les modernes.

*
* *

La femme qui s'oublie avec un homme qu'elle n'aime pas oublie bientôt qu'elle s'est oubliée.

C'est alors qu'un galant homme n'a pas le droit de se souvenir.

*
* *

Les anciens ont connu deux amours, *Imeros* et *Eros*, l'amour des fous et des sages. Nous ne connaissons qu'un amour ; mais nous n'y perdons rien, car il renferme tout à la fois la sagesse et la folie.

*
* *

Si vous battez la campagne, emporté par un rêve

brûlant, prenez garde de donner un coup de pied dans l'hyménée universel. Songez que tout est amour au mois des primevères et des aubépines. Dans chaque ramée, si vous écoutez bien, vous ouïrez le cantique des cantiques; à chaque pas, si vous regardez bien, vous trouverez un lit nuptial.

⁎
⁎ ⁎

Les grandes passions prennent leur source dans l'amour et se jettent dans la mort.

FIN

TABLE

I. L'ARBRE DE LA SCIENCE. I. 1
II. LA MARGUERITE EFFEUILLÉE. . . . .
III. L'ARBRE DE LA SCIENCE. II. 33
IV. LA FILLE A MARIER. 41
V. L'ARBRE DE LA SCIENCE. III. 91
VI. L'AMOUR QUI S'EN VA ET L'AMOUR QUI VIENT. 96
VII. L'ARBRE DE LA SCIENCE. IV. 155
VIII. LES PÉNITENCES DE MARIE JOYSEL. 166
IX. L'ARBRE DE LA SCIENCE. V. 245
X. LE BOUQUET DE VIOLETTES ET LE BOUQUET DE FLEURS D'ORANGER. 254
XI. L'ARBRE DE LA SCIENCE. VI. 292

COLLECTION MICHEL LÉVY.

Volumes parus et à paraître. — Format grand in-18, à 1 franc.

A. DE LAMARTINE.
	vol.
Les Confidences	1
Nouv. Confidences	1
Touss. Louverture	1
Constantinople	1

THÉOPH. GAUTIER
	vol.
eaux-arts en Europe	2
... petite Fadette	1
L'Art moderne	1
Les Grotesques	1

GEORGE SAND
	vol.
Hist. de ma Vie	10
...lauprat	1
Valentine	1
Indiana	1
Jeanne	1
... Mare au Diable	1
François le Champi	1
Teverino	1
Consuelo	3
Comt. de Rudolstadt	2
André	1
Horace	1
Jacques	1
Lettres d'un voyag.	2
...elia	1
Lucrezia Floriani	1
...eche de M. Antoine	2
... Piccinino	1
Meunier d'Angibault	1
...mon	1
La dern. Aldini	1
...ecrétaire intime	1

GÉRARD DE NERVAL
	vol.
... Bohème galante	1
... Marq. de Fayolle	1
...es Filles du Feu	1

EUGÈNE SCRIBE
	vol.
Théâtre (ouv. comp.)	20
Comédies	3
Opéras	1
Opéras comiques	5
Comédies-Vaudv.	10
Nouvelles	1
Historiettes et Prov.	1
...quillo Alliaga	3

HENRY MURGER
	vol.
...ern. Rendez-vous	1
Le Pays Latin	1
...cènes de Campagne	1
...es Buveurs d'Eau	1
Les Amoureuses	1
...ropos de ville et propos de théâtre	1
Vacances de Camille	1
...cènes de la Bohème	1
...c. de la Vie de Jeun.	1

CUVILLIER-FLEURY
	vol.
...oyag. et Voyageurs	1

ALPHONSE KARR
	vol.
...es Femmes	1
...ncore les Femmes	1
...gathe et Cécile	1
...hors de mon Jard.	1
...ous les Tilleuls	1
...ous les Orangers	1
...s Fleurs	1
...oy. aut. de mon jard.	1
...oigne de Vérités	1
...es Guêpes	6
...énélope normande	1
...ous cents pages	1
...oirées de Ste-Adresse	1
...enus-Propos	1

Mme B. STOWE
	vol.
Traduct. E. Forcade	
Souvenirs heureux	3

CH. NODIER (Trad.)
	vol.
Vicaire de Wakefield	1

LOUIS REYBAUD
	vol.
Jérôme Paturot	1
Paturot-Républicain	1
Dern. des Commis-Voyageurs	1
Le Coq du Clocher	1
L'Indust. en Europe	1
Ce qu'on voit dans une rue	1
La Comt. de Mauléon	1
La Vie à rebours	1

FRÉDÉRIC SOULIÉ
	vol.
Mémoires du Diable	1
Les Deux Cadavres	1
Confession Générale	1
Les Quatre Sœurs	1
Au jour le jour	1
Marguerite. — Le Maître d'École	1
Le Bananier. — Eulalie Pontois	1
Huit jours au Château	1
Si jeunesse savait	2

Mme É. DE GIRARDIN
	vol.
Marguerite	1
Nouvelles	1
Vicomte de Launay	4
Marq. de Pontanges	1
Poésies complètes	1
Cont. d'une v. Fille	1

ÉMILE AUGIER
	vol.
Poésies complètes	1

F. PONSARD
	vol.
Études Antiques	1

PAUL MEURICE
	vol.
Scènes du Foyer	1
Les Tyrans de Village	1

CH. DE BERNARD
	vol.
Le Nœud gordien	1
Gerfaut	1
Un homme sérieux	1
Les Ailes d'Icare	1
Gentilhom. campag.	2
Un Beau-Père	1
Le Paravent	1

HOFFMANN
	vol.
Trad. Champfleury	
Contes posthumes	1

ALEX. DUMAS FILS
	vol.
Avent. de 4 femmes	1
La Vie a vingt ans	1
Antonine	1
Dame aux Camélias	1
La Boîte d'Argent	1

LOUIS BOUILHET
	vol.
Melænis	1

JULES LECOMTE
	vol.
Poignard de Cristal	1

X. MARMIER
	vol.
Au bord de la Newa	1
Les Drames intimes	1

J. AUTRAN
	vol.
Militona	1

FRANCIS WEY
	vol.
Les Anglais chez eux	1

PAUL DE MUSSET
	vol.
La Bavolette	1
Puylaurens	1

CÉL. DE CHABRILLAN
	vol.
Les Voleurs d'Or	1
La Sapho	1

EDMOND TEXIER
	vol.
Amour et finance	1

ACHIM D'ARNIM
	vol.
Trad. T. Gautier fils	
Contes bizarres	1

ARSÈNE HOUSSAYE
	vol.
Femmes c. elles sont	1
L'amour comme il est	1

GÉNÉRAL DAUMAS
	vol.
Le grand Désert	1
Chevaux du Sahara	1

H. BLAZE DE BURY
	vol.
Musiciens contemp.	1

OCTAVE DIDIER
	vol.
Madame Georges	1

FELIX MORNAND
	vol.
La Vie arabe	1

ADOLPHE ADAM
	vol.
Souv. d'un Musicien	1
Dern. Souvenirs d'un Musicien	1

J. DE LA MADELÈNE
	vol.
Les Ames en peine	1

MARC FOURNIER
	vol.
Le Monde et la Coméd.	1

ÉMILE SOUVESTRE
	vol.
Philos. sous les toits	1
Conf. d'un Ouvrier	1
Au coin du Feu	1
Scèn. de la Vie intim.	1
Chroniq. de la Mer	1
Dans la Prairie	1
Les Clairières	1
Sc. de la Chouannerie	1
Les derniers Paysans	1
Souv. d'un Vieillard	1
Sur la Pelouse	1
Soirées de Meudon	1
Sc. et rec. des Alpes	1
Les Anges du Foyer	1
L'Échelle de Femm.	1
La Goutte d'eau	1
Sous les Filets	1
Le Foyer Breton	2
Contes et Nouvelles	1

LÉON GOZLAN
	vol.
Château de France	2
Notaire de Chantilly	1
Polydore Marasquin	1
Nuits du P.-Lachaise	1
Le Dragon rouge	1
Le Médecin du Pecq	1
Hist. de 130 femmes	1
La famille Lambert	1
La dern. Sœur Grise	1

THÉOPH. LAVALLÉE
	vol.
Histoire de Paris	2

EDGAR POE
	vol.
Trad. Ch. Baudelaire	
Histoires extraordin.	1
Nouv. Hist. extraord.	1
Aventures d'Arthur Gordon Pym	1

CHARLES DICKENS
	vol.
Traduction A. Pichot	
Neveu de ma Tante	2
Contes et Nouvelles	1

A. VACQUERIE
	vol.
Profils et Grimaces	1

A. DE PONTMARTIN
	vol.
Contes et Nouvelles	1
Mém. d'un Notaire	1
La fin du Procès	1
Contes d'un Planteur de choux	1
Pourquoi je reste à la Campagne	1

HENRI CONSCIENCE
	vol.
Trad. Léon Wocquier	
Scèn. de la Vie flam.	2
Le Fléau du Village	1
Les Heures du soir	1
Les Veillées flamand	1
Le Démon de l'Argent	1
La Mère Job	1
L'Orpheline	1
Guerre des Paysans	1

PAUL DE MOLÈNES
	vol.
Caroniques Contemporaines	1

DE STENDHAL
(H. Beyle.)
	vol.
De l'Amour	1
Le Rouge et le Noir	1
La Chart. de Parme	1

MAX. RADIGUET
	vol.
Souv. de l'Amér. esp.	1

PAUL FÉVAL
	vol.
Le Tueur de Tigres	1
Les dernières Fées	1

MÉRY
	vol.
Les Nuits anglaises	1
Une Hist. de Famille	1
André Chénier	1
Salons et Souт. de Paris	1
Les Nuits italiennes	1

ÉDOUARD PLOUVIER
	vol.
Les Dern. Amours	1

GUST. FLAUBERT
	vol.
Madame Bovary	2

CHAMPFLEURY
	vol.
Les Excentriques	1
Avent. de Mlle Mariette	1
Le Réalisme	1
Prem. Beaux Jours	1
Les Souffrances du profess. Delteil	1
Les Bourgeois de Molinchart	1
Chien-Caillou	1

XAVIER AUBRYET
	vol.
La Femme de 25 ans	1

VICTOR DE LAPRADE
	vol.
Psyché	1

H. B. RÉVOIL (Trad.)
	vol.
Harems du N.-Monde	1

ROGER DE BEAUVOIR
	vol.
Chev. de St-Georges	1
Avent. et Courtisanes	1
Histoires cavalières	1

GUSTAVE D'ALAUX
	vol.
Soulouq. et son Emp.	1

F. VICTOR HUGO
(Traducteur.)
	vol.
Sonn. de Shakspeare	1

AMÉDÉE PICHOT
	vol.
Les Poètes amoureux	1

ÉMILE CARREY
	vol.
Huit jours sous l'Equateur	1
Metis de la Savane	1
Les Révoltes du Para	1

CHARLES BARBARA
	vol.
Histoir. émouvantes	1

E. FROMENTIN
	vol.
Un Été dans le Sahara	1

XAVIER EYMA
	vol.
Les Peaux-Noires	1
Femmes du N.-Monde	1

LA COMTESSE DASH
	vol.
Les Bals masqués	1
Le Jeu de la Reine	1
L'Écran	1
Le Fruit défendu	1

MAX BUCHON
	vol.
En Province	1

HILDEBRAND
	vol.
Trad. Léon Wocquier	
Scè. de la Vie holland	1

AMÉDÉE ACHARD
	vol.
Parisiennes et Provinciales	1
Brunes et Blondes	1
Les dern. Marquises	1
Les Femmes honnêtes	1

A. DE BERNARD
	vol.
Le Portrait de la Marquise	1

CH. DE LA ROUNAT
	vol.
Comédie de l'Amour	1

MAX VALREY
	vol.
Marthe de Montrouge	1

A. DE MUSSET GEORGE SAND DE BALZAC etc.
	vol.
Le Tiroir du Diable	1
Paris et les Parisiens	1
Parisiennes à Paris	1

ALBÉRIC SECOND
	vol.
A quoi tient l'Amour	1

Mme BERTON
(Née Samson.)
	vol.
Le Bonheur impossible	1

NADAR
	vol.
Quand j'étais étudiant	1
Miroir aux Alouettes	1

EMILIE CARLEN
	vol.
Trad. M. Souvestre	
Deux Jeunes Femmes	1

LOUIS ULBACH
	vol.
Les Secrets du...	1

F. HUGONNET
	vol.
Souvenirs d'un... de Bureau Ar...	1

JULES SANDEAU
	vol.
Sacs et Parchemins	1

LOUIS DE C...
	vol.
Drame s. la T...	

PARIS. — TYP. MORRIS ET COMP., RUE AMELOT, 64.

www.ingramcontent.com/pod-product-compliance
Lightning Source LLC
Chambersburg PA
CBHW060650170426
43199CB00012B/1730